翟继光 倪卫杰 ◎ 著

增值税留抵退税政策解读与风险防控

+ 政策解读
+ 操作指南与会计处理
+ 风险防范
+ 典型案例分析

立信会计出版社
LIXIN ACCOUNTING PUBLISHING HOUSE

图书在版编目（CIP）数据

增值税留抵退税政策解读与风险防控/翟继光，倪卫杰著.
—上海：立信会计出版社，2023.3
ISBN 978-7-5429-7246-0

Ⅰ.①增… Ⅱ.①翟… ②倪… Ⅲ.①增值税—税收政策—研究—中国 Ⅳ.① F812.422

中国版本图书馆 CIP 数据核字（2023）第 034649 号

责任编辑　彭秋龙

增值税留抵退税政策解读与风险防控
ZENGZHISHUI LIUDI TUISHUI ZHENGCE JIEDU YU FENGXIAN FANGKONG

出版发行	立信会计出版社	
地　　址	上海市中山西路 2230 号	邮政编码　200235
电　　话	（021）64411389	传　真　（021）64411325
网　　址	www.lixinaph.com	电子邮箱　lixinaph2019@126.com
网上书店	http://lixin.jd.com	http://lxkjcbs.tmall.com
经　　销	各地新华书店	

印　刷	北京鑫海金澳胶印有限公司
开　本	710 毫米 ×1000 毫米　1/16
印　张	27
字　数	321 千字
版　次	2023 年 3 月第 1 版
印　次	2023 年 3 月第 1 次
书　号	ISBN 978-7-5429-7246-0 /F
定　价	80.00 元

如有印订差错，请与本社联系调换

前　言

　　2022年3月21日,国务院常召开常务会议,确定实施大规模增值税留抵退税的政策,为稳定宏观经济大盘提供强力支撑。实施增值税大规模留抵退税,是新的组合式税费支持政策的主要内容,是2022年稳定宏观经济大盘的关键性举措。2022年新增留抵退税约1.5万亿元。相对于减税和增加政府投资,留抵退税政策效果更直接、更及时,有助于提振企业发展信心,激发市场主体活力,促进投资消费,支持实体经济高质量发展,推动产业转型升级和结构优化。为帮助广大纳税人了解和享受增值税留抵退税政策,帮助财政、税务部门宣传增值税留抵退税政策,我们编写了本书。

　　本书分为三大部分,第一部分集中介绍增值税留抵退税政策,包括第一章至第三章。第一章对增值税留抵退税政策进行解读,分为增值税留抵退税试点政策、扩大增值税留抵退税范围、扩大增值税留抵退税行业范围、财政部税务总局宏观政策解读四节。第二章介绍增值税留抵退税政策操作指南与会计处理,分为增值税留抵退税政策操作指南、增值税留抵退税会计处理两节。第三章介绍增值税留抵退税政策为企业纾困案例与实效,分为增值税留抵退税政策为各地企业纾困案例、增值税留抵退税政策媒体报道、各地财政部门实施留抵退税政策具体经验三节。

第二部分集中介绍打击骗取留抵退税风险防范,包括第四章至第五章。第四章对打击骗取留抵退税违法行为进行政策与理论分析,分为打击骗取留抵退税违法行为政策、依法精准打击骗取留抵退税的违法行为、打击骗取留抵退税要"快、狠、准"三节。第五章介绍全国各地打击骗取留抵退税违法行为典型案例,分为直辖市骗取留抵退税违法犯罪典型案例、东北、华北地区骗取留抵退税违法犯罪典型案例、西北地区骗取留抵退税违法犯罪典型案例、华东地区骗取留抵退税违法犯罪典型案例、中部地区骗取留抵退税违法犯罪典型案例、华南地区骗取留抵退税违法犯罪典型案例、西南地区骗取留抵退税违法犯罪典型案例七节。

第三部分简要介绍增值税一般制度,以便读者全面了解增值税的制度,包括第六章至第九章。第六章对增值税纳税人与税率政策进行解读,分为增值税纳税人政策解读、增值税税率政策解读、增值税征收率政策解读三节。第七章对增值税计算应纳税额政策进行解读,分为一般计税方法应纳税额的计算、简易计税方法应纳税额的计算、进口货物应纳税额的计算三节。第八章对增值税税收优惠政策进行解读,分为增值税免税项目与免税跨境行为、"营改增"试点税收优惠、起征点与小规模纳税人税收优惠三节。第九章对增值税征收管理政策进行解读,分为纳税义务发生时间、纳税地点与纳税期限,增值税专用发票管理制度两节。

本书适宜作为广大企业财务人员了解和掌握增值税留抵退税最新政策与最新动态的参考书，也可作为各地税务机关宣传增值税留抵退税政策的辅导书。本书所参照的相关报道、案例的时间截至2022年8月20日。由于时间有限，书中如有疏漏，敬请读者批评指正。

翟继光　倪卫杰

2022年8月

目 录

第一章
增值税留抵退税政策解读

第一节　增值税留抵退税试点政策……………………………………002

第二节　扩大增值税留抵退税范围……………………………………010

第三节　扩大增值税留抵退税行业范围………………………………032

第四节　财政部税务总局宏观政策解读………………………………082

第二章
增值税留抵退税政策操作指南与会计处理

第一节　增值税留抵退税政策操作指南………………………………116

第二节　增值税留抵退税会计处理……………………………………… 132

第三章

增值税留抵退税政策为企业纾困案例与实效

第一节　增值税留抵退税政策为各地企业纾困案例………………… 152

第二节　增值税留抵退税政策媒体报道………………………………… 198

第三节　各地财政部门实施留抵退税政策具体经验………………… 294

第四章

打击骗取留抵退税违法行为政策与理论分析

第一节　打击骗取留抵退税违法行为政策……………………………… 304

第二节　依法精准打击骗取留抵退税的违法行为…………………… 314

第三节　打击骗取留抵退税要"快、狠、准"………………………… 320

第五章

全国各地打击骗取留抵退税违法行为典型案例

第一节　直辖市骗取留抵退税违法犯罪典型案例…………………… 328

第二节　东北、华北地区骗取留抵退税违法犯罪典型案例……………… 332

第三节　西北地区骗取留抵退税违法犯罪典型案例……………………… 336

第四节　华东地区骗取留抵退税违法犯罪典型案例……………………… 341

第五节　中部地区骗取留抵退税违法犯罪典型案例……………………… 346

第六节　华南地区骗取留抵退税违法犯罪典型案例……………………… 351

第七节　西南地区骗取留抵退税违法犯罪典型案例……………………… 354

第六章

增值税纳税人与税率政策解读

第一节　增值税纳税人政策解读……………………………………………… 360

第二节　增值税税率政策解读………………………………………………… 371

第三节　增值税征收率政策解读……………………………………………… 373

第七章

增值税计算应纳税额政策解读

第一节　一般计税方法应纳税额的计算…………………………………… 378

第二节　简易计税方法应纳税额的计算…………………………………… 392

第三节　进口货物应纳税额的计算………………………………………… 394

第八章

增值税税收优惠政策解读

第一节　增值税免税项目与免税跨境行为……………………………398

第二节　"营改增"试点税收优惠………………………………………400

第三节　起征点与小规模纳税人税收优惠……………………………409

第九章

增值税征收管理政策解读

第一节　纳税义务发生时间、纳税地点与纳税期限…………………414

第二节　增值税专用发票管理制度……………………………………418

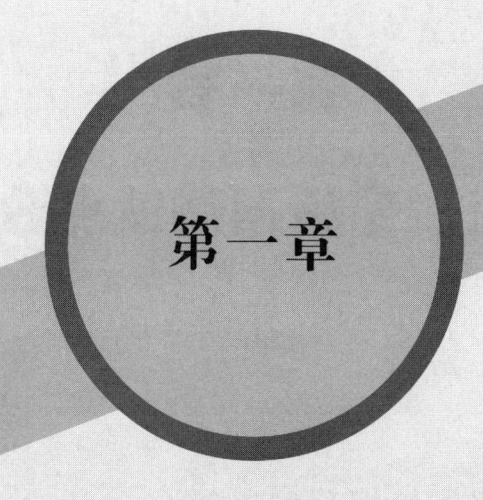

第一章

增值税留抵退税政策解读

第一节
增值税留抵退税试点政策

一、增值税留抵退税制度简介

留抵退税就是把期末未抵扣完的增值税税额退还给纳税人。增值税实行链条抵扣机制，以纳税人当期销项税额抵扣进项税额后的余额为应纳税额。其中，销项税额是指按照销售额和适用税率计算的增值税税额；进项税额是指购进原材料等所负担的增值税税额。当进项税额大于销项税额时，未抵扣完的进项税额会形成留抵税额。

留抵税额主要是纳税人进项税额和销项税额在时间上不一致造成的，如集中采购原材料和存货，尚未全部实现销售；投资期间没有收入等。此外，在多档税率并存的情况下，销售适用税率低于进项适用税率，也会形成留抵税额。

国际上对于留抵税额一般有两种处理方式，即允许纳税人结转下期继续抵扣或申请当期退还。同时，允许退还的国家或地区也会相应设置较为严格的退税条件，如留抵税额必须达到一定数额、每年或一段时期内只能申请一次退税、只允许特定行业申请退税等。

2019年以来，我国逐步建立了增值税增量留抵退税制度。2022年，我们完善增值税留抵退税制度，优化征、缴、退流程，对留抵税额实行大规模退税，把纳税人今后才可继续抵扣的进项税额予以提前返还。优先安排小微企业，对小微企业的存量留抵税额于6月底前一次性全部退还，增量留抵税额足额退还。重点支持制造业，全面解决制造、科研和技术服务、生态环保、电力燃气、交通运输、软件和信息技术服务等行业留抵退税问题。通过提前返还尚未抵扣的税款，直接为市场主体提供现金流约1.5万亿元，增加企业现金流，缓解资金回笼压力，不但有助于提升企业发展信心，激发市场主体活力，还能够促进消费投资，支持实体经济高质量发展，推动产业转型升级和结构优化。

二、试行增值税期末留抵税额退税制度

2019年3月20日，财政部、税务总局、海关总署联合发布《财政部　税务总局　海关总署关于深化增值税改革有关政策的公告》（财政部　税务总局　海关总署公告2019年第39号），该公告第八条规定如下。

八、自2019年4月1日起，试行增值税期末留抵税额退税制度。

（一）同时符合以下条件的纳税人，可以向主管税务机关申请退还增量留抵税额：

1. 自2019年4月税款所属期起，连续六个月（按季纳税的，连续两个季度）增量留抵税额均大于零，且第六个月增量留抵税额不低于50万元；

2. 纳税信用等级为A级或者B级；

3. 申请退税前36个月未发生骗取留抵退税、出口退税或虚开增值税专用发票情形的；

4. 申请退税前36个月未因偷税被税务机关处罚两次及以上的；

5. 自2019年4月1日起未享受即征即退、先征后返（退）政策的。

（二）本公告所称增量留抵税额，是指与2019年3月底相比新增加的期末留抵税额。

（三）纳税人当期允许退还的增量留抵税额，按照以下公式计算：

允许退还的增量留抵税额＝增量留抵税额×进项构成比例×60%

进项构成比例，为2019年4月至申请退税前一税款所属期内已抵扣的增值税专用发票（含税控机动车销售统一发票）、海关进口增值税专用缴款书、解缴税款完税凭证注明的增值税额占同期全部已抵扣进项税额的比重。

（四）纳税人应在增值税纳税申报期内，向主管税务机关申请退还留抵税额。

（五）纳税人出口货物劳务、发生跨境应税行为，适用免抵退税办法的，办理免抵退税后，仍符合本公告规定条件的，可以申请退还留抵税额；适用免退税办法的，相关进项税额不得用于退还留抵税额。

（六）纳税人取得退还的留抵税额后，应相应调减当期留抵税额。按照本条规定再次满足退税条件的，可以继续向主管税务机关申请退还留抵税额，但本条第（一）项第1点规定的连续期间，不得重复计算。

（七）以虚增进项、虚假申报或其他欺骗手段，骗取留抵退税款的，由税务机关追缴其骗取的退税款，并按照《中华人民共和国税收征收管理法》（以下简称《税收征收管理法》）等有关规定处理。

（八）退还的增量留抵税额中央、地方分担机制另行通知。

三、明确部分先进制造业增值税期末留抵退税政策

2019年8月31日,财政部、税务总局联合发布《财政部 税务总局关于明确部分先进制造业增值税期末留抵退税政策的公告》(财政部 税务总局公告2019年第84号),该公告规定如下。

为进一步推进制造业高质量发展,现将部分先进制造业纳税人退还增量留抵税额有关政策公告如下:

一、自2019年6月1日起,同时符合以下条件的部分先进制造业纳税人,可以自2019年7月及以后纳税申报期向主管税务机关申请退还增量留抵税额:

1.增量留抵税额大于零;

2.纳税信用等级为A级或者B级;

3.申请退税前36个月未发生骗取留抵退税、出口退税或虚开增值税专用发票情形;

4.申请退税前36个月未因偷税被税务机关处罚两次及以上;

5.自2019年4月1日起未享受即征即退、先征后返(退)政策。

二、本公告所称部分先进制造业纳税人,是指按照《国民经济行业分类》,生产并销售非金属矿物制品、通用设备、专用设备及计算机、通信和其他电子设备销售额占全部销售额的比重超过50%的纳税人。

上述销售额比重根据纳税人申请退税前连续12个月的销售额计算确定;申请退税前经营期不满12个月但满3个月的,按照实际经营期的销售额计算确定。

三、本公告所称增量留抵税额,是指与2019年3月31日相比新增

加的期末留抵税额。

四、部分先进制造业纳税人当期允许退还的增量留抵税额,按照以下公式计算:

允许退还的增量留抵税额=增量留抵税额×进项构成比例

进项构成比例,为2019年4月至申请退税前一税款所属期内已抵扣的增值税专用发票(含税控机动车销售统一发票)、海关进口增值税专用缴款书、解缴税款完税凭证注明的增值税额占同期全部已抵扣进项税额的比重。

五、部分先进制造业纳税人申请退还增量留抵税额的其他规定,按照《财政部 税务总局 海关总署关于深化增值税改革有关政策的公告》(财政部 税务总局 海关总署公告2019年第39号,以下称39号公告)执行。

六、除部分先进制造业纳税人以外的其他纳税人申请退还增量留抵税额的规定,继续按照39号公告执行。

七、符合39号公告和本公告规定的纳税人向其主管税务机关提交留抵退税申请。对符合留抵退税条件的,税务机关在完成退税审核后,开具税收收入退还书,直接送交同级国库办理退库。税务机关按期将退税清单送交同级财政部门。各部门应加强配合,密切协作,确保留抵退税工作稳妥有序。

四、取得增值税留抵退税款的,不得再申请享受特定增值税政策

2020年1月20日,财政部、税务总局联合发布《财政部 税务总局

关于明确国有农用地出租等增值税政策的公告》(财政部 税务总局公告 2020 年第 2 号),该公告第六条规定如下。

六、纳税人按照《财政部 税务总局海关总署关于深化增值税改革有关政策的公告》(财政部 税务总局海关总署公告 2019 年第 39 号)、《财政部 税务总局关于明确部分先进制造业增值税期末留抵退税政策的公告》(财政部 税务总局公告 2019 年第 84 号)规定取得增值税留抵退税款的,不得再申请享受增值税即征即退、先征后返(退)政策。

本公告发布之日前,纳税人已按照上述规定取得增值税留抵退税款的,在 2020 年 6 月 30 日前将已退还的增值税留抵退税款全部缴回,可以按规定享受增值税即征即退、先征后返(退)政策;否则,不得享受增值税即征即退、先征后返(退)政策。

五、明确先进制造业增值税期末留抵退税政策

2021 年 4 月 23 日,财政部、税务总局联合发布了《财政部 税务总局关于明确先进制造业增值税期末留抵退税政策的公告》(财政部 税务总局公告 2021 年第 15 号),该公告规定如下。

为进一步促进先进制造业高质量发展,现将先进制造业增值税期末留抵退税政策公告如下:

一、自 2021 年 4 月 1 日起,同时符合以下条件的先进制造业纳税人,可以自 2021 年 5 月及以后纳税申报期向主管税务机关申请退还增量留抵税额:

1. 增量留抵税额大于零；

2. 纳税信用等级为 A 级或者 B 级；

3. 申请退税前 36 个月未发生骗取留抵退税、出口退税或虚开增值税专用发票情形；

4. 申请退税前 36 个月未因偷税被税务机关处罚两次及以上；

5. 自 2019 年 4 月 1 日起未享受即征即退、先征后返（退）政策。

二、本公告所称先进制造业纳税人，是指按照《国民经济行业分类》，生产并销售"非金属矿物制品""通用设备""专用设备""计算机、通信和其他电子设备""医药""化学纤维""铁路、船舶、航空航天和其他运输设备""电气机械和器材""仪器仪表"销售额占全部销售额的比重超过 50% 的纳税人。

上述销售额比重根据纳税人申请退税前连续 12 个月的销售额计算确定；申请退税前经营期不满 12 个月但满 3 个月的，按照实际经营期的销售额计算确定。

三、本公告所称增量留抵税额，是指与 2019 年 3 月 31 日相比新增加的期末留抵税额。

四、先进制造业纳税人当期允许退还的增量留抵税额，按照以下公式计算：

允许退还的增量留抵税额 = 增量留抵税额 × 进项构成比例

进项构成比例，为 2019 年 4 月至申请退税前一税款所属期内已抵扣的增值税专用发票（含税控机动车销售统一发票）、海关进口增值税专用缴款书、解缴税款完税凭证注明的增值税额占同期全部已抵扣进项税额的比重。

五、先进制造业纳税人按照本公告规定取得增值税留抵退税款的，不得再申请享受增值税即征即退、先征后返（退）政策。

六、先进制造业纳税人申请退还增量留抵税额的其他规定，按照《财政部 税务总局海关总署关于深化增值税改革有关政策的公告》（财政部 税务总局 海关总署公告2019年第39号）和《财政部 税务总局关于明确部分先进制造业增值税期末留抵退税政策的公告》（财政部 税务总局公告2019年第84号）执行。

第二节
扩大增值税留抵退税范围

一、进一步加大增值税期末留抵退税政策实施力度

2022年3月21日,财政部、税务总局联合发布了《财政部 税务总局关于进一步加大增值税期末留抵退税政策实施力度的公告》(财政部 税务总局公告2022年第14号,以下简称"2022年第14号公告"),该公告规定如下。

为支持小微企业和制造业等行业发展,提振市场主体信心、激发市场主体活力,现将进一步加大增值税期末留抵退税实施力度有关政策公告如下:

一、加大小微企业增值税期末留抵退税政策力度,将先进制造业按月全额退还增值税增量留抵税额政策范围扩大至符合条件的小微企业(含个体工商户,下同),并一次性退还小微企业存量留抵税额。

(一)符合条件的小微企业,可以自2022年4月纳税申报期起向主管税务机关申请退还增量留抵税额。在2022年12月31日前,退税条件

按照本公告第三条规定执行。

（二）符合条件的微型企业，可以自 2022 年 4 月纳税申报期起向主管税务机关申请一次性退还存量留抵税额；符合条件的小型企业，可以自 2022 年 5 月纳税申报期起向主管税务机关申请一次性退还存量留抵税额。

二、加大"制造业""科学研究和技术服务业""电力、热力、燃气及水生产和供应业""软件和信息技术服务业""生态保护和环境治理业"和"交通运输、仓储和邮政业"（以下称"制造业等行业"）增值税期末留抵退税政策力度，将先进制造业按月全额退还增值税增量留抵税额政策范围扩大至符合条件的制造业等行业企业（含个体工商户，下同），并一次性退还制造业等行业企业存量留抵税额。

（一）符合条件的制造业等行业企业，可以自 2022 年 4 月纳税申报期起向主管税务机关申请退还增量留抵税额。

（二）符合条件的制造业等行业中型企业，可以自 2022 年 7 月纳税申报期起向主管税务机关申请一次性退还存量留抵税额；符合条件的制造业等行业大型企业，可以自 2022 年 10 月纳税申报期起向主管税务机关申请一次性退还存量留抵税额。

三、适用本公告政策的纳税人需同时符合以下条件：

（一）纳税信用等级为 A 级或者 B 级；

（二）申请退税前 36 个月未发生骗取留抵退税、骗取出口退税或虚开增值税专用发票情形；

（三）申请退税前 36 个月未因偷税被税务机关处罚两次及以上；

（四）2019 年 4 月 1 日起未享受即征即退、先征后返（退）政策。

四、本公告所称增量留抵税额，区分以下情形确定：

（一）纳税人获得一次性存量留抵退税前，增量留抵税额为当期期末留抵税额与2019年3月31日相比新增加的留抵税额。

（二）纳税人获得一次性存量留抵退税后，增量留抵税额为当期期末留抵税额。

五、本公告所称存量留抵税额，区分以下情形确定：

（一）纳税人获得一次性存量留抵退税前，当期期末留抵税额大于或等于2019年3月31日期末留抵税额的，存量留抵税额为2019年3月31日期末留抵税额；当期期末留抵税额小于2019年3月31日期末留抵税额的，存量留抵税额为当期期末留抵税额。

（二）纳税人获得一次性存量留抵退税后，存量留抵税额为零。

六、本公告所称中型企业、小型企业和微型企业，按照《中小企业划型标准规定》（工信部联企业〔2011〕300号）和《金融业企业划型标准规定》（银发〔2015〕309号）中的营业收入指标、资产总额指标确定。其中，资产总额指标按照纳税人上一会计年度年末值确定。营业收入指标按照纳税人上一会计年度增值税销售额确定；不满一个会计年度的，按照以下公式计算：

$$增值税销售额(年) = \frac{上一会计年度企业实际存续期间增值税销售额}{企业实际存续月数} \times 12$$

本公告所称增值税销售额，包括纳税申报销售额、稽查查补销售额、纳税评估调整销售额。适用增值税差额征税政策的，以差额后的销售额确定。

对于工信部联企业〔2011〕300号和银发〔2015〕309号文件所列行业以外的纳税人，以及工信部联企业〔2011〕300号文件所列行业但未采用营业收入指标或资产总额指标划型确定的纳税人，微型企业标准为增值税销售额（年）100万元以下（不含100万元）；小型企业标准为增值税销售额（年）2 000万元以下（不含2 000万元）；中型企业标准为增值税销售额（年）1亿元以下（不含1亿元）。

本公告所称大型企业，是指除上述中型企业、小型企业和微型企业外的其他企业。

七、本公告所称制造业等行业企业，是指从事《国民经济行业分类》中"制造业""科学研究和技术服务业""电力、热力、燃气及水生产和供应业""软件和信息技术服务业""生态保护和环境治理业"和"交通运输、仓储和邮政业"业务相应发生的增值税销售额占全部增值税销售额的比重超过50%的纳税人。

上述销售额比重根据纳税人申请退税前连续12个月的销售额计算确定；申请退税前经营期不满12个月但满3个月的，按照实际经营期的销售额计算确定。

八、适用本公告政策的纳税人，按照以下公式计算允许退还的留抵税额：

允许退还的增量留抵税额＝增量留抵税额×进项构成比例×100%

允许退还的存量留抵税额＝存量留抵税额×进项构成比例×100%

进项构成比例，为2019年4月至申请退税前一税款所属期已抵扣的增值税专用发票（含带有"增值税专用发票"字样全面数字化的电子发票、税控机动车销售统一发票）、收费公路通行费增值税电子普通发票、海关进口增值税专用缴款书、解缴税款完税凭证注明的增值税额占同期全部已抵扣进项税额的比重。

九、纳税人出口货物劳务、发生跨境应税行为，适用免抵退税办法的，应先办理免抵退税。免抵退税办理完毕后，仍符合本公告规定条件的，可以申请退还留抵税额；适用免退税办法的，相关进项税额不得用于退还留抵税额。

十、纳税人自2019年4月1日起已取得留抵退税款的,不得再申请享受增值税即征即退、先征后返(退)政策。纳税人可以在2022年10月31日前一次性将已取得的留抵退税款全部缴回后,按规定申请享受增值税即征即退、先征后返(退)政策。

纳税人自2019年4月1日起已享受增值税即征即退、先征后返(退)政策的,可以在2022年10月31日前一次性将已退还的增值税即征即退、先征后返(退)税款全部缴回后,按规定申请退还留抵税额。

十一、纳税人可以选择向主管税务机关申请留抵退税,也可以选择结转下期继续抵扣。纳税人应在纳税申报期内,完成当期增值税纳税申报后申请留抵退税。2022年4月至6月的留抵退税申请时间,延长至每月最后一个工作日。

纳税人可以在规定期限内同时申请增量留抵退税和存量留抵退税。同时符合本公告第一条和第二条相关留抵退税政策的纳税人,可任意选择申请适用上述留抵退税政策。

十二、纳税人取得退还的留抵税额后,应相应调减当期留抵税额。

如果发现纳税人存在留抵退税政策适用有误的情形,纳税人应在下个纳税申报期结束前缴回相关留抵退税款。

以虚增进项、虚假申报或其他欺骗手段,骗取留抵退税款的,由税务机关追缴其骗取的退税款,并按照《税收征收管理法》等有关规定处理。

十三、适用本公告规定留抵退税政策的纳税人办理留抵退税的税收管理事项,继续按照现行规定执行。

十四、除上述纳税人以外的其他纳税人申请退还增量留抵税额的规定,继续按照《财政部 税务总局 海关总署关于深化增值税改革有关政策的公告》（财政部 税务总局 海关总署公告2019年第39号）执行，其中，第八条第三款关于"进项构成比例"的相关规定，按照本公告第八条规定执行。

十五、各级财政和税务部门务必高度重视留抵退税工作，摸清底数、周密筹划、加强宣传、密切协作、统筹推进，并分别于2022年4月30日、6月30日、9月30日、12月31日前，在纳税人自愿申请的基础上，集中退还微型、小型、中型、大型企业存量留抵税额。税务部门结合纳税人留抵退税申请情况，规范高效便捷地为纳税人办理留抵退税。

十六、本公告自2022年4月1日施行。《财政部 税务总局关于明确部分先进制造业增值税期末留抵退税政策的公告》（财政部 税务总局公告2019年第84号）、《财政部 税务总局关于明确国有农用地出租等增值税政策的公告》（财政部 税务总局公告2020年第2号）第六条、《财政部 税务总局关于明确先进制造业增值税期末留抵退税政策的公告》（财政部 税务总局公告2021年第15号）同时废止。

二、进一步加大增值税期末留抵退税政策实施力度有关征管事项

2022年3月22日，国家税务总局发布了《国家税务总局关于进一步加大增值税期末留抵退税政策实施力度有关征管事项的公告》（国家税务总局公告2022年第4号），该公告规定如下。

为认真贯彻落实党中央、国务院关于实施大规模增值税留抵退税的决策部署，按照《政府工作报告》要求，根据《财政部 税务总局关于

进一步加大增值税期末留抵退税政策实施力度的公告》（财政部 税务总局公告2022年第14号）规定，为方便纳税人办理增值税期末留抵税额退税（以下简称"留抵退税"）业务，现将有关事项公告如下：

一、纳税人申请留抵退税，应在规定的留抵退税申请期间，完成本期增值税纳税申报后，通过电子税务局或办税服务厅提交《退（抵）税申请表》（附件1）。

二、在计算允许退还的留抵税额的进项构成比例时，纳税人在2019年4月至申请退税前一税款所属期内按规定转出的进项税额，无需从已抵扣的增值税专用发票（含带有"增值税专用发票"字样全面数字化的电子发票、税控机动车销售统一发票）、收费公路通行费增值税电子普通发票、海关进口增值税专用缴款书、解缴税款完税凭证注明的增值税额中扣减。

三、纳税人按照14号公告第十条的规定，需要申请缴回已退还的全部留抵退税款的，可通过电子税务局或办税服务厅提交《缴回留抵退税申请表》（附件2）。税务机关应自受理之日起5个工作日内，依申请向纳税人出具留抵退税款缴回的《税务事项通知书》。纳税人在缴回已退还的全部留抵退税款后，办理增值税纳税申报时，将缴回的全部退税款在《增值税及附加税费申报表附列资料（二）》（本期进项税额明细）第22栏"上期留抵税额退税"填写负数，并可继续按规定抵扣进项税额。

四、适用增值税一般计税方法的个体工商户，可自本公告发布之日起，自愿向主管税务机关申请参照企业纳税信用评价指标和评价方式参加评价，并在以后的存续期内适用国家税务总局纳税信用管理相关规定。对于已按照省税务机关公布的纳税信用管理办法参加纳税信用评价的，也可选择沿用原纳税信用级别，符合条件的可申请办理留抵退税。

五、对符合条件、低风险的纳税人,税务机关进一步优化留抵退税办理流程,提升留抵退税服务水平,简化退税审核程序,帮助纳税人快捷获取留抵退税。

六、纳税人办理留抵退税的其他事项,按照《国家税务总局关于办理增值税期末留抵税额退税有关事项的公告》(2019年第20号)的规定执行,其中办理增量留抵退税的相关征管规定适用于存量留抵退税。

七、本公告自2022年4月1日起施行。《国家税务总局关于办理增值税期末留抵税额退税有关事项的公告》(2019年第20号)第二条、《国家税务总局关于国内旅客运输服务进项税抵扣等增值税征管问题的公告》(2019年第31号)第三条、《国家税务总局关于取消增值税扣税凭证认证确认期限等增值税征管问题的公告》(2019年第45号)第三条和《国家税务总局关于明确先进制造业增值税期末留抵退税征管问题的公告》(2021年第10号)同时废止。

附件:1.《退(抵)税申请表》(废止,详见国家税务总局公告2022年第11号)

2.《缴回留抵退税申请表》

附件

缴回留抵退税申请表

金额单位：元，至角分

纳税人名称				统一社会信用代码（纳税人识别号）			
联系人				联系电话			
缴回留抵退税款明细							
序号	政策依据	税款所属期	退库日期	留抵退税金额		已缴回金额	缴回税款金额
				存量留抵税额	增量留抵税额		
						—	—
						—	—
						—	—
						—	—
						—	—
						—	—
合计		—	—				

缴回税款理由	经办人（签章）： 年 月 日

授权声明	如果你已委托代理人申请，请填写下列资料： 为代理相关税务事宜，现授权_____ （地址）_____为本纳税人的代理申请人，任何与本申请有关的往来文件，都可寄于此人。 授权人（签章）：	申请人声明	本申请表是根据国家税收法律法规及相关规定自愿填写的，我确定它是真实的、可靠的、完整的。 申请人（签章）：

以下由税务机关填写

办理情况	经办人： 年 月 日

（续表）

核实部门意见 经办人：　　　　　负责人： 　年　月　日　　　　年　月　日	主管税务机关意见 负责人（公章）： 　　年　月　日

《缴回留抵退税申请表》填表说明

一、本表适用于纳税人按照规定，申请缴回已退还的增值税期末留抵税额退税款。

二、本表一式四联，纳税人一联、税务机关三联。

三、纳税人名称：填写税务登记证所载纳税人的全称。

四、统一社会信用代码（纳税人识别号）：填写纳税人统一社会信用代码或税务机关统一核发的税务登记证号码。

五、政策依据：填写拟缴回的留抵退税款对应的政策依据。

六、税款所属期：填写拟缴回的留抵退税款对应的税款所属期。

七、退库日期：填写拟缴回的留抵退税款对应的退库日期。

八、留抵退税金额：填写拟缴回的留抵退税款对应的金额。按"存量留抵税额"和"增量留抵税额"分别填写。

九、已缴回金额：填写拟缴回的留抵退税款对应已经缴回的税款合计金额。

十、缴回税款金额：填写拟缴回的留抵退税款合计金额，等于留抵退税合计金额减已缴回合计金额。

十一、缴回税款理由：简要概述缴回税款的理由。

三、进一步加大增值税期末留抵退税政策实施力度有关征管事项解读

（1）2022年新出台的留抵退税政策的主要内容是什么？

为落实党中央、国务院部署，按照《政府工作报告》关于留抵退税的工作要求，支持小微企业和制造业等行业发展，提振市场主体信心、激发市场主体活力，财政部、税务总局联合发布了14号公告，加大小微企业以及"制造业""科学研究和技术服务业""电力、热力、燃气及水生产和供应业""软件和信息技术服务业""生态保护和环境治理业"和"交通运输、仓储和邮政业"（以下称"制造业等行业"）的留抵退税力度，将先进制造业按月全额退还增值税增量留抵税额政策范围扩大至小微企业和制造业等行业，并一次性退还其存量留抵税额。

（2）2022年第14号公告出台的背景是什么？

在2019年建立留抵退税制度时，为便利纳税人办理留抵退税，税务总局发布《国家税务总局关于办理增值税期末留抵税额退税有关事项的公告》（2019年第20号，以下称"20号公告"），明确了留抵退税办理各环节的征管事项。2022年，进一步加大留抵退税力度，在20号公告基础上，结合今年出台新政策具体情况，发布本公告对个别征管事项作补充规定。

（3）2022年第14号公告规定的小微企业是指什么？

2022年第14号公告规定的小型企业和微型企业，按照《中小企业划型标准规定》（工信部联企业〔2011〕300号）和《金融业企业划型标准规定》（银发〔2015〕309号）中的营业收入指标、资产总额指标确定。

上述规定所列行业企业中未采用营业收入指标或资产总额指标的以

及未列明的行业企业，微型企业标准为增值税销售额（年）100万元以下（不含100万元）；小型企业标准为增值税销售额（年）2 000万元以下（不含2 000万元）。

（4）2022年第14号公告规定的制造业等行业企业有哪些？

按照2022年第14号公告的规定，制造业等行业纳税人，是指从事《国民经济行业分类》中"制造业""科学研究和技术服务业""电力、热力、燃气及水生产和供应业""软件和信息技术服务业""生态保护和环境治理业"和"交通运输、仓储和邮政业"业务相应发生的增值税销售额占全部增值税销售额的比重超过50%的纳税人。

需要说明的是，如果一个纳税人从事上述多项业务，以相关业务增值税销售额加总计算销售额占比，从而确定是否属于制造业等行业纳税人。

> **举例说明**：某纳税人2021年5月至2022年4月期间共取得增值税销售额1 000万元，其中：生产销售设备销售额300万元，提供交通运输服务销售额300万元，提供建筑服务销售额400万元。该纳税人2021年5月至2022年4月期间发生的制造业等行业销售额占比为60%=［（300+300）÷1 000］。因此，该纳税人当期属于制造业等行业纳税人。

（5）小微企业、制造业等行业纳税人按照2022年第14号公告规定申请留抵退税，需要满足什么条件？

按照2022年第14号公告规定办理留抵退税的小微企业、制造业等行业纳税人，需同时符合以下条件：

①纳税信用等级为A级或者B级；

②申请退税前36个月未发生骗取留抵退税、骗取出口退税或虚开增值税专用发票情形；

③申请退税前36个月未因偷税被税务机关处罚两次及以上；

④2019年4月1日起未享受即征即退、先征后返（退）政策。

（6）纳税人按照2022年第14号公告规定申请退还的存量留抵税额如何确定？

14号公告规定的存量留抵税额，区分以下情形确定：

①纳税人获得一次性存量留抵退税前，当期期末留抵税额大于或等于2019年3月31日期末留抵税额的，存量留抵税额为2019年3月31日期末留抵税额；当期期末留抵税额小于2019年3月31日期末留抵税额的，存量留抵税额为当期期末留抵税额。

②纳税人获得一次性存量留抵退税后，存量留抵税额为零。

> **举例说明：** 某微型企业2019年3月31日的期末留抵税额为100万元，2022年4月申请一次性存量留抵退税时，如果当期期末留抵税额为120万元，该纳税人的存量留抵税额为100万元；如果当期期末留抵税额为80万元，该纳税人的存量留抵税额为80万元。该纳税人在4月份获得存量留抵退税后，将再无存量留抵税额。

（7）纳税人按照2022年第14号公告规定申请退还的增量留抵税额如何确定？

2022年第14号公告规定的增量留抵税额，区分以下情形确定：

①纳税人获得一次性存量留抵退税前，增量留抵税额为当期期末留抵税额与2019年3月31日相比新增加的留抵税额。

②纳税人获得一次性存量留抵退税后，增量留抵税额为当期期末留抵税额。

举例说明： 某纳税人2019年3月31日的期末留抵税额为100万元，2022年7月31日的期末留抵税额为120万元，在8月纳税申报期申请增量留抵退税时，如果此前未获得一次性存量留抵退税，该纳税人的增量留抵税额为20万元=（120-100）；如果此前已获得一次性存量留抵退税，该纳税人的增量留抵税额为120万元。

（8）纳税人按照2022年第14号公告规定申请增量留抵退税的具体时间是什么？

按照2022年第14号公告规定，符合条件的小微企业和制造业等行业纳税人，均可以自2022年4月纳税申报期起向主管税务机关申请退还增量留抵税额。

（9）纳税人按照2022年第14号公告规定申请存量留抵退税的具体时间是什么？

按照2022年第14号公告的规定，符合条件的小微企业和制造业等行业企业，申请存量留抵退税的起始时间如下：

①微型企业，可以自2022年4月纳税申报期起向主管税务机关申请一次性退还存量留抵税额；

②小型企业，可以自2022年5月纳税申报期起向主管税务机关申请一次性退还存量留抵税额；

③制造业等行业中的中型企业，可以自2022年7月纳税申报期起向主管税务机关申请一次性退还存量留抵税额；

④制造业等行业中的大型企业，可以自2022年10月纳税申报期起向主管税务机关申请一次性退还存量留抵税额。

需要说明的是，上述时间为申请一次性存量留抵退税的起始时间，当期未申请的，以后纳税申报期也可以按规定申请。

（10）2022年出台的留抵退税政策，明确了纳税人可申请存量留抵退税和增量留抵退税，和此前的增量留抵退税相比，退税办理流程有什么变化？

按照2022年第14号公告规定办理留抵退税的具体流程，包括退税申请、受理、审核、退库等环节的相关征管事项仍按照现行规定执行。

另外，关于退税申请时间的一般性规定是，纳税人在纳税申报期内完成当期增值税纳税申报后申请留抵退税。考虑到今年退税力度大、涉及纳税人多，为做好退税服务工作，确保小微企业等市场主体尽快获得留抵退税，将2022年4月至6月的留抵退税申请时间，从申报期内延长至每月的最后一个工作日。需要说明的是，纳税人仍需在完成当期增值税纳税申报后申请留抵退税。

（11）纳税人适用2022年第14号公告规定的留抵退税政策，需要提交什么退税申请资料？和此前办理退税相比，有哪些调整变化？

纳税人适用2022年第14号公告规定的留抵退税政策，在申请办理留抵退税时提交的退税申请资料无变化，仅需要提交一张《退（抵）税申请表》。需要说明的是，《退（抵）税申请表》可通过电子税务局线上提交，也可以通过办税服务厅线下提交。结合今年出台的留抵退税政策规定，对原《退（抵）税申请表》中的部分填报内容作了相应调整，纳税人申请留抵退税时，可结合其适用的具体政策和实际生产经营等情况进行填报。

（12）纳税人申请留抵退税时计算的进项构成比例有什么变化吗？

按照2022年第14号公告的有关规定，计算进项构成比例涉及的扣税凭证种类进行了微调，增加了含带有"增值税专用发票"字样全面数字化的电子发票、收费公路通行费增值税电子普通发票两类。调整后的进项构成比例，为2019年4月至申请退税前一税款所属期已抵扣的增值税专用发票（含带有"增值税专用发票"字样全面数字化的电子发票、税控机动车销售统一发票）、收费公路通行费增值税电子普通发票、海关进口增值税专用缴款书、解缴税款完税凭证注明的增值税额占同期全部已抵扣进项税额的比重。

需要说明的是，上述计算进项构成比例的规定，不仅适用于2022年第14号公告规定的留抵退税政策，同时也适用于《财政部 税务总局 海关总署关于深化增值税改革有关政策的公告》（2019年第39号）规定的留抵退税政策。

（13）纳税人在计算进项构成比例时，是否需要对进项税额转出部分进行调整？

按照2022年第14公告规定，计算允许退还的留抵税额涉及的进项构成比例，为2019年4月至申请退税前一税款所属期已抵扣的增值税专用发票（含带有"增值税专用发票"字样全面数字化的电子发票、税控机动车销售统一发票）、收费公路通行费增值税电子普通发票、海关进口增值税专用缴款书、解缴税款完税凭证注明的增值税额占同期全部已抵扣进项税额的比重。

为减轻纳税人退税核算负担，在计算进项构成比例时，纳税人在上述计算期间内发生的进项税额转出部分无需扣减。

> **举例说明**：某制造业纳税人 2019 年 4 月至 2022 年 3 月取得的进项税额中，增值税专用发票 500 万元，道路通行费电子普通发票 100 万元，海关进口增值税专用缴款书 200 万元，农产品收购发票抵扣进项税额 200 万元。2021 年 12 月，该纳税人因发生非正常损失，此前已抵扣的增值税专用发票中，有 50 万元进项税额按规定作进项税转出。该纳税人 2022 年 4 月按照 2022 年第 14 号公告的规定申请留抵退税时，进项构成比例的计算公式为：进项构成比例＝（500+100+200）÷（500+100+200+200）×100%=80%。进项转出的 50 万元，在上述计算公式的分子、分母中均无需扣减。

（14）纳税人按照 2022 年第 14 号公告规定申请一次性缴回全部留抵退税款的，需要向税务机关提交什么资料？缴回的留抵退税款，能否结转下期继续抵扣？

纳税人按规定向主管税务机关申请缴回已退还的全部留抵退税款时，可通过电子税务局或办税服务厅提交《缴回留抵退税申请表》。纳税人在一次性缴回全部留抵退税款后，可在办理增值税纳税申报时，相应调增期末留抵税额，并可继续用于进项税额抵扣。

> **举例说明**：某纳税人在 2019 年 4 月 1 日后，陆续获得留抵退税 100 万元。因纳税人想要选择适用增值税即征即退政策，于 2022 年 4 月 3 日向税务机关申请缴回留抵退税款，4 月 5 日，留抵退税款 100 万元

已全部缴回入库。该纳税人在 4 月 10 日办理 2022 年 3 月（税款所属期）的增值税纳税申报时，可在《增值税纳税申报表附列资料（二）（本期进项税额明细）》第 22 栏 "上期留抵税额退税" 填写 "-100 万元"，将已缴回的 100 万元留抵退税款调增期末留抵税额，并用于当期或以后期间继续抵扣。

（15）纳税人按规定缴回已退还的增值税即征即退、先征后返（退）税款的，什么时候可以申请办理留抵退税？

纳税人在 2022 年 10 月 31 日前将已退还的增值税即征即退、先征后返（退）税款一次性全部缴回后，即可在规定的留抵退税申请期内申请办理留抵退税。

（16）纳税人按规定缴回已退还的全部留抵退税款的，什么时候可以申请适用增值税即征即退或先征后返（退）政策？

纳税人在 2022 年 10 月 31 日前将已退还的增值税留抵退税款一次性全部缴回后，即可在缴回后的增值税纳税申报期内按规定申请适用即征即退、先征后返（退）政策。

（17）2022 年第 14 号公告规定的一次性申请缴回留抵退税或即征即退，是否只能申请一次？

2022 年第 14 号公告规定，纳税人可以在 2022 年 10 月 31 日前一次性将已取得的留抵退税款全部缴回后，按规定申请享受增值税即征即退、先征后返（退）政策。纳税人自 2019 年 4 月 1 日起已享受增值税即征即退、先征后返（退）政策的，可以在 2022 年 10 月 31 日前一次性将已取得的增值税即征即退、先征后返（退）税款全部缴回后，按规定申请留抵退税。

上述规定中的一次性全部缴回，是指纳税人在2022年10月31日前缴回相关退税款的次数为一次。

（18）纳税人申请办理存量留抵退税和增量留抵退税从征管规定上看有什么区别吗？

2022年第14号公告规定，除本公告补充的相关规定外，纳税人办理留抵退税的其他事项，均继续按照20号公告的规定执行，其中，纳税人办理存量留抵退税与办理增量留抵退税的相关征管规定一致。

（19）当前纳税信用级别不是A级或B级，还有机会享受增值税留抵退税政策吗？

税务机关将于2022年4月发布2021年度的纳税信用评价结果。当前纳税信用级别不是A级或B级的纳税人，在2021年度的纳税信用评价中，达到纳税信用A级或B级的，可按照新的纳税信用级别确定是否符合申请留抵退税条件。

（20）2021年度纳税信用评价结果若不再是A级或B级，之前已经按规定申请办理的留抵退税是否需要退回？

纳税人申请增值税留抵退税，以纳税人向主管税务机关提交《退（抵）税申请表》时点的纳税信用级别确定是否符合申请留抵退税条件。已完成退税的纳税信用A级或B级纳税人，因纳税信用年度评价、动态调整等原因，纳税信用级别不再是A级或B级的，其已取得的留抵退税款不需要退回。

（21）个体工商户已按照省税务机关公布的纳税信用管理办法参加纳税信用评价，是否还可以申请参照企业纳税信用评价方式开展评价？

适用增值税一般计税方法的个体工商户，已按照省税务机关公布的纳税信用管理办法参加评价的，可自本公告发布之日起，自愿向主管税务机关申请参照企业纳税信用评价指标和评价方式参加评价。自愿申请参加纳税信用评价的，自新的评价结果发布后，按照新的评价结果确定是否符合申请留抵退税条件。

四、进一步加快增值税期末留抵退税政策实施进度

2022年4月17日，财政部、税务总局联合发布《财政部 税务总局关于进一步加快增值税期末留抵退税政策实施进度的公告》（财政部 税务总局公告2022年第17号），该公告规定如下。

为尽快释放大规模增值税留抵退税政策红利，在帮扶市场主体渡难关上产生更大政策效应，现将进一步加快增值税期末留抵退税政策实施进度有关政策公告如下：

一、加快小微企业留抵退税政策实施进度，按照《财政部 税务总局关于进一步加大增值税期末留抵退税政策实施力度的公告》（财政部 税务总局公告2022年第14号，以下称"2022年第14号公告"）规定，抓紧办理小微企业留抵退税，在纳税人自愿申请的基础上，加快退税进度，积极落实微型企业、小型企业存量留抵税额分别于2022年4月30日前、6月30日前集中退还的退税政策。

二、提前退还中型企业存量留抵税额，将2022年第14号公告第二条第二项规定的"符合条件的制造业等行业中型企业，可以自2022年7月纳税申报期起向主管税务机关申请一次性退还存量留抵税额"调整为"符合条件的制造业等行业中型企业，可以自2022年5月纳税申报期起向主

管税务机关申请一次性退还存量留抵税额"。2022年6月30日前，在纳税人自愿申请的基础上，集中退还中型企业存量留抵税额。

三、各级财政和税务部门要进一步增强工作责任感和紧迫感，高度重视留抵退税工作，建立健全工作机制，密切配合，上下协同，加强政策宣传辅导，优化退税服务，提高审核效率，加快留抵退税办理进度，强化资金保障，对符合条件、低风险的纳税人，要最大程度优化留抵退税办理流程，简化退税审核程序，高效便捷地为纳税人办理留抵退税，同时，严密防范退税风险，严厉打击骗税行为，确保留抵退税措施不折不扣落到实处、见到实效。

五、进一步持续加快增值税期末留抵退税政策实施进度

2022年5月17日，财政部、税务总局联合发布《财政部 税务总局关于进一步持续加快增值税期末留抵退税政策实施进度的公告》（财政部 税务总局公告2022年第19号），该公告规定如下。

为进一步加快释放大规模增值税留抵退税政策红利，现将有关政策公告如下：

一、提前退还大型企业存量留抵税额，将《财政部 税务总局关于进一步加大增值税期末留抵退税政策实施力度的公告》（财政部 税务总局公告2022年第14号）第二条第二项规定的"符合条件的制造业等行业大型企业，可以自2022年10月纳税申报期起向主管税务机关申请一次性退还存量留抵税额"调整为"符合条件的制造业等行业大型企业，

可以自 2022 年 6 月纳税申报期起向主管税务机关申请一次性退还存量留抵税额"。2022 年 6 月 30 日前，在纳税人自愿申请的基础上，集中退还大型企业存量留抵税额。

二、各级财政和税务部门要坚决贯彻党中央、国务院决策部署，充分认识实施好大规模留抵退税政策的重要意义，按照 2022 年第 14 号公告、《财政部　税务总局关于进一步加快增值税期末留抵退税政策实施进度的公告》（财政部　税务总局公告 2022 年第 17 号）和本公告有关要求，持续加快留抵退税进度，进一步抓紧办理小微企业、个体工商户留抵退税，加大帮扶力度，在纳税人自愿申请的基础上，积极落实存量留抵退税在 2022 年 6 月 30 日前集中退还的退税政策。同时，严密防范退税风险，严厉打击骗税行为，确保留抵退税退得快、退得准、退得稳、退得好。

第三节 扩大增值税留抵退税行业范围

一、扩大全额退还增值税留抵税额政策行业范围

2022年6月7日,财政部、税务总局联合发布《财政部 税务总局关于扩大全额退还增值税留抵税额政策行业范围的公告》(财政部 税务总局公告2022年第21号),该公告规定如下。

为进一步加大增值税留抵退税政策实施力度,着力稳市场主体稳就业,现将扩大全额退还增值税留抵税额政策行业范围有关政策公告如下:

一、扩大全额退还增值税留抵税额政策行业范围,将《财政部 税务总局关于进一步加大增值税期末留抵退税政策实施力度的公告》(财政部 税务总局公告2022年第14号)第二条规定的制造业等行业按月全额退还增值税增量留抵税额、一次性退还存量留抵税额的政策范围,扩大至"批发和零售业""农、林、牧、渔业""住宿和餐饮业""居民服务、修理和其他服务业""教育""卫生和社会工作"

和"文化、体育和娱乐业"（以下称"批发零售业等行业"）企业（含个体工商户，下同）。

（一）符合条件的批发零售业等行业企业，可以自2022年7月纳税申报期起向主管税务机关申请退还增量留抵税额。

（二）符合条件的批发零售业等行业企业，可以自2022年7月纳税申报期起向主管税务机关申请一次性退还存量留抵税额。

二、2022年第14号公告和本公告所称制造业、批发零售业等行业企业，是指从事《国民经济行业分类》中"批发和零售业""农、林、牧、渔业""住宿和餐饮业""居民服务、修理和其他服务业""教育""卫生和社会工作""文化、体育和娱乐业""制造业""科学研究和技术服务业""电力、热力、燃气及水生产和供应业""软件和信息技术服务业""生态保护和环境治理业"和"交通运输、仓储和邮政业"业务相应发生的增值税销售额占全部增值税销售额的比重超过50%的纳税人。

上述销售额比重根据纳税人申请退税前连续12个月的销售额计算确定；申请退税前经营期不满12个月但满3个月的，按照实际经营期的销售额计算确定。

三、按照2022年第14号公告第六条规定适用《中小企业划型标准规定》（工信部联企业〔2011〕300号）和《金融业企业划型标准规定》（银发〔2015〕309号）时，纳税人的行业归属，根据《国民经济行业分类》关于以主要经济活动确定行业归属的原则，以上一会计年度从事《国民经济行业分类》对应业务增值税销售额占全部增值税销售额比重最高的行业确定。

四、制造业、批发零售业等行业企业申请留抵退税的其他规定，继续按照2022年第14号公告等有关规定执行。

五、本公告第一条和第二条自2022年7月1日起执行；第三条自公告发布之日起执行。

各级财政和税务部门要坚决贯彻党中央、国务院决策部署，按照2022年第14号公告、《财政部 税务总局关于进一步加快增值税期末留抵退税政策实施进度的公告》（财政部 税务总局公告2022年第17号）、《财政部 税务总局关于进一步持续加快增值税期末留抵退税政策实施进度的公告》（财政部 税务总局公告2022年第19号）和本公告有关要求，在纳税人自愿申请的基础上，狠抓落实，持续加快留抵退税进度。同时，严密防范退税风险，严厉打击骗税行为。

二、扩大全额退还增值税留抵税额政策行业范围有关征管事项

2022年6月7日，国家税务总局发布《国家税务总局关于扩大全额退还增值税留抵税额政策行业范围有关征管事项的公告》（国家税务总局公告2022年第11号），该公告规定如下。

为深入贯彻落实党中央、国务院关于实施大规模增值税留抵退税的决策部署，按照《财政部 税务总局关于扩大全额退还增值税留抵税额政策行业范围的公告》（财政部 税务总局公告2022年第21号，以下称"21号公告"）的规定，现将有关征管事项公告如下：

符合21号公告规定的纳税人申请退还留抵税额，应按照《国家税

务总局关于办理增值税期末留抵税额退税有关事项的公告》(2019年第20号)和《国家税务总局关于进一步加大增值税期末留抵退税政策实施力度有关征管事项的公告》(2022年第4号)等规定办理相关留抵退税业务。同时,对《退(抵)税申请表》进行修订并重新发布。

本公告自2022年7月1日起施行。《国家税务总局关于进一步加大增值税期末留抵退税政策实施力度有关征管事项的公告》(2022年第4号)附件1同时废止。

附件:退(抵)税申请表

附件

退(抵)税申请表

金额单位:元,至角分

申请人名称			纳税人□ 扣缴义务人□		
纳税人名称			统一社会信用代码 (纳税人识别号)		
联系人			联系电话		
申请退税类型	汇算结算退税 □ 误收退税 □ 留抵退税 □		纳税信用等级		
一、汇算结算、误收税款退税					
原完税情况	税种	品目名称	税款所属时期	税票号码	实缴金额
	合计(小写)				
申请退税金额(小写)					

（续表）

	二、留抵退税		
留抵退税申请文件依据	□《财政部 税务总局 海关总署关于深化增值税改革有关政策的公告》（2019年第39号） □《财政部 税务总局关于进一步加大增值税期末留抵退税政策实施力度的公告》（2022年第14号） □《财政部 税务总局关于扩大全额退还增值税留抵税额政策行业范围的公告》（2022年第21号）	退税企业类型	□小微企业 　□微型企业 　□小型企业 □特定行业 　□制造业 　□科学研究和技术服务业 　□电力、热力、燃气及水生产和供应业 　□软件和信息技术服务业 　□生态保护和环境治理业 　□交通运输、仓储和邮政业 　□批发和零售业 　□农、林、牧、渔业 　□住宿和餐饮业 　□居民服务、修理和其他服务业 　□教育 　□卫生和社会工作 　□文化、体育和娱乐业 □一般企业
申请退还项目	□存量留抵税额		□增量留抵税额
企业经营情况	国民经济行业	营业收入	资产总额
	企业划型	□企业划型　□企业划型　□中型企业　□大型企业	
留抵退税申请类型	1.退税企业类型勾选"一般企业"	连续六个月（按季纳税的，连续两个季度）增量留抵税额均大于零的起止时间： 　　　　年　　月至　　年　　月	
	2.退税企业类型勾选"特定行业"	＿＿年＿＿月至＿＿年＿＿月，从事《国民经济行业分类》中"制造业""科学研究和技术服务业""电力、热力、燃气及水生产和供应业""软件和信息技术服务业""生态保护和环境治理业""交通运输、仓储和邮政业""批发和零售业""农、林、牧、渔业""住宿和餐饮业""居民服务、修理和其他服务业""教育""卫生和社会工作""文化、体育和娱乐业"业务相应发生的增值税销售额＿＿＿元，同期全部销售额＿＿＿＿元，占比＿＿＿％。	
留抵退税申请条件	申请退税前36个月未发生骗取留抵退税、骗取出口退税或虚开增值税专用发票情形		□是　□否
	申请退税前36个月未因偷税被税务机关处罚两次及以上		□是　□否

（续表）

留抵退税申请条件	2019年4月1日起未享受即征即退、先征后返（退）政策	□是 □否
	出口货物劳务、发生跨境应税行为，适用免抵退税办法	□是 □否

留抵退税计算			
	本期已申报免抵退税应退税额		
	申请退税前一税款所属期的增值税期末留抵税额		
	2019年3月期末留抵税额		
	存量留抵税额		
	2019年4月至申请退税前一税款所属期	已抵扣的增值税专用发票(含带有"增值税专用发票"字样全面数字化的电子发票、税控机动车销售统一发票)、收费公路通行费增值税电子普通发票注明的增值税额	
		已抵扣的海关进口增值税专用缴款书注明的增值税额	
		已抵扣的解缴税款完税凭证注明的增值税额	
		全部已抵扣的进项税额	
		进项构成比例	
		本期申请退还的期末留抵税额	
		其中：本期申请退还的存量留抵税额	
		本期申请退还的增量留抵税额	

退税申请理由		经办人（签章）： 　　　　　年　月　日

经办人： 经办人身份证号： 代理机构签章： 代理机构统一社会信用代码：	申请人声明	本申请表是根据国家税收法律法规及相关规定填写的，我确定它是真实的、可靠的、完整的。 申请人（签章）：

以下由税务机关填写		
受理情况		受理人： 　　　年　月　日

（续表）

核实部门意见： 　　退还方式：退库 □　　抵扣欠税 □ 　　退税类型：汇算结算退税 □ 　　　　　　　误收退税 □ 　　　　　　　留抵退税 □ 　　退税发起方式：纳税人自行申请 □ 　　　　　　　　税务机关发现并通知 □ 　　退（抵）税金额： 　经办人：　　　　负责人： 　　年　月　日　　年　月　日	主管税务机关负责人意见： 　　　　签字（公章） 　　　　年　月　日

《退（抵）税申请表》填表说明

一、本表适用于办理汇算结算、误收税款退税、留抵退税。

二、纳税人退税账户与原缴税账户不一致的，须另行提交资料，并经税务机关确认。

三、本表一式四联，纳税人一联、税务机关三联。

四、申请人名称：填写纳税人或扣缴义务人名称。如申请留抵退税，应填写纳税人名称。

五、申请人身份：选择"纳税人"或"扣缴义务人"。如申请留抵退税，应选择"纳税人"。

六、纳税人名称：填写税务登记证所载纳税人的全称。

七、统一社会信用代码（纳税人识别号）：填写纳税人统一社会信用代码或税务机关统一核发的税务登记证号码。

八、申请退税类型：纳税人根据需要办理的事项，选择"汇算结算退税""误收退税"或"留抵退税"。

九、纳税信用等级：填写申请退税时的纳税信用等级。

十、原完税情况：填写与汇算结算和误收税款退税相关信息。分税种、品目名称、税款所属时期、税票号码、实缴金额等项目，填写申请办理退税的已入库信息，上述信息应与完税费（缴款）凭证复印件、完税费（缴款）凭证原件或完税电子信息一致。

十一、申请退税金额：填写与汇算结算和误收税款退税相关的申请退（抵）税的金额，应小于等于原完税情况实缴金额合计。

十二、留抵退税申请文件依据：根据申请留抵退税的文件依据，选择《财政部 税务总局 海关总署关于深化增值税改革有关政策的公告》（2019年第39号）、《财政部 税务总局关于进一步加大增值税期末留抵退税政策实施力度的公告》（2022年第14号）或《财政部 税务总局关于扩大全额退还增值税留抵税额政策行业范围的公告》（2022年第21号）。

十三、退税企业类型：勾选"《财政部税务总局海关总署关于深化增值税改革有关政策的公告》（2019年第39号）"的，"退税企业类型"选择"一般企业"。

勾选"《财政部税务总局关于进一步加大增值税期末留抵退税政策实施力度的公告》（2022年第14号）"或"《财政部税务总局关于扩大全额退还增值税留抵税额政策行业范围的公告》（2022年第21号）"的，"退税企业类型"按照企业实际经营情况选择"小微企业"或"特定行业"。其中：

"小微企业"按照14号公告规定的划型标准勾选"微型企业""小型企业"其中一项；

"特定行业"按照销售收入占比最高的主营业务勾选"制造业""科学研究和技术服务业""电力、热力、燃气及水生产和供应业""软件和信息技术服务业""生态保护和环境治理业""交通运输、仓储和邮政业""批发和零售业""农、林、牧、渔业""住宿和餐饮业""居民服务、修理和其他服务业""教育""卫生和社会工作""文化、体育和娱乐业"其中一项。

同时符合"小微企业"和"特定行业"退税条件的，可勾选"小微企业"其中一项或"特定行业"其中一项。

十四、申请退还项目：纳税人根据其选择退还的留抵税额类型，可同时勾选"存量留抵税额"和"增量留抵税额"或其中一项。

十五、企业经营情况：

（一）国民经济行业：对照《2017年国民经济行业分类（GB/T 4754—2017）》中列明的行业小类填写。

（二）营业收入：按照上一会计年度增值税销售额确定；不满一个会计年度的，按照以下公式计算：增值税销售额（年）＝上一会计年度企业实际存续期间增值税销售额 ÷ 企业实际存续月数 ×12。增值税销售额包括纳税申报销售额、稽查查补销售额、纳税评估调整销售额，适用增值税差额征税政策的，以差额后的销售额确定。

（三）资产总额：按照上一会计年度年末值填写。

（四）企业划型：按照2022年第14号公告和2022年第21号公告的规定，根据本表填报的"国民经济行业""营业收入""资产总额"信息，勾选"微型企业""小型企业""中型企业"或"大型企业"中的一项。

十六、留抵退税申请类型：纳税人根据勾选的退税企业类型选择对应的项目填写。

退税企业类型勾选"一般企业"：应填写"连续六个月（按季纳税

的，连续两个季度）增量留抵税额均大于零的起止时间：____年____月至____年____月"栏次，本栏填写纳税人自2019年4月税款所属期起，连续六个月（按季纳税的，连续两个季度）增量留抵税额均大于零，且第六个月增量留抵税额不低于50万元的起止时间。

退税企业类型勾选"特定行业"：应填写"____年____月至____年____月，从事《国民经济行业分类》中'制造业''科学研究和技术服务业''电力、热力、燃气及水生产和供应业''软件和信息技术服务业''生态保护和环境治理业''交通运输、仓储和邮政业''批发和零售业''农、林、牧、渔业''住宿和餐饮业''居民服务、修理和其他服务业''教育''卫生和社会工作''文化、体育和娱乐业'业务相应发生的增值税销售额元，同期全部销售额元，占比____%。"栏次。如申请退税前经营期满12个月，本栏起止时间填写申请退税前12个月的起止时间，本栏销售额填写申请退税前12个月的销售额；如申请退税前经营期不满12个月但满3个月的，本栏起止时间填写实际经营期的起止时间，本栏销售额填写实际经营期的销售额。

十七、留抵退税申请条件：根据企业实际经营情况，逐项勾选"是"或"否"。

十八、留抵退税计算：

（一）本期已申报免抵退税应退税额：填写适用免抵退税政策的纳税人本期申请退还的免抵退税额。

（二）申请退税前一税款所属期的增值税期末留抵税额：根据申请退税前一税款所属期的《增值税及附加税费申报表（一般纳税人适用）》主表"一般项目"期末留抵税额栏次填写。

（三）2019年3月期末留抵税额：根据2019年3月税款所属期的

《增值税及附加税费申报表（一般纳税人适用）》主表"一般项目"期末留抵税额栏次填写，如2019年3月所属期未进行增值税一般纳税人申报，则该栏次金额为0。

（四）存量留抵税额：

1. 获得过一次性存量留抵退税前，填写本表"申请退税前一税款所属期的增值税期末留抵税额"栏次与"2019年3月期末留抵税额"栏次孰小值。

2. 获得过一次性存量留抵退税后，本栏为0。

（五）已抵扣的增值税专用发票（含带有"增值税专用发票"字样全面数字化的电子发票、税控机动车销售统一发票）、收费公路通行费增值税电子普通发票注明的增值税额：填写2019年4月至申请退税前一税款所属期抵扣的增值税专用发票（含带有"增值税专用发票"字样全面数字化的电子发票、税控机动车销售统一发票）、收费公路通行费增值税电子普通发票注明的增值税额。取得不动产或者不动产在建工程的进项税额不再分2年抵扣后一次性转入的进项税额，视同取得增值税专用发票抵扣的进项税额，也填入本栏。

（六）已抵扣的海关进口增值税专用缴款书注明的增值税额：填写2019年4月至申请退税前一税款所属期抵扣的海关进口增值税专用缴款书注明的增值税额。

（七）已抵扣的解缴税款完税凭证注明的增值税额：填写2019年4月至申请退税前一税款所属期抵扣的解缴税款完税凭证注明的增值税额。

（八）全部已抵扣的进项税额：填写2019年4月至申请退税前一税款所属期全部已抵扣进项税额。

（九）进项构成比例：

进项构成比例＝本表〔已抵扣的增值税专用发票（含带有"增值税专用发票"字样全面数字化的电子发票、税控机动车销售统一发票）、收费公路通行费增值税电子普通发票注明的增值税额＋已抵扣的海关进口增值税专用缴款书注明的增值税额＋已抵扣的解缴税款完税凭证注明的增值税额〕÷全部已抵扣的进项税额

（十）本期申请退还的期末留抵税额：

1. 退税企业类型勾选为"小微企业"和"特定行业"

（1）申请退还项目仅勾选"存量留抵税额"

本期申请退税的期末留抵税额＝本表"存量留抵税额"×"进项构成比例"×100%

（2）申请退还项目仅勾选"增量留抵税额"

本期申请退税的期末留抵税额＝本表（"申请退税前—税款所属期的增值税期末留抵税额"—"存量留抵税额"）×"进项构成比例"×100%

（3）申请退还项目同时勾选"存量留抵税额"以及"增量留抵税额"

本期申请退税的期末留抵税额＝本表"申请退税前—税款所属期的增值税期末留抵税额"×"进项构成比例"×100%

2. 退税企业类型勾选为"一般企业"

本期申请退税的期末留抵税额＝本表（"申请退税前—税款所属期的增值税期末留抵税额"—"存量留抵税额"）×进项构成比例×60%

（十一）本期申请退还的存量留抵税额：

1. 申请退还项目勾选"存量留抵税额"

本期申请退还的存量留抵税额＝本表"存量留抵税额"×"进项构成比例"×100%；

2. 申请退还项目仅勾选"增量留抵税额"本期申请退还的存量留抵

税额 =0。

（十二）本期申请退还的增量留抵税额：

本期申请退还的增量留抵税额 = 本表"本期申请退还的期末留抵税额"－"本期申请退还的存量留抵税额"

十九、退税申请理由：简要概述退税申请理由，如果本次退税账户与原缴税账户不一致，需在此说明，并另行提交资料，报经税务机关确认。

二十、受理情况：填写核对接受纳税人、扣缴义务人资料的情况。

二十一、退还方式：申请汇算结算或误收税款退税的，退还方式可以单选或多选，对于有欠税的纳税人，一般情况应勾选"抵扣欠税"，对于勾选"抵扣欠税"情况，可以取消该选择，将全部申请退税的金额，以"退库"方式办理。申请留抵退税的，可同时勾选"退库"和"抵扣欠税"。如果纳税人既有增值税欠税，又有期末留抵税额，按照《国家税务总局关于办理增值税期末留抵税额退税有关事项的公告》（国家税务总局公告2019年第20号）第九条第三项规定，以最近一期增值税纳税申报表期末留抵税额，抵减增值税欠税后的余额确定允许退还的增量留抵税额。

二十二、退税类型：税务机关依据纳税人申请事项，勾选"汇算结算退税""误收退税"或"留抵退税"。

二十三、退税发起方式：纳税人申请汇算结算或误收税款退税的，税务机关勾选"纳税人自行申请"或"税务机关发现并通知"；纳税人申请留抵退税的，税务机关勾选"纳税人自行申请"。

二十四、退（抵）税金额：填写税务机关核准后的退（抵）税额。

三、扩大全额退还增值税留抵税额政策行业范围有关征管事项解读

（1）扩大全额退还增值税留抵税额政策行业范围的主要内容是什么？

为深入落实党中央、国务院决策部署，财政部、税务总局联合发布《财政部 税务总局关于扩大全额退还增值税留抵税额政策行业范围的公告》（财政部 税务总局公告2022年第21号）明确，扩大《财政部 税务总局关于进一步加大增值税期末留抵退税政策实施力度的公告》（财政部 税务总局公告2022年第14号）规定的制造业等行业留抵退税政策的适用范围，增加"批发和零售业""农、林、牧、渔业""住宿和餐饮业""居民服务、修理和其他服务业""教育""卫生和社会工作"和"文化、体育和娱乐业"7个行业（以下称批发零售业等行业），实施按月全额退还增量留抵税额以及一次性退还存量留抵税额的留抵退税政策。

（2）2022年第21号公告出台的背景是什么？

为方便纳税人办理留抵退税业务，税务总局先后制发了《国家税务总局关于办理增值税期末留抵税额退税有关事项的公告》（2019年第20号）和《国家税务总局关于进一步加大增值税期末留抵退税政策实施力度有关征管事项的公告》（2022年第4号），明确了留抵退税办理相关征管事项。此次将批发零售业等行业纳入全额退税的留抵退税政策范围后，在现行留抵退税征管框架下，结合新出台政策的具体内容，发布本公告对相关征管事项作补充规定。

（3）制造业等行业留抵退税政策扩围到批发零售业等行业后如何判断行业性留抵退税政策范围？

制造业等行业留抵退税政策的适用范围扩大至批发零售业等行业后，

形成制造业、批发零售业等行业留抵退税政策。按照2022年第21号公告的规定，制造业、批发零售业等行业企业，是指从事《国民经济行业分类》中"批发和零售业""农、林、牧、渔业""住宿和餐饮业""居民服务、修理和其他服务业""教育""卫生和社会工作""文化、体育和娱乐业""制造业""科学研究和技术服务业""电力、热力、燃气及水生产和供应业""软件和信息技术服务业""生态保护和环境治理业"和"交通运输、仓储和邮政业"业务相应发生的增值税销售额占全部增值税销售额的比重超过50%的纳税人。上述销售额比重根据纳税人申请退税前连续12个月的销售额计算确定；申请退税前经营期不满12个月但满3个月的，按照实际经营期的销售额计算确定。

需要说明的是，如果一个纳税人从事上述多项业务，以相关业务增值税销售额加总计算销售额占比，从而确定是否属于制造业、批发零售业等行业纳税人。

举例说明： 某纳税人2021年7月至2022年6月期间共取得增值税销售额1 000万元，其中：生产并销售机器设备销售额300万元，外购并批发办公用品销售额200万元，租赁设备销售额250万元，提供文化服务销售额150万元，提供建筑服务销售额100万元。该纳税人2021年7月至2022年6月期间发生的制造业、批发零售业等行业销售额占比为65%［（300+200+150）÷1 000×100%］。因此，该纳税人当期属于制造业、批发零售业等行业纳税人。

（4）批发零售业等行业纳税人申请留抵退税，需要满足哪些留抵退税条件？

按照2022年第21号公告规定办理留抵退税的制造业、批发零售业等行业纳税人，继续适用 2022 年第 14 号公告规定的留抵退税条件，具体如下：

①纳税信用等级为 A 级或者 B 级；

②申请退税前 36 个月未发生骗取留抵退税、骗取出口退税或虚开增值税专用发票情形；

③申请退税前 36 个月未因偷税被税务机关处罚两次及以上；

④2019 年 4 月 1 日起未享受即征即退、先征后返（退）政策。

（5）批发零售业等行业纳税人申请一次性存量留抵退税的具体时间是什么？

按照 2022 年第 21 号公告规定，符合条件的批发零售业等行业纳税人，可以自 2022 年 7 月纳税申报期起向主管税务机关申请退还存量留抵税额。

需要说明的是，上述时间为申请一次性存量留抵退税的起始时间，当期未申请的，以后纳税申报期也可以按规定申请。

（6）批发零售业等行业纳税人申请增量留抵退税的具体时间是什么？

按照 2022 年第 21 号公告规定，符合条件的批发零售业等行业纳税人，可以自 2022 年 7 月纳税申报期起向主管税务机关申请退还增量留抵税额。

需要说明的是，上述时间为申请增量留抵退税的起始时间，当期未申请的，以后纳税申报期也可以按规定申请。

（7）制造业、批发零售业等行业纳税人按照 2022 年第 21 号公告规定申请退还的存量留抵税额如何确定？

纳税人按照 2022 年第 21 号公告规定申请退还的存量留抵税额，继续按照 2022 年第 14 号公告的规定执行，具体区分以下情形确定：

①纳税人获得一次性存量留抵退税前，当期期末留抵税额大于或等于 2019 年 3 月 31 日期末留抵税额的，存量留抵税额为 2019 年 3 月 31 日期末留抵税额；当期期末留抵税额小于 2019 年 3 月 31 日期末留抵税额

的，存量留抵税额为当期期末留抵税额。

②纳税人获得一次性存量留抵退税后，存量留抵税额为零。

> **举例说明**：某大型餐饮企业2019年3月31日的期末留抵税额为1 500万元，此前未获得存量留抵退税。2022年7月纳税申报期申请一次性存量留抵退税时，如果当期期末留抵税额为2 000万元，该纳税人的存量留抵税额为1 500万元；如果当期期末留抵税额为1 000万元，该纳税人的存量留抵税额为1 000万元。该纳税人在7月份获得存量留抵退税后，将再无存量留抵税额。

（8）制造业、批发零售业等行业纳税人按照2022年第21号公告规定申请退还的增量留抵税额如何确定？

制造业、批发零售业等行业纳税人按照2022年第21号公告规定申请退还的增量留抵税额，继续按照2022年第14号公告的规定执行，具体区分以下情形确定：

①纳税人获得一次性存量留抵退税前，增量留抵税额为当期期末留抵税额与2019年3月31日相比新增加的留抵税额。

②纳税人获得一次性存量留抵退税后，增量留抵税额为当期期末留抵税额。

> **举例说明**：某大型零售企业纳税人2019年3月31日的期末留抵税额为800万元，2022年7月31日的期末留抵税额为1 000万元，在8月纳税申报期申请增量留抵退税时，如果此前未获得一次性存量留抵退税，该纳税人的增量留抵税额为200万元（1 000－800）；如果此前已获得一次性存量留抵退税，该纳税人的增量留抵税额为1 000万元。

（9）纳税人在适用小微企业留抵退税政策时如何确定其行业归属？

2022年第21号公告明确，按照2022年第14号公告第六条规定适用《中小企业划型标准规定》（工信部联企业〔2011〕300号）和《金融业企业划型标准规定》（银发〔2015〕309号）时，纳税人的行业归属，根据《国民经济行业分类》关于以主要经济活动确定行业归属的原则，以上一会计年度从事《国民经济行业分类》对应业务增值税销售额占全部增值税销售额比重最高的行业确定。

举例说明： 某混业经营纳税人2022年7月申请办理留抵退税，其上一会计年度（2021年1月1日至2021年12月31日）增值税销售额500万元，其中，提供建筑服务销售额200万元，提供工程设备租赁服务销售额150万元，外购并销售建筑材料等货物销售额150万元。该纳税人"建筑业"对应业务的增值税销售额占比为40%；"租赁和商务服务业"对应业务的增值税销售额占比为30%；"批发和零售业"对应业务的增值税销售额占比为30%。因其"建筑业"对应业务的销售额占比最高，在适用小微企业划型标准时，应按照《中小企业划型标准规定》（工信部联企业〔2011〕300号）规定的建筑业的划型标准判断该企业是否为小微企业。

（10）制造业、批发零售业等行业纳税人申请办理存量留抵退税和增量留抵退税，从征管规定上看有什么变化吗？

符合2022年第21号公告规定的制造业、批发零售业等行业纳税人申请办理存量留抵退税和增量留抵退税，继续按照2022年第20号公告和2022年第4号公告等规定办理相关留抵退税业务。其中，纳税人办理存量留抵退税与办理增量留抵退税的相关征管规定一致。

(11)制造业、批发零售业等行业纳税人适用2022年第21号公告规定的留抵退税政策，需要提交什么退税申请资料？

制造业、批发零售业等行业纳税人适用2022年第21号公告规定的留抵退税政策，在申请办理留抵退税时提交的退税申请资料无变化，仅需要提交一张《退（抵）税申请表》。需要说明的是，《退（抵）税申请表》可通过电子税务局线上提交，也可以通过办税服务厅线下提交。结合本次出台的留抵退税政策规定，对原《退（抵）税申请表》中的部分填报内容作了相应调整，纳税人申请留抵退税时，可结合其适用的具体政策和实际生产经营等情况进行填报。

(12)此次《退（抵）税申请表》有哪些调整变化？

结合2022年第21号公告规定的行业性留抵退税政策内容，《退（抵）税申请表》相应补充了文件依据、行业范围等栏次。具体修改内容包括：

一是在"留抵退税申请文件依据"中增加"《财政部 税务总局关于扩大全额退还增值税留抵税额政策行业范围的公告》（财政部 税务总局公告2022年第21号）"。

二是在"退税企业类型"的"特定行业"中增加"批发和零售业""农、林、牧、渔业""住宿和餐饮业""居民服务、修理和其他服务业""教育""卫生和社会工作""文化、体育和娱乐业"7个行业的选项。

三是将"留抵退税申请类型"中对应"特定行业"的增值税销售额占比计算公式中也相应增加批发零售业等7个行业增值税销售额的表述。

四、切实落实燃煤发电企业增值税留抵退税政策

2022年6月24日，财政部、税务总局联合发布《财政部 税务总局

关于切实落实燃煤发电企业增值税留抵退税政策 做好电力保供工作的通知》(财税〔2022〕25),该通知规定如下。

为进一步做好能源电力保供工作,现就落实燃煤发电企业增值税留抵退税政策有关事项通知如下:

对购买使用进口煤炭的燃煤发电企业,符合《财政部 税务总局关于进一步加大增值税期末留抵退税政策实施力度的公告》(财政部 税务总局公告2022年第14号)规定的,在纳税人自愿申请的基础上,进一步加快留抵退税办理进度,规范高效便捷为其办理留抵退税。

各地财政和税务部门要高度重视燃煤发电企业留抵退税工作,密切部门间协作,加强政策宣传辅导,及时掌握企业经营和税收情况,重点做好购买使用进口煤炭的燃煤发电企业留抵退税落实工作。

五、《国民经济行业分类》中各行业的具体范围

(一)农、林、牧、渔业

根据《国民经济行业分类》,"农、林、牧、渔业"属于门类"A",其下包括5个大类,分别为:(1)"01农业";(2)"02林业";(3)"03畜牧业";(4)"04渔业";(5)"05农、林、牧、渔专业及辅助性活动"。

(1)"01农业",指对各种农作物的种植。其下包括8个中类,分别为:①"011谷物种植";②"012豆类、油料和薯类种植";③"013棉、麻、糖、烟草种植";④"014蔬菜、食用菌及园艺作物种植";

⑤"015 水果种植";⑥"016 坚果、含油果、香料和饮料作物种植";⑦"017 中药材种植";⑧"018 草种植及割草"。

①"011 谷物种植",指以收获籽实为主的农作物的种植,包括稻谷、小麦、玉米等农作物的种植和作为饲料和工业原料的谷物的种植。其下包括4个小类,分别为:a."0111 稻谷种植";b."0112 小麦种植";c."0113 玉米种植";d."0119 其他谷物种植"。

②"012 豆类、油料和薯类种植",其下包括3个小类,分别为:a."0121 豆类种植";b."0122 油料种植";c."0123 薯类种植"。

③"013 棉、麻、糖、烟草种植",其下包括4个小类,分别为:a."0131 棉花种植";b."0132 麻类种植";c."0133 糖料种植",指用于制糖的甘蔗和甜菜的种植;d."0134 烟草种植"。

④"014 蔬菜、食用菌及园艺作物种植",其下包括4个小类,分别为:a."0141 蔬菜种植";b."0142 食用菌种植";c."0143 花卉种植";d."0149 其他园艺作物种植"。

⑤"015 水果种植",其下包括5个小类,分别为:a."0151 仁果类和核果类水果种植",指苹果、梨、桃、杏、李子等水果种植;b."0152 葡萄种植";c."0153 柑橘类种植";d."0154 香蕉等亚热带水果种植",指香蕉、菠萝、芒果等亚热带水果种植;e."0159 其他水果种植"。

⑥"016 坚果、含油果、香料和饮料作物种植",其下包括5个小类,分别为:a."0161 坚果种植";b."0162 含油果种植",指油茶、橄榄、油棕榈、椰子等种植;c."0163 香料作物种植";d."0164 茶叶种植";e."0169 其他饮料作物种植"。

⑦"017 中药材种植",指主要用于中药配制以及中成药加工的药材作物的种植。其下包括2个小类,分别为:a."0171 中草药种植",指

主要用于中药配制以及中成药加工的各种中草药材作物的种植；b. "0179 其他中药材种植"。

⑧ "018 草种植及割草"，其下包括 2 个小类，分别为：a. "0181 草种植"，指人工种植收获牧草；b. "0182 天然草原割草"，指天然草原刈割收获牧草。

（2） "02 林业"，其下包括 5 个中类，分别为：① "021 林木育种和育苗"② "022 造林和更新"；③ "023 森林经营、管护和改培"；④ "024 木材和竹材采运"；⑤ "025 林产品采集"。

① "021 林木育种和育苗"，其下包括 2 个小类，分别为：a. "0211 林木育种"，指应用遗传学原理选育、繁殖林木良种和繁殖林木新品种核心的栽植材料的林木遗传改良活动；b. "0212 林木育苗"，指通过人为活动将种子、穗条或植物其他组织培育成苗木的活动。

② "022 造林和更新"，其下包括 "0220 造林和更新" 1 个小类，指在宜林荒山荒地荒沙、采伐迹地、火烧迹地、疏林地、灌木林地等一切可造林的土地上通过人工造林、人工更新、封山育林、飞播造林等方式培育和恢复森林的活动。

③ "023 森林经营、管护和改培"，其下包括 2 个小类，分别为：a. "0231 森林经营和管护"，指为促进林木生长发育，在林木生长的不同时期进行的促进林木生长发育的活动；b. "0232 森林改培"，指为调整林分结构和树种组成，形成密度合理、物种丰富、功能完备的优质、高产、高效林而采取林分抚育、补植、补播等人工措施的活动。

④ "024 木材和竹材采运"，指对林木和竹木的采伐，并将其运出山场至贮木场的生产活动。其下包括 2 个小类，分别为：a. "0241 木材采运"；b. "0242 竹材采运"。

⑤ "025 林产品采集",指在天然林地和人工林地进行的各种林木产品和其他野生植物的采集等活动。其下包括2个小类,分别为:a. "0251 木竹材林产品采集";b. "0252 非木竹材林产品采集",指在天然林地和人工林地进行的除木材、竹材产品外的其他各种林产品的采集活动。

(3)"03 畜牧业",其下包括4个中类,分别为:①"031 牲畜饲养";②"032 家禽饲养";③"033 狩猎和捕捉动物";④"039 其他畜牧业"。

① "031 牲畜饲养",其下包括6个小类,分别为:a. "0311 牛的饲养";b. "0312 马的饲养";c. "0313 猪的饲养";d. "0314 羊的饲养";e. "0315 骆驼饲养";f. "0319 其他牲畜饲养"。

② "032 家禽饲养",其下包括4个小类,分别为:a. "0321 鸡的饲养";b. "0322 鸭的饲养";c. "0323 鹅的饲养";d. "0329 其他家禽饲养"。

③ "033 狩猎和捕捉动物",其下包括 "0330 狩猎和捕捉动物" 1个小类,指对各种野生动物的捕捉以及与此相关的活动。

④ "039 其他畜牧业",其下包括3个小类,分别为:a. "0391 兔的饲养";b. "0392 蜜蜂饲养";c. "0399 其他未列明畜牧业"。

(4)"04 渔业",其下包括2个中类,分别为:①"041 水产养殖";②"042 水产捕捞"。

① "041 水产养殖",其下包括2个小类,分别为:a. "0411 海水养殖",指利用海水对各种水生动植物的养殖;b. "0412 内陆养殖",指在内陆水域进行的各种水生动植物的养殖。

② "042 水产捕捞",其下包括2个小类,分别为:a. "0421 海水捕捞",指在海洋中对各种天然水生动植物的捕捞;b. "0422 内陆捕捞",指在内陆水域对各种天然水生动植物的捕捞。

(5)"05 农、林、牧、渔专业及辅助性活动",其下包括4个中类,分别为：①"051 农业专业及辅助性活动"；②"052 林业专业及辅助性活动"；③"053 畜牧专业及辅助性活动"；④"054 渔业专业及辅助性活动"。

①"051 农业专业及辅助性活动"，指对农业提供的各种专业及辅助性生产活动，不包括各种科学技术和专业技术服务。其下包括 6 个小类，分别为：a."0511 种子种苗培育活动"；b."0512 农业机械活动"，指为农业生产提供农业机械并配备操作人员的活动；c."0513 灌溉活动"，指对农业生产灌溉排水系统的经营与管理；d."0514 农产品初加工活动"，指对各种农产品（包括天然橡胶、纺织纤维原料）进行脱水、凝固、打蜡、去籽、净化、分类、晒干、剥皮、初烤、沤软或大批包装以提供初级市场的服务，以及其他农产品的初加工，其中棉花等纺织纤维原料加工指对棉纤维、短绒剥离后的棉籽以及棉花秸秆、铃壳等副产品的综合加工和利用活动；e."0515 农作物病虫害防治活动"，指从事农作物重大病虫害防治等活动；f."0519 其他农业专业及辅助性活动"，指代耕代种代收、大田托管等其他农业活动。

②"052 林业专业及辅助性活动"，指为林业生产提供的林业有害生物防治、林地防火等各种辅助性活动。其下包括 4 个小类，分别为：a."0521 林业有害生物防治活动"；b."0522 森林防火活动"；c."0523 林产品初级加工活动"，指对各种林产品进行去皮、打枝或去料、净化、初包装提供至贮木场或初级加工活动；d."0529 其他林业专业及辅助性活动"。

③"053 畜牧专业及辅助性活动"，指提供牲畜繁殖、圈舍清理、畜产品生产、初级加工、动物免疫接种、标识佩戴和动物诊疗等活动。其下包括 3 个小类，分别为：a."0531 畜牧良种繁殖活动"；b."0532 畜

禽粪污处理活动"；c."0539 其他畜牧专业及辅助性活动"。

④ "054 渔业专业及辅助性活动"，指对渔业生产提供的各种活动，包括鱼苗及鱼种场、水产良种场和水产增殖场等活动。其下包括 2 个小类，分别为：a."0541 鱼苗及鱼种场活动"；b."0549 其他渔业专业及辅助性活动"。

（二）制造业

根据《国民经济行业分类》，"制造业"属于门类"C"，本门类包括 13—43 共 31 个大类，指经物理变化或化学变化后成为新的产品，不论是动力机械制造还是手工制作，也不论产品是批发销售还是零售，均视为制造；建筑物中的各种制成品、零部件的生产应视为制造，但在建筑预制品工地，把主要部件组装成桥梁、仓库设备、铁路与高架公路、升降机与电梯、管道设备、喷水设备、暖气设备、通风设备与空调设备，照明与安装电线等组装活动，以及建筑物的装置，均列为建筑活动；本门类包括机电产品的再制造，指将废旧汽车零部件、工程机械、机床等进行专业化修复的批量化生产过程，再制造的产品达到与原有新产品相同的质量和性能。

（1）"13 农副食品加工业"，指直接以农、林、牧、渔业产品为原料进行的谷物磨制、饲料加工、植物油和制糖加工、屠宰及肉类加工、水产品加工，以及蔬菜、水果和坚果等食品的加工。其下包括 8 个中类，分别为：①"131 谷物磨制"，也称粮食加工，指将稻谷、小麦、玉米、谷子、高粱等谷物去壳、碾磨，加工为成品粮的生产活动；②"132 饲料加工"；③"133 植物油加工"；④"134 制糖业"；⑤"135 屠宰及肉类加工"；⑥"136 水产品加工"；⑦"137 蔬菜、菌类、水果和坚果加工",指用脱水、干制、冷藏、冷冻、腌制等方法,对蔬菜、菌类、水果、坚果的加工;⑧"139 其他农副食品加工"。

(2)"14 食品制造业",其下包括 7 个中类,分别为:①"141 焙烤食品制造";②"142 糖果、巧克力及蜜饯制造";③"143 方便食品制造";④"144 乳制品制造",指以生鲜牛(羊)乳及其制品为主要原料,经加工制成的液体乳及固体乳(乳粉、炼乳、乳脂肪、干酪等)制品的生产活动,不包括含乳饮料和植物蛋白饮料生产活动;⑤"145 罐头食品制造",指将符合要求的原料经处理、分选、修整、烹调(或不经烹调)、装罐、密封、杀菌、冷却(或无菌包装)等罐头生产工艺制成的,达到商业无菌要求,并可以在常温下储存的罐头食品的制造;⑥"146 调味品、发酵制品制造";⑦"149 其他食品制造"。

(3)"15 酒、饮料和精制茶制造业",其下包括 3 个中类,分别为:①"151 酒的制造",指酒精、白酒、啤酒及其专用麦芽、黄酒、葡萄酒、果酒、配制酒以及其他酒的生产;②"152 饮料制造";③"153 精制茶加工"。

(4)"16 烟草制品业",其下包括 3 个中类,分别为:①"161 烟叶复烤",指在原烟(初烤)基础上进行第二次烟叶水分调整的活动;②"162 卷烟制造",指各种卷烟生产,但不包括生产烟用滤嘴棒的纤维丝束原料的制造;③"169 其他烟草制品制造"。

(5)"17 纺织业",其下包括 8 个中类,分别为:①"171 棉纺织及印染精加工",指棉、棉型化纤(化纤短丝)纺织及印染精加工;②"172 毛纺织及染整精加工";③"173 麻纺织及染整精加工";④"174 丝绢纺织及印染精加工";⑤"175 化纤织造及印染精加工",指经纬双向或经向以化纤长丝(不包括化纤短纤)为主要原料生产的机织物；⑥"176 针织或钩针编织物及其制品制造"；⑦"177 家用纺织制成品制造"；⑧"178 产业用纺织制成品制造"。

（6）"18 纺织服装、服饰业"，其下包括 3 个中类，分别为：①"181 机织服装制造"，指以机织面料为主要原料，缝制各种男、女服装，以及儿童成衣的活动，包括非自产原料制作的服装，以及固定生产地点的服装制作活动；②"182 针织或钩针编织服装制造"，指以针织、钩针编织面料为主要原料，经裁剪后缝制各种男、女服装，以及儿童成衣的活动；③"183 服饰制造"，指帽子、手套、围巾、领带、领结、手绢，以及袜子等服装饰品的加工。

（7）"19 皮革、毛皮、羽毛及其制品和制鞋业"，其下包括 5 个中类，分别为：①"191 皮革鞣制加工"，指动物生皮经脱毛、鞣制等物理和化学方法加工，再经涂饰和整理，制成具有不易腐烂、柔韧、透气等性能的皮革生产活动；②"192 皮革制品制造"；③"193 毛皮鞣制及制品加工"；④"194 羽毛（绒）加工及制品制造"；⑤"195 制鞋业"，指纺织面料鞋、皮鞋、塑料鞋、橡胶鞋及其他各种鞋的生产活动。

（8）"20 木材加工和木、竹、藤、棕、草制品业"，其下包括 4 个中类，分别为：①"201 木材加工"；②"202 人造板制造"，指用木材及其剩余物、棉秆、甘蔗渣和芦苇等植物纤维为原料，加工成符合国家标准的胶合板、纤维板、刨花板、细木工板和木丝板等产品的生产活动，以及人造板二次加工装饰板的制造；③"203 木质制品制造"，指以木材为原料加工成建筑用木料和木材组件、木容器、软木制品及其他木制品的生产活动，但不包括木质家具的制造；④"204 竹、藤、棕、草等制品制造"，指除木材以外，以竹、藤、棕、草等天然植物为原料生产制品的活动，但不包括家具的制造。

（9)"21家具制造业"，指用木材、金属、塑料、竹、藤等材料制作的，具有坐卧、凭倚、储藏、间隔等功能，可用于住宅、旅馆、办公室、学校、餐馆、医院、剧场、公园、船舰、飞机、机动车等任何场所的各种家具的制造。其下包括5个中类，分别为：①"211木质家具制造"，指以天然木材和木质人造板为主要材料，配以其他辅料（如油漆、贴面材料、玻璃、五金配件等）制作各种家具的生产活动；②"212竹、藤家具制造"，指以竹材和藤材为主要材料，配以其他辅料制作各种家具的生产活动；③"213金属家具制造"，指支（框）架及主要部件以铸铁、钢材、钢板、钢管、合金等金属为主要材料，结合使用木、竹、塑等材料，配以人造革、尼龙布、泡沫塑料等其他辅料制作各种家具的生产活动；④"214塑料家具制造"，指用塑料管、板、异型材加工或用塑料、玻璃钢（即增强塑料）直接在模具中成型的家具的生产活动；⑤"219其他家具制造"，指主要由弹性材料（如弹簧、蛇簧、拉簧等）和软质材料（如棕丝、棉花、乳胶海绵、泡沫塑料等），辅以绷结材料（如绷绳、绷带、麻布等）和装饰面料及饰物（如棉、毛、化纤织物及牛皮、羊皮、人造革等）制成的各种软家具，以玻璃为主要材料，辅以木材或金属材料制成的各种玻璃家具，以及其他未列明的原材料制作各种家具的生产活动。

（10)"22造纸和纸制品业"，其下包括3个中类，分别为：①"221纸浆制造"，指经机械或化学方法加工纸浆的生产活动；②"222造纸"，指用纸浆或其他原料（如矿渣棉、云母、石棉等）悬浮在流体中的纤维，经过造纸机或其他设备成型，或手工操作而成的纸及纸板的制造；③"223纸制品制造"，指用纸及纸板为原料，进一步加工制成纸制品的生产活动。

（11)"23印刷和记录媒介复制业"，其下包括3个中类，①分别为：

"231 印刷"；②"232 装订及印刷相关服务"，指专门企业从事的装订、压印媒介制造等与印刷有关的服务；③"233 记录媒介复制"，指将母带、母盘上的信息进行批量翻录的生产活动。

（12）"24 文教、工美、体育和娱乐用品制造业"，其下包括 6 个中类，分别为：①"241 文教办公用品制造"；②"242 乐器制造"，指中国民族乐器、西乐器等各种乐器及乐器零部件和配套产品的制造，但不包括玩具乐器的制造；③"243 工艺美术及礼仪用品制造"；④"244 体育用品制造"；⑤"245 玩具制造"，指以儿童为主要使用者，用于玩耍、智力开发等娱乐器具的制造；⑥"246 游艺器材及娱乐用品制造"。

（13）"25 石油、煤炭及其他燃料加工业"，其下包括 4 个中类，分别为：①"251 精炼石油产品制造"；②"252 煤炭加工"；③"253 核燃料加工"，指从沥青铀矿或其他含铀矿石中提取铀、浓缩铀的生产，对铀金属的冶炼、加工，以及其他放射性元素、同位素标记、核反应堆燃料元件的制造，还包括与核燃料加工有关的核废物处置活动；④"254 生物质燃料加工"。

（14）"26 化学原料和化学制品制造业"，其下包括 8 个中类，分别为：①"261 基础化学原料制造"；②"262 肥料制造"，指化学肥料、有机肥料及微生物肥料的制造；③"263 农药制造"，指用于防治农业、林业作物的病、虫、草、鼠和其他有害生物，调节植物生长的各种化学农药、微生物农药、生物化学农药，以及仓储、农林产品的防蚀、河流堤坝、铁路、机场、建筑物及其他场所用药的原药和制剂的生产活动；④"264 涂料、油墨、颜料及类似产品制造"；⑤"265 合成材料制造"；⑥"266 专用化学产品制造"；⑦"267 炸药、火工及焰火产品制造"；⑧"268 日用化学产品制造"。

（15）"27 医药制造业"，其下包括 8 个中类，分别为：①"271 化学药品原料药制造"，指供进一步加工化学药品制剂、生物药品制剂所需的原料药生产活动；②"272 化学药品制剂制造"，指直接用于人体疾病防治、诊断的化学药品制剂的制造；③"273 中药饮片加工"，指对采集的天然或人工种植、养殖的动物、植物和矿物的药材部位进行加工、炮制，使其符合中药处方调剂或中成药生产使用的活动；④"274 中成药生产"，以中药材为原料，在中医药理论指导下，为了预防及治疗疾病的需要，按规定的处方和制剂工艺将其加工制成一定剂型的中药制品的生产活动；⑤"275 兽用药品制造"，指用于动物疾病防治医药的制造；⑥"276 生物药品制品制造"，指利用生物技术生产生物化学药品、基因工程药物和疫苗的制剂生产活；⑦"277 卫生材料及医药用品制造"，指卫生材料、外科敷料以及其他内、外科用医药制品的制造；⑧"278 药用辅料及包装材料制造"，指药品用辅料和包装材料等制造。

（16）"28 化学纤维制造业"，其下包括 3 个中类，分别为：①"281 纤维素纤维原料及纤维制造"；②"282 合成纤维制造"，指以石油、天然气、煤等为主要原料，用有机合成的方法制成单体，聚合后经纺丝加工生产纤维的活动；③"283 生物基材料制造"。

（17）"29 橡胶和塑料制品业"，其下包括 2 个中类，分别为：①"291 橡胶制品业"，指以天然及合成橡胶为原料生产各种橡胶制品的活动，还包括利用废橡胶再生产橡胶制品的活动；不包括橡胶鞋制造；②"292 塑料制品业"，指以合成树脂（高分子化合物）为主要原料，经采用挤塑、注塑、吹塑、压延、层压等工艺加工成型的各种制品的生产，以及利用回收的废旧塑料加工再生产塑料制品的活动；不包括塑料鞋制造。

（18）"30 非金属矿物制品业"，其下包括 9 个中类，分别为：

①"301水泥、石灰和石膏制造";②"302石膏、水泥制品及类似制品制造";③"303砖瓦、石材等建筑材料制造",指黏土、陶瓷砖瓦的生产,建筑用石的加工,用废料或废渣生产的建筑材料,以及其他建筑材料的制造;④"304玻璃制造",指任何形态玻璃的生产,以及利用废玻璃再生产玻璃活动,包括特制玻璃的生产;⑤"305玻璃制品制造",指任何形态玻璃制品的生产,以及利用废玻璃再生产玻璃制品的活动;⑥"306玻璃纤维和玻璃纤维增强塑料制品制造";⑦"307陶瓷制品制造";⑧"308耐火材料制品制造";⑨"309石墨及其他非金属矿物制品制造"。

(19)"31黑色金属冶炼和压延加工业",其下包括4个中类:①"311炼铁",指用高炉法、直接还原法、熔融还原法等,将铁从矿石等含铁化合物中还原出来的生产活动;②"312炼钢",指利用不同来源的氧(如空气、氧气)来氧化炉料(主要是生铁)所含杂质的金属提纯活动;③"313钢压延加工",指通过热轧、冷加工、锻压和挤压等塑性加工使连铸坯、钢锭产生塑性变形,制成具有一定形状尺寸的钢材产品的生产活动;④"314铁合金冶炼",指铁与其他一种或一种以上的金属或非金属元素组成的合金生产活动。

(20)"32有色金属冶炼和压延加工业",其下包括5个中类,分别为:①"321常用有色金属冶炼",指通过熔炼、精炼、电解或其他方法从有色金属矿、废杂金属料等有色金属原料中提炼常用有色金属的生产活动;②"322贵金属冶炼",指对金、银及铂族金属的提炼活动;③"323稀有稀土金属冶炼",指钨钼、稀有轻金属、稀有高熔点金属、稀散金属、稀土金属及其他稀有稀土金属冶炼活动,但不包括钍和铀等放射性金属的冶炼加工;④"324有色金属合金制造",指以有色金属为基体，加入一种或几种其他元素所构成的合金生产活动；⑤"325 有色金属压延加工"。

（21）"33 金属制品业"，其下包括 9 个中类，分别为：①"331 结构性金属制品制造"；②"332 金属工具制造"；③"333 集装箱及金属包装容器制造"；④"334 金属丝绳及其制品制造"；⑤"335 建筑、安全用金属制品制造"；⑥"336 金属表面处理及热处理加工"，指对外来的金属物件表面进行的电镀、镀层、抛光、喷涂、着色等专业性作业加工；⑦"337 搪瓷制品制造"，指在金属坯体表面涂搪瓷釉制成的，具有金属机械强度和瓷釉物化特征，及可装饰性的制品制造；⑧"338 金属制日用品制造"，指以不锈钢、铝等金属为主要原材料，加工制作各种日常生活用金属制品的生产活动；⑨"339 铸造及其他金属制品制造"。

（22）"34 通用设备制造业"，其下包括 9 个中类，分别为：①"341 锅炉及原动设备制造"；②"342 金属加工机械制造"；③"343 物料搬运设备制造"，指在工厂、仓库、码头、站台及其他场地，进行起重、输送、装卸、搬运、堆码、存储等作业的机械设备以及车辆及其专门配套件的制造；④"344 泵、阀门、压缩机及类似机械制造"，指泵、真空设备、压缩机，液压和气压动力机械及类似机械和阀门的制造；⑤"345 轴承、齿轮和传动部件制造"；⑥"346 烘炉、风机、包装等设备制造"；⑦"347 文化、办公用机械制造"；⑧"348 通用零部件制造"；⑨"349 其他通用设备制造业"。

（23）"35 专用设备制造业"，其下包括 9 个中类，分别为：①"351 采矿、冶金、建筑专用设备制造"；②"352 化工、木材、非金属加工专用设备制造"；③"353 食品、饮料、烟草及饲料生产专用设备制造"；④"354 印刷、制药、日化及日用品生产专用设备制造"；

⑤"355纺织、服装和皮革加工专用设备制造";⑥"356电子和电工机械专用设备制造";⑦"357农、林、牧、渔专用机械制造";⑧"358医疗仪器设备及器械制造";⑨"359环保、邮政、社会公共服务及其他专用设备制造"。

（24）"36汽车制造业"，其下包括7个中类，分别为：①"361汽车整车制造";②"362汽车用发动机制造";③"363改装汽车制造"，指利用外购汽车底盘改装各类汽车的制造;④"364低速汽车制造"，指最高时速限制在规定范围内的农用三轮或四轮等载货汽车的制造;⑤"365电车制造"，指以电作为动力，以屏板或可控硅方式控制的城市内交通工具和专用交通工具的制造;⑥"366汽车车身、挂车制造"，指其设计和技术特性需由汽车牵引，才能正常行驶的一种无动力的道路车辆的制造;⑦"367汽车零部件及配件制造"，指机动车辆及其车身的各种零配件的制造。

（25）"37铁路、船舶、航空航天和其他运输设备制造业"，其下包括9个中类，分别为：①"371铁路运输设备制造";②"372城市轨道交通设备制造";③"373船舶及相关装置制造";④"374航空、航天器及设备制造";⑤"375摩托车制造";⑥"376自行车和残疾人座车制造";⑦"377助动车制造"，指以出行代步为主要功能，主要以蓄电池等作为辅助能源，具有两个、三个、四个车轮，电动或电动助力功能的特种助力车及其零件的制造;⑧"378非公路休闲车及零配件制造"，指以运动休闲娱乐为主要功能，包括运动休闲车（不含跑车、山地车和越野车）、一轮、两轮、四轮休闲车、滑板车、草地车、观光车等制造;⑨"379潜水救捞及其他未列明运输设备制造"。

（26）"38电气机械和器材制造业"，其下包括8个中类，分别为：

①"381电机制造";②"382输配电及控制设备制造";③"383电线、电缆、光缆及电工器材制造";④"384电池制造",指以正极活性材料、负极活性材料,配合电介质,以密封式结构制成的,并具有一定公称电压和额定容量的化学电源的制造;包括一次性、不可充电和二次可充电,重复使用的干电池、蓄电池(含太阳能用蓄电池)的制造,以及利用氢与氧的合成转换成电能的装置,即燃料电池制造;不包括利用太阳光转换成电能的太阳能电池制造;⑤"385家用电力器具制造",指使用交流电源或电池的各种家用电器的制造;⑥"386非电力家用器具制造";⑦"387照明器具制造";⑧"389其他电气机械及器材制造"。

(27)"39计算机、通信和其他电子设备制造业",其下包括9个中类,分别为:①"391计算机制造";②"392通信设备制造";③"393广播电视设备制造";④"394雷达及配套设备制造",指雷达整机及雷达配套产品的制造;⑤"395非专业视听设备制造";⑥"396智能消费设备制造";⑦"397电子器件制造";⑧"398电子元件及电子专用材料制造";⑨"399其他电子设备制造",指电子(气)物理设备及其他未列明的电子设备的制造。

(28)"40仪器仪表制造业",其下包括6个中类,分别为:①"401通用仪器仪表制造";②"402专用仪器仪表制造";③"403钟表与计时仪器制造",指各种钟、表、钟表机芯、时间记录装置、计时器的制造,还包括装有钟表机芯或同步马达,用以测量、记录或指示时间间隔的装置、定时开关、卫星导航时间频率原子钟,以及钟表零配件的制造;④"404光学仪器制造",指用玻璃或其他材料(如石英、萤石、塑料或金属)制作的光学配件、装配好的光学元件、组合式光学显微镜,以及军用望远镜等光学仪器的制造;⑤"405衡器制造",指用来测定物质重量的各种机械、电子或机电结合的装置或设备的生产活动；⑥"409 其他仪器仪表制造业"，指上述未列明的仪器、仪表的制造。

（29）"41 其他制造业"，其下包括 3 个中类，分别为：①"411 日用杂品制造"；②"412 核辐射加工"，指核技术与同位素技术的应用，由核辐照站利用核技术对原有产品改良、改变性质并使其增值的加工活动；③"419 其他未列明制造业"。

（30）"42 废弃资源综合利用业"，其下包括 2 个中类，分别为：①"421 金属废料和碎屑加工处理"，指从各种废料［包括固体废料、废水（液）、废气等］中回收，并使之便于转化为新的原材料，或适于进一步加工为金属原料的金属废料和碎屑的再加工处理活动，包括废旧电器、电子产品拆解回收；②"422 非金属废料和碎屑加工处理"，指从各种废料［包括固体废料、废水（液）、废气等］中回收，或经过分类，使其适于进一步加工为新原料的非金属废料和碎屑的再加工处理活动。

（31）"43 金属制品、机械和设备修理业"，其下包括 7 个中类，分别为：①"431 金属制品修理"；②"432 通用设备修理"；③"433 专用设备修理"；④"434 铁路、船舶、航空航天等运输设备修理"；⑤"435 电气设备修理"；⑥"436 仪器仪表修理"；⑦"439 其他机械和设备修理业"。

（三）电力、热力、燃气及水生产和供应业

《国民经济行业分类》中，"电力、热力、燃气及水生产和供应业"属于门类"D"，本门类包括 44—46 共 3 个大类。

（1）"44 电力、热力生产和供应业"，其下包括 3 个中类，分别为：①"441 电力生产"；②"442 电力供应"，指利用电网出售给用户电

能的输送与分配活动,以及供电局的供电活动;③"443 热力生产和供应",指利用煤炭、油、燃气等能源,通过锅炉等装置生产蒸汽和热水,或外购蒸汽、热水进行供应销售、供热设施的维护和管理的活动,包括利用地热和温泉供应销售的活动。

(2)"45 燃气生产和供应业",其下包括2个中类,分别为:①"451 燃气生产和供应业",指利用煤炭、油、燃气等能源生产燃气,或外购液化石油气、天然气等燃气,并进行输配,向用户销售燃气的活动,以及对煤气、液化石油气、天然气输配及使用过程中的维修和管理活动;②"452 生物质燃气生产和供应业",指利用农作物秸秆、林木废弃物、食用菌渣、禽畜粪便等生物质资源作为原料转化为可燃性气体能源。

(3)"46 水的生产和供应业",其下包括4个中类,分别为:①"461 自来水生产和供应",指将天然水(地下水、地表水)经过蓄积、净化达到生活饮用水或其他用水标准,并向居民家庭、企业和其他用户供应的活动;②"462 污水处理及其再生利用",指对污水污泥的处理和处置,及净化后的再利用活动;③"463 海水淡化处理",指将海水淡化处理,达到可以使用标准的生产活动;④"469 其他水的处理、利用与分配",指对雨水、微咸水等类似水进行收集、处理和利用活动。

(四)批发和零售业

在《国民经济行业分类》中,"批发和零售业"属于门类"F",本门类包括51—52共2个大类,指商品在流通环节中的批发活动和零售活动。

(1)"51 批发业",指向其他批发或零售单位(含个体经营者)及其他企事业单位、机关团体等批量销售生活用品、生产资料的活动，以及从事进出口贸易和贸易经纪与代理的活动，包括拥有货物所有权，并以本单位（公司）的名义进行交易活动，也包括不拥有货物的所有权，收取佣金的商品代理、商品代售活动；本类还包括各类商品批发市场中固定摊位的批发活动，以及以销售为目的的收购活动。其下包括9个中类，分别为：①"511农、林、牧、渔产品批发"，指未经过加工的农作物、林产品及牲畜、畜产品、鱼苗的批发和进出口活动，但不包括蔬菜、水果、肉、禽、蛋、奶及水产品的批发和进出口活动，包括以批发为目的的农副产品收购活动；②"512食品、饮料及烟草制品批发"，指经过加工和制造的食品、饮料及烟草制品的批发和进出口活动，以及蔬菜、水果、肉、禽、蛋、奶及水产品的批发和进出口活动；③"513纺织、服装及家庭用品批发"，指纺织面料、纺织品、服装、鞋、帽及日杂品、家用电器、家具等生活日用品的批发和进出口活动；④"514文化、体育用品及器材批发"，指各类文具用品、体育用品、图书、报刊、音像制品、电子出版物、数字出版物、首饰、工艺美术品、收藏品及其他文化用品、器材的批发和进出口活动；⑤"515医药及医疗器材批发"，指各种化学药品、生物药品、中药及医疗器材的批发和进出口活动；包括兽用药的批发和进出口活动；⑥"516矿产品、建材及化工产品批发"，指煤及煤制品、石油制品、矿产品及矿物制品、金属材料、建筑和装饰装修材料以及化工产品的批发和进出口活动；⑦"517机械设备、五金产品及电子产品批发"，指提供通用机械、专用设备、交通运输设备、电气机械、五金、交通器材、电料、计算机设备、通信设备、电子产品、仪器仪表及办公用机械的批发和进出口活动；⑧"518贸易经纪与代理"，指代办商、商品经纪人、拍卖商的活动；专门为某一生产企业做销售代理的活动；为买卖双方提供贸易机会或代表委托人进行商品交易代理活动；⑨"519其他批发业"，指上述未包括的批发和进出口活动。

（2）"52零售业"，指百货商店、超级市场、专门零售商店、品牌专卖店、售货摊等主要面向最终消费者（如居民等）的销售活动，以互联网、邮政、电话、售货机等方式的销售活动，还包括在同一地点，后面加工生产，前面销售的店铺（如面包房）；谷物、种子、饲料、牲畜、矿产品、生产用原料、化工原料、农用化工产品、机械设备（乘用车、计算机及通信设备除外）等生产资料的销售不作为零售活动；多数零售商对其销售的货物拥有所有权，但有些则是充当委托人的代理人，进行委托销售或以收取佣金的方式进行销售；零售业按销售渠道分为有店铺零售和无店铺零售，其中有店铺零售分为综合零售和专门零售。其下包括9个中类，分别为：①"521综合零售"；②"522食品、饮料及烟草制品专门零售"，指专门经营粮油、食品、饮料及烟草制品的店铺零售活动；③"523纺织、服装及日用品专门零售"，指专门经营纺织面料、纺织品、服装、鞋、帽及各种生活日用品的店铺零售活动；④"524文化、体育用品及器材专门零售"，指专门经营文具、体育用品、图书、报刊、音像制品、电子出版物、数字出版物、首饰、工艺美术品、收藏品、照相器材及其他文化用品的店铺零售活动；⑤"525医药及医疗器材专门零售"，指专门经营各种化学药品、生物药品、中药、医疗用品及器材的店铺零售活动；⑥"526汽车、摩托车、零配件和燃料及其他动力销售"，指专门经营汽车、摩托车、汽车部件、汽车零配件及燃料、燃气的零售活动以及汽车充电桩服务；⑦"527家用电器及电子产品专门零售"，指专门经营家用电器和计算机、软件及辅助设备、电子通信设备、电子元器件及办公设备的店铺零售活动；⑧"528五金、家具及室内装饰材料专门零售",指专门经营五金用品、家具和装修材料的店铺零售活动,以及在家具、家居装饰、建材城(中心)及展销会上设摊位的销售活动;⑨"529货摊、无店铺及其他零售业"。

(五)交通运输、仓储和邮政业

在《国民经济行业分类》中,"交通运输、仓储和邮政业"属于门类"G",本门类包括53—60共8个大类。

(1)"53铁路运输业",指铁路的安全管理、调度指挥、行车组织、客运组织、货运组织,以及机车车辆、线桥隧涵、牵引供电、通信信号、信息系统的运用及维修养护;不包括铁路机车车辆、线桥隧涵、牵引供电、通信信号、信息系统设备的制造厂(公司)、建筑工程公司、商店、学校、科研所、医院等活动。其下包括3个中类,分别为:①"531铁路旅客运输";②"532铁路货物运输";③"533铁路运输辅助活动"。

(2)"54道路运输业",其下包括4个中类,分别为:①"541城市公共交通运输",指城市旅客运输活动;②"542公路旅客运输",指城市以外道路的旅客运输活动;③"543道路货物运输",指所有道路的货物运输活动;④"544道路运输辅助活动",指与道路运输相关的运输辅助活动。

(3)"55水上运输业",其下包括3个中类,分别为:①"551水上旅客运输";②"552水上货物运输";③"53水上运输辅助活动"。

(4)"56航空运输业",其下包括3个中类,分别为:①"561航空客货运输";②"562通用航空服务",指使用民用航空器从事除公共航空运输以外的民用航空活动;③"563航空运输辅助活动"。

(5)"57管道运输业",其下包括2个中类,分别为:①"571海底管道运输",指通过海底管道对气体、液体等运输活动;②"572陆地管道运输",指通过陆地管道对气体、液体等运输活动。

(6)"58多式联运和运输代理业",其下包括2个中类,分别为:①"581多式联运",指由两种及其以上的交通工具相互衔接、转运而共同完成的货物复合运输活动;②"582运输代理业",指与运输有关的代理及服务活动。

(7)"59装卸搬运和仓储业",指装卸搬运活动和专门从事货物仓储、货物运输中转仓储,以及以仓储为主的货物送配活动,还包括以仓储为目的的收购活动。其下包括7个中类,分别为:①"591装卸搬运";②"592用仓储",指除冷藏冷冻物品、危险物品、谷物、棉花、中药材等具有特殊要求以外的物品的仓储活动;③"593低温仓储",指对冷藏冷冻物品等低温货物的仓储活动;④"594危险品仓储",指对具有易燃易爆物品、危险化学品、放射性物品等能够危及人身安全和财产安全的物品的仓储活动;⑤"595谷物、棉花等农产品仓储";⑥"596中药材仓储";⑦"599其他仓储业"。

(8)"60邮政业",其下包括3个中类,分别为:①"601邮政基本服务",指邮政企业或者受邮政企业委托的企业提供的信件、印刷品、包裹、汇兑、报刊发行等邮政服务,以及国家规定的其他邮政服务;不包括邮政企业提供的快递服务;②"602快递服务",指快递服务组织在承诺的时限内快速完成的寄递服务;③"609其他寄递服务",指邮政企业和快递企业之外的企业提供的多种类型的寄递服务。

(六)住宿和餐饮业

在《国民经济行业分类》中,"住宿和餐饮业"属于门类"H",本门类包括 61—62 共 2 个大类。

（1）"61 住宿业"，指为旅行者提供短期留宿场所的活动，有些单位只提供住宿，也有些单位提供住宿、饮食、商务、娱乐一体的服务，本类不包括主要按月或按年长期出租房屋住所的活动。其下包括 5 个中类，分别为：①"611 旅游饭店"，指按照国家有关规定评定的旅游饭店和具有同等质量、水平的饭店活动；②"612 一般旅馆"，指不具备评定旅游饭店和同等水平饭店的一般旅馆的活动；③"613 民宿服务"，指城乡居民及社会机构利用闲置房屋开展的住宿活动和短期出租公寓服务；④"614 露营地服务"，指在游览景区或其他地区，为自驾游、自行车游客及其他游客外出旅行提供使用自备露营设施（如帐篷、房车）或租借小木屋、移动别墅、房车等住宿和生活场所；⑤"619 其他住宿业"，指上述未列明的住宿服务。

（2）"62 餐饮业"，指通过即时制作加工、商业销售和服务性劳动等，向消费者提供食品和消费场所及设施的服务。其下包括 5 个中类，分别为：①"621 正餐服务"，指在一定场所内提供以中餐、晚餐为主的各种中西式炒菜和主食，并由服务员送餐上桌的餐饮活动；②"622 快餐服务"，指在一定场所内或通过特定设备提供快捷、便利的餐饮服务；③"623 饮料及冷饮服务"，指在一定场所内以提供饮料和冷饮为主的服务；④"624 餐饮配送及外卖送餐服务"；⑤"629 他餐饮业"。

（七）信息传输、软件和信息技术服务业

在《国民经济行业分类》中，"信息传输、软件和信息技术服务业"属于门类"I"，本门类包括 63—65 共 3 个大类。

（1）"63 电信、广播电视和卫星传输服务"，其下包括 3 个中类，

分别为：①"631电信"，指利用有线、无线的电磁系统或者光电系统，传送、发射或者接收语音、文字、数据、图像以及其他任何形式信息的活动；②"632广播电视传输服务"；③"633卫星传输服务"，指利用卫星提供通信传输和广播电视传输服务，以及导航、定位、测绘、气象、地质勘查、空间信息等应用服务。

（2）"64互联网和相关服务"，其下包括6个中类，分别为：①"641互联网接入及相关服务"，指除基础电信运营商外，基于基础传输网络为存储数据、数据处理及相关活动，提供接入互联网的有关应用设施的服务；②"642互联网信息服务"，指除基础电信运营商外，通过互联网提供在线信息、电子邮箱、数据检索、网络游戏、网上新闻、网上音乐等信息服务；不包括互联网支付、互联网基金销售、互联网保险、互联网信托和互联网消费金融，有关内容列入相应的金融行业中；③"643互联网平台"；④"644互联网安全服务"，包括网络安全监控，以及网络服务质量、可信度和安全等评估测评活动；⑤"645互联网数据服务"，指以互联网技术为基础的大数据处理、云存储、云计算、云加工等服务；⑥"649其他互联网服务"，指除基础电信运营商服务、互联网接入及相关服务、互联网信息服务以外的其他未列明互联网服务。

（3）"65软件和信息技术服务业"，指对信息传输、信息制作、信息提供和信息接收过程中产生的技术问题或技术需求所提供的服务。其下包括8个中类，分别为：①"651软件开发"；②"652集成电路设计"，指IC设计服务，即企业开展的集成电路功能研发、设计等服务；③"653信息系统集成和物联网技术服务"；④"654运行维护服务"，指基础环境运行维护、网络运行维护、软件运行维护、硬件运行维护、其他运行维护服务；⑤"655信息处理和存储支持服务"，指供方向需方提供的信息和数据的分析、整理、计算、编辑、存储等加工处理服务，以及应用软件、信息系统基础设施等租用服务；包括在线企业资源规划（ERP）、在线杀毒、服务器托管、虚拟主机等；⑥"656 信息技术咨询服务"，指在信息资源开发利用、工程建设、人员培训、管理体系建设、技术支撑等方面向需方提供的管理或技术咨询评估服务；包括信息化规划、信息技术管理咨询、信息系统工程监理、测试评估、信息技术培训等；⑦"657 数字内容服务"，指数字内容的加工处理，即将图片、文字、视频、音频等信息内容运用数字化技术进行加工处理并整合应用的服务；⑧"659 其他信息技术服务业"。

（八）科学研究和技术服务业

在《国民经济行业分类》中，"科学研究和技术服务业"属于门类"M"，本门类包括 73—75 共 3 个大类。

（1）"73 研究和试验发展"，指为了增加知识（包括有关自然、工程、人类、文化和社会的知识），以及运用这些知识创造新的应用，所进行的系统的、创造性的活动；该活动仅限于对新发现、新理论的研究，新技术、新产品、新工艺的研制研究与试验发展，包括基础研究、应用研究和试验发展。其下包括 5 个中类，分别为：①"731 自然科学研究和试验发展"；②"732 工程和技术研究和试验发展"；③"733 农业科学研究和试验发展"；④"734 医学研究和试验发展"；⑤"735 社会人文科学研究"。

（2）"74 专业技术服务业"，其下包括 9 个中类，分别为：①"741 气象服务"，指从事气象探测、预报、服务和气象灾害防御、气候资源利用等活动；②"742 地震服务"，指地震监测预报、震灾预防和紧急救援等防震减灾活动；③"743 海洋服务"；④"744 测绘地理信息服务"；⑤"745 质检技术服务"，指通过专业技术手段对动植物、工业产品、商品、专项技术、成果及其他需要鉴定的物品、服务、管理体系、人员能力等所进行的检测、检验、检疫、测试、鉴定等活动，还包括产品质量、标准、计量、认证认可等活动；⑥"746 环境与生态监测检测服务"；⑦"747 地质勘查"，指对矿产资源、工程地质、科学研究进行的地质勘查、测试、监测、评估等活动；⑧"748 工程技术与设计服务"；⑨"749 工业与专业设计及其他专业技术服务"。

（3）"75 科技推广和应用服务业"，其下包括 5 个中类，分别为：①"751 技术推广服务"，指将新技术、新产品、新工艺直接推向市场而进行的相关技术活动，以及技术推广和转让活动；②"752 知识产权服务"，指专利、商标、版权、软件、集成电路布图设计、技术秘密、地理标志等各类知识产权的代理、转让、登记、鉴定、检索、分析、咨询、评估、运营、认证等服务；③"753 科技中介服务"，指为科技活动提供社会化服务与管理，在政府、各类科技活动主体与市场之间提供居间服务的组织，主要开展信息交流、技术咨询、科技评估和科技鉴证等活动；④"754 创业空间服务"，指顺应新科技革命和产业变革新趋势、有效满足网络时代大众创业创新需求的新型创业服务平台，它是针对早期创业的重要服务载体，主要为创业者提供低成本的工作空间、网络空间、社交空间和资源共享空间，包括众创空间、孵化器、创业基地等；⑤"759 其他科技推广服务业"，指除技术推广、科技中介以外的其他科技服务，但不包括短期的日常业务活动。

（九）水利、环境和公共设施管理业

在《国民经济行业分类》中，"水利、环境和公共设施管理业"属于门类"N",本门类包括76—79共4个大类。

(1)"76水利管理业",其下包括5个中类,分别为:①"761防洪除涝设施管理",指对江河湖泊开展的河道、堤防、岸线整治等活动及对河流、湖泊、行蓄洪区和沿海的防洪设施的管理活动,包括防洪工程设施的管理及运行维护等;②"762水资源管理",指对水资源的开发、利用、配置、节约、保护、监测、管理等活动;③"763天然水收集与分配",指通过各种方式收集、分配天然水资源的活动,包括通过蓄水(水库、塘堰等)、提水、引水和井等水源工程,收集和分配各类地表和地下淡水资源的活动;④"764水文服务",指通过布设水文站网对水的时空分布规律、泥沙、水质进行监测、收集和分析处理的活动;⑤"769其他水利管理业"。

(2)"77生态保护和环境治理业",其下包括2个中类,分别为:①"771生态保护";②"772环境治理业"。

(3)"78公共设施管理业",其下包括6个中类,分别为:①"781市政设施管理",指污水排放、雨水排放、路灯、道路、桥梁、隧道、广场、涵洞、防空等城乡公共设施的抢险、紧急处理、管理等活动;②"782环境卫生管理",指城乡生活垃圾的清扫、收集、运输、处理和处置、管理等活动,以及对公共厕所、化粪池的清扫、收集、运输、处理和处置、管理等活动;③"783城乡市容管理",指城市户外广告和景观灯光的规划、设置、设计、运行、维护、安全监督等管理活动;城市路街整治的管理和监察活动;乡、村户外标志、村容镇貌、柴草堆放、树木花草养护等管理活动;④"784绿化管理",指城市绿地和生产绿地、防护绿地、附属绿地等管理活动;⑤"785城市公园管理",指主要为人们提供休闲、观赏、运动、游览以及开展科普活动的城市各类公园管理活动；⑥"786 游览景区管理"，指对具有一定规模的自然景观、人文景物的管理和保护活动，以及对环境优美，具有观赏、文化或科学价值的风景名胜区的保护和管理活动；包括风景名胜和其他类似的自然景区管理。

（4）"79 土地管理业"，其下包括 5 个中类，分别为：①"791 土地整治服务"，对土地进行整理、复垦、开发以及相关设计、监测、评估等活动；②"792 土地调查评估服务"，指对土地利用现状、城乡地籍、土地变更等进行调查和进行城镇基准地价评估、宗地价格评估、地价监测、土地等级评定、土地节约集约利用评价咨询活动；③"793 土地登记服务"，指在土地登记过程中进行受理申请、登记事项审核、登记簿册填写和权属证书发放、土地产权产籍档案管理和应用等活动；④"794 土地登记代理服务"，指接受申请人委托，通过实地调查、资料收集、权属判别等工作，代为办理土地、林木等不动产登记的申请和领证等事项，提供社会服务等活动；⑤"799 其他土地管理服务"，指土地交易服务、土地储备管理及其他未列明的土地管理服务。

（十）居民服务、修理和其他服务业

在《国民经济行业分类》中，"居民服务、修理和其他服务业"属于门类"O"，本门类包括 80—82 共 3 个大类。

（1）"80 居民服务业"，其下包括 9 个中类，分别为：①"801 家庭服务"，指雇佣家庭雇工的家庭住户和家庭户的自营活动，以及在雇主家庭从事有报酬的家庭雇工的活动，包括钟点工和居住在雇主家里的家政劳动者的活动；②"802 托儿所服务"，指社会、街道、个人办的面向不足三岁幼儿的看护活动，可分为全托、日托、半托，或计时的服务；

③"803 洗染服务"，指专营的洗染店的服务，含各种干洗、湿洗等服务；④"804 理发及美容服务"，指专业理发、美发、美容、美甲等保健服务；⑤"805 洗浴和保健养生服务"；⑥"806 摄影扩印服务"；⑦"807 婚姻服务"，指婚姻介绍、婚庆典礼等服务；⑧"808 殡葬服务"，指与殡葬有关的各类服务；⑨"809 其他居民服务业"，指上述未包括的居民服务。

（2）"81 机动车、电子产品和日用产品修理业"，其下包括 4 个中类，分别为：①"811 汽车、摩托车等修理与维护"；②"812 计算机和办公设备维修"，指对计算机硬件及系统环境的维护和修理活动；③"813 家用电器修理"；④"819 其他日用产品修理业"。

（3）"82 其他服务业"，其下包括 3 个中类，分别为：①"821 清洁服务"，指对建筑物、办公用品、家庭用品的清洗和消毒服务，包括专业公司和个人提供的清洗服务；②"822 宠物服务"；③"829 其他未列明服务业"。

（十一）教育

在《国民经济行业分类》中，"教育"属于门类"P"，本门类包括"83 教育"1 个大类。

"83 教育"，其下包括 6 个中类，分别为：①"831 学前教育"，指经教育行政部门批准举办的对学龄前幼儿进行保育和教育的活动；②"832 初等教育"，指《义务教育法》规定的小学教育以及成人小学教育（含扫盲）的活动；③"833 中等教育"；④"834 高等教育"；⑤"835 特殊教育"，指为残障儿童提供的特殊教育活动；⑥"839 技能培训、教育辅助及其他教育"，指我国学校教育制度以外，经教育主管部门、劳动部门或有关主管部门批准，由政府部门、企业、社会办的职业培训、就业培训和各种知识、技能的培训活动，以及教育辅助和其他教育活动。

（十二）卫生和社会工作

在《国民经济行业分类》中，"卫生和社会工作"属于门类"Q"，本门类包括84—85共2个大类。

（1）"84卫生"，其下包括4个中类，分别为：①"841医院"；②"842基层医疗卫生服务"；③"843专业公共卫生服务"；④"849其他卫生活动"，指健康体检服务及其他未列明的卫生机构的活动。

（2）"85社会工作"，指提供慈善、救助、福利、护理、帮助等社会工作的活动。其下包括2个中类，分别为：①"851提供住宿社会工作"，指提供临时、长期住宿的福利和救济活动；②"852不提供住宿社会工作"，指为孤儿、老人、残疾人、智障、军烈属、五保户、低保户、受灾群众及其他弱势群体提供不住宿的看护、帮助活动，以及慈善、募捐等其他社会工作的活动。

（十三）文化、体育和娱乐业

在《国民经济行业分类》中，"文化、体育和娱乐业"属于门类"R"，本门类包括86—90共5个大类。

（1）"86新闻和出版业"，其下包括2个中类，分别为：①"861新闻业"，②"862出版业"。

（2）"87广播、电视、电影和录音制作业"，指对广播、电视、电影、影视录音内容的制作、编导、主持、播出、放映等活动；不包括广播电视信号的传输和接收活动。其下包括7个中类，分别为：①"871广播"，指广播节目的现场制作、播放及其他相关活动，还包括互联网广播；②"872电视"，指有线和无线电视节目的现场制作、播放及其他相关活动，还包括互联网电视；③"873影视节目制作"，指电影、电视、录像（含以磁带、光盘为载体）和网络节目的制作活动，该节目可以作为电视、电影播出、放映，也可以作为出版、销售的原版录像带（或光盘），还可以在其他场合宣传播放，还包括影视节目的后期制作，但不包括电视台制作节目的活动；④"874广播电视集成播控"，指IP电视、手机电视、互联网电视等专网及定向传播视听节目服务的集成播控；⑤"875电影和广播电视节目发行"，不含录像制品（以磁带、光盘为载体）的发行；⑥"876电影放映"，指专业电影院以及设在娱乐场所独立（或相对独立）的电影放映等活动；⑦"877录音制作"，指从事录音节目、音乐作品的制作活动，其节目或作品可以在广播电台播放，也可以制作成出版、销售的原版录音带（磁带或光盘），还可以在其他宣传场合播放，但不包括广播电台制作节目的活动。

（3）"88文化艺术业"，其下包括8个中类，分别为：①"881文艺创作与表演"，指文学、美术创造和表演艺术（如戏曲、歌舞、话剧、音乐、杂技、马戏、木偶等表演艺术）等活动；②"882艺术表演场馆"，指有观众席、舞台、灯光设备，专供文艺团体演出的场所管理活动；③"883图书馆与档案馆"；④"884文物及非物质文化遗产保护"，指对具有历史、文化、艺术、体育、科学价值，并经有关部门鉴定，列入文物保护范围的不可移动文物的保护和管理活动；对我国口头传统和表现形式，传统表演艺术，社会实践、意识、节庆活动，有关的自然界和宇宙的知识和实践，传统手工艺等非物质文化遗产的保护和管理活动；

⑤"885博物馆",指收藏、研究、展示文物和标本的博物馆的活动,以及展示人类文化、艺术、体育、科技、文明的美术馆、艺术馆、展览馆、科技馆、天文馆等管理活动;⑥"886烈士陵园、纪念馆";⑦"887群众文体活动",指对各种主要由城乡群众参与的文艺类演出、比赛、展览、文艺知识鉴赏等公益性文化活动的管理活动,以及群众参与的各级各类体育竞赛和活动;⑧"889其他文化艺术业"。

(4)"89体育",其下包括4个中类,分别为:①"891体育组织",指专业从事体育比赛、训练、辅导和管理的组织的活动;②"892体育场地设施管理",指可供观赏比赛的场馆和专供运动员训练用的场地设施管理活动;③"893健身休闲活动",指主要面向社会开放的休闲健身场所和其他体育娱乐场所的管理活动;④"899其他体育",指上述未包括的体育活动。

(5)"90娱乐业",其下包括6个中类,分别为:①"901室内娱乐活动",指室内各种娱乐活动和以娱乐为主的活动;②"902游乐园",指配有大型娱乐设施的室外娱乐活动及以娱乐为主的活动;③"903休闲观光活动",指以农林牧渔业、制造业等生产和服务领域为对象的休闲观光旅游活动;④"904彩票活动",指各种形式的彩票活动;⑤"905文化体育娱乐活动与经纪代理服务文化活动服务",指策划、组织、实施各类文化、晚会、娱乐、演出、庆典、节日等活动的服务;⑥"909其他娱乐业",指公园、海滩和旅游景点内小型设施的娱乐活动及其他娱乐活动。

第四节
财政部税务总局宏观政策解读

一、财政部坚决贯彻落实国务院常务会议关于实施更大规模留抵退税政策的决定精神

2022年3月21日中午，财政部召开会议，传达国务院第166次常务会议精神，研究贯彻落实措施。会议认为，按照中央经济工作会议部署，以及政府工作报告要求，国务院已确定实施大规模增值税留抵退税的政策安排，为稳定宏观经济大盘提供强力支撑。财政部门应坚决贯彻落实国务院常务会议决定精神，迅速部署贯彻落实工作。

财政部迅速按照国务院常务会议要求，以制度性、阶段性、一次性举措相结合的组合式退税政策等方式，落实全年增加留抵退税约1.5万亿元。所有符合条件的小微企业以及"制造业""科学研究和技术服务业""电力、热力、燃气及水生产和供应业""软件和信息技术服务业""生态保护和环境治理业""交通运输、仓储和邮政业"等六个行业的留抵税额全部退还到位，直接增加企业现金流。具体操作时优先安排小微企业，

对小微企业的存量留抵税额于 6 月底前一次性全部退还。

财政部在按现行税制负担 50% 退税资金的基础上，中央财政 1.2 万亿元转移支付资金将按时点要求及时下达，包括新出台留抵退税政策专项资金、其他退税减税降费专项资金、补充县区财力专项资金。首批支持小微企业留抵退税的专项转移支付 4 000 亿元已于 3 月 21 日下午下达。

当日下达的支持小微企业留抵退税专项资金将用于向小微企业退税财力保障提供现金流，为企业纾难解困，有效保障稳增长、稳市场主体和保就业。其他专项资金根据相关工作进度也将尽快下达。

财政部制定印发相关办法，明确专项资金分配备案、预算下达、资金调拨等管理要求，完善政府收支分类科目，做到留抵退税政策可细化、可统计、可分析。专项资金纳入财政直达资金范围，实行动态监控，防止闲置挪用，确保退税资金直达市场主体、对地方的补助直达市县基层。专项资金不得用于建设政府性楼堂馆所，不得用于建设各类形象工程、政绩工程，不得用于土地储备和棚户区改造新开工项目等支出。

财政部建立资金预拨机制，逐月预拨、滚动清算，保障地方国库动态存有半个月的退税所需资金，支持地方切实做好退税工作，基层财政退税减税资金通过转移支付得到切实保障。

财政部还对地方财政部门提出明确要求，切实压实省级财政部门主体责任，要求各地抓紧制定细化到县区的增值税留抵退税政策方案，重点保障小微企业留抵退税和县区退税资金需要，及时发现并妥善处置退税中出现的问题，保障退税"红包"及时落袋。在安排新出台留抵退税专项资金的同时，安排其他退税减税降费专项资金和补充县区财力专项资金，增强地方尤其是县区财力，确保县区财政平稳运行。

下一步，财政部将与人民银行、税务总局加强工作会商，坚决落实增值税留抵退税等政策的同时，切实严肃财经纪律，防范企业通过虚开增值税发票等方式"骗退税"，防范虚列留抵退税等方式"骗补贴"；防范一些地区出现征收过头税费、虚增财政收入等。

二、财政部负责同志出席国务院政策例行吹风会介绍增值税留抵退税有关情况

国务院新闻办公室于2022年3月23日15时举行国务院政策例行吹风会，财政部副部长许宏才出席吹风会，介绍增值税留抵退税有关情况，并答记者问。现将文字实录摘录如下。

国务院新闻办新闻局副局长、新闻发言人寿小丽： 女士们、先生们，大家下午好。欢迎出席国务院政策例行吹风会。近日，国务院召开常务会议，确定实施大规模增值税留抵退税政策安排。为帮助大家更好地了解相关情况，今天我们请来财政部副部长许宏才先生，国家税务总局副局长王道树先生，请他们为大家介绍相关情况，并回答大家感兴趣的问题。

（一）情况介绍阶段

许宏才： 女士们、先生们、媒体朋友们，大家下午好！

退税减税是今年稳定宏观经济大盘的关键性举措。习近平总书记在中央经济工作会议上强调，实施新的减税降费政策，强化对中小微企业、个体工商户、制造业、风险化解等的支持力度。李克强总理在2022年《政府工作报告》中指出，实施新的组合式税费支持政策，大力改进增值税税制设计中类似于先缴后退的留抵退税制度，对留抵税额提前实行大规模退税。3月21日，国务院常务会议审议通过了2022年实施大规模留抵

退税具体政策安排。财政部、税务总局坚决贯彻党中央、国务院决策部署，根据国务院常务会议精神，3月22日第一时间发布了《关于进一步加大增值税期末留抵退税政策实施力度的公告》，明确了这项政策的具体措施和操作办法，确保该退的税款能尽快退到企业账上。同时财政部下达了首批支持小微企业留抵退税专项转移支付4 000亿元。下面，我简要介绍一下有关政策情况：

第一，增值税留抵退税政策实施情况。

近年来，面对复杂严峻的国内外形势和诸多风险挑战，党中央、国务院着眼全局作出深化增值税改革的重大战略部署，通过改革基本建立起现代增值税制度。在2018年以前主要处理方式是结转下期抵扣，2019年以后对先进制造业增量留抵税额予以全部退税，对于其他行业设定了一定条件，满足条件的增量留抵税额按一定比例退税，今年对留抵税额提前实行大规模退税。

第二，2022年实施增值税留抵退税政策安排。

按照今年《政府工作报告》部署要求，实施新的组合式税费支持政策，全年退税减税约2.5万亿元。其中，实行大规模退税是主要措施，全年留抵退税约1.5万亿元，就是2.5万亿元当中有1.5万亿元是增值税的留抵退税。主要内容包括：

一是优先支持小微企业，加大小微企业增值税留抵退税政策力度。对所有符合条件的小微企业一次性退还存量留抵税额，并放宽增量留抵退税条件，将增量留抵税额退还比例由60%提高到100%，就是全部退还。同时，在退税进度上优先安排小微企业，对小微企业存量留抵税额在6月底前一次性全部退还。

二是重点支持制造业等行业，全面解决制造业等行业留抵税额问题。

加大制造业等行业增值税留抵退税政策力度，此前，对于先进制造业按月全额退还增量留抵税额，这次将范围扩大到全部制造业，以及科学研究和技术服务业、电力热力燃气及水生产和供应业、软件和信息技术服务业、生态保护和环境治理业、交通运输仓储和邮政业等行业，并在今年年底前一次性退还这些行业的存量留抵税额。

三是中央提供财力保障，确保退税及时退付、"三保"足额保障。财政部在按现行税制负担50%退税资金的基础上，再通过安排1.2万亿元转移支付资金支持基层落实退税减税降费和保就业保基本民生等。具体来说，我们通过三个专项来安排。其中，对新增留抵退税中的地方负担部分，中央财政补助比例平均超过82%，并向中西部地区倾斜。财政部对地方明确了专项资金分配备案、预算下达、资金调拨等管理要求，将专项资金纳入直达资金范围，实行动态监控，既确保及时足额退付留抵退税资金，也防止专项资金闲置挪用。要求省级财政部门在分配专项资金时充分考虑各县区实际情况，制定有针对性的方案，增强县区财力保障，兜牢、兜实"三保"底线。

上述政策实施后，所有符合条件的小微企业以及制造业等六个行业的增量和存量留抵税额问题将得到彻底解决，县区落实新增留抵退税和其他减税降费的实际减收预计能够补齐，有力保障县区财政平稳运行。

2022年大规模留抵退税政策，是实施组合式税费支持政策的最重要内容，通过退给企业实实在在的真金白银，能够直接为企业提供现金流，促进其加快技术改造、设备更新，能够有效提振市场主体信心、增强发展内生动力、推动经济平稳健康发展。

下一步，财政部、税务总局将会同相关部门，抓紧组织实施，做实做细各项工作。开展形式多样的政策宣传解读和培训辅导，帮助企业用足用好政策。同时，会同相关部门建立工作机制，进一步加强退税监管、严肃财经纪律，坚决防范和打击偷税骗税骗补等行为，切实发挥好留抵退税政策效用，确保党中央、国务院决策部署落地生根。

谢谢大家！

（二）媒体提问阶段

中国日报记者： 我们注意到，年初以来已经出台了20多项税费的支持政策，请问将采取哪些措施确保地方落实好增值税留抵退税等新的组合式税费支持政策？谢谢。

许宏才： 这个问题我先说一下，因为税费政策落实是由财政部和税务总局两个部门共同组织和实施的，所以我说完了以后税务总局王道树同志再补充。

党中央、国务院对今年实施新的组合式税费的政策作出了部署安排，财政部和税务总局都会认真抓好落实，我们主要从这几个方面做好工作：

第一，建立政策落实的协调工作机制。财政部、税务总局及相关部门定期会商，我们在这之前已经会商了多次，发布相关的政策文件解读等。根据增值税留抵退税退付情况，还有其他一些退税减税降费政策的实施情况，及时发现并妥善处置出现的问题，完善管理制度，防范企业虚开增值税发票骗取退税等，还指导地方比照中央的做法，建立工作协调机制。

第二，压实省级主管部门的主体责任。要求各地抓紧制定细化到区县的增值税留抵退税的政策方案，重点保障小微企业留抵退税和县区退税资金的需要。对于留抵退税规模占财力比重比较高的县区，省级财政部门在分配专项资金的时候，应该予以认真考虑，逐个制定针对性的方案，做到补助资金与留抵退税的规模相匹配，确保退税资金及时退付。

第三，严格规范实施有效管理。明确相关转移支付分配备案、预算下达、资金调拨等管理的要求，并督促执行，完善政府收支分类科目并且有效执行，做到留抵退税政策可细化、可统计、可分析，将专项资金纳入财政直达资金的范围，实行动态监控，防止闲置挪用。专项资金实行单独拨付，并且保障地方国库动态存有半个月的退税所需资金。因为税要退出去，库里必须要有钱，没有钱就会影响退税的进度，也影响政策的落实，所以资金方面必须保证好。

第四，严肃财经纪律。专项资金不得用于建设政府性楼堂馆所，不得用于建设各类形象工程、政绩工程，不得用于土地储备和棚户区改造新开工项目等支出。防范虚列留抵退税等方式骗取中央财政补助资金，以及征收过头税费、虚增财政收入等行为。在严肃财经纪律方面也有一些针对性的措施。谢谢。

王道树： 关于这个问题，我作一点补充。刚才许部长已经全面作了介绍，财政部和税务总局坚决落实党中央、国务院的重大决策部署，在这之前，进行了充分沟通、反复论证和精细研究。在政策落实协调工作机制当中，作为留抵退税政策以及整个新的组合式税费支持政策落实工作当中一个主要的责任单位，税务部门将坚定扛起政策落实的政治责任，一方面，对于税务部门自身职责范围内的事项，我们将认真履职尽责，全力以赴做好相关的工作。另一方面，因为增值税留抵退税是一项综合性、时效性、复杂性比较强的工作，所以需要各个部门在各级政府的统一领导下通力协作。所以在协调工作机制当中，税务部门将主动作为，积极配合，在这里恳请社会各界和广大纳税人跟我们一起努力，共同把这项稳定宏观经济大盘的关键性举措落细落稳、落到实处，把这项利国利民的好事实事办好办实。我就补充这些,谢谢大家。

中央广播电视总台央视记者:近些年我国持续推进大规模减税降费,取得了哪些成效?第二个问题,今年《政府工作报告》提出2022年要实施新的组合式税费支持政策,我想问的是,实施新的组合式税费支持政策的具体安排和主要特点有哪些?谢谢。

许宏才:谢谢你的提问。这是一个比较大的问题,但是针对性很强。我理解就是今年政策总体到底是一个什么情况,我给你简要介绍一下。

近年来,面对错综复杂的国内外形势,党中央、国务院高瞻远瞩、统揽全局,全面贯彻新发展理念,创新宏观调控方式,把推进规模性减税降费作为先手棋,规模和力度空前。"十三五"以来,累计新增减税降费超过8.6万亿元,广大市场主体享受到了政策红利,实现了"放水养鱼""水深鱼归""水多鱼多"的良性循环。可以说,实施减税降费是顶住经济下行压力、促进经济平稳健康运行的关键之举,是助力企业应对疫情冲击、促进生产生活稳步复苏的有效保障,是应对困难挑战、复杂多变国际环境的重要抓手,发挥了非常重要的作用。

1亿多的市场主体是我国经济社会发展的底气和韧性所在,是稳住经济基本盘的重要基础。根据党中央、国务院决策部署,2022年实施新的组合式税费支持政策,主要有以下四个特点:

一是退税减税总量历史最高。刚才也介绍了,今年退税减税总量约2.5万亿元,其中主要的措施是留抵退税,规模约1.5万亿元,直接为市场主体提供现金流,有效缓解企业资金压力。

二是强化精准性。一方面,保持政策的连续性和稳定性,继续精准聚焦支持制造业高质量发展、增强小微企业和个体工商户发展活力。另一方面,采取针对性政策举措,精准帮扶特殊困难行业企业。

三是突出组合式。今年政策既有阶段性措施，也有制度性安排；既有普惠性政策，也有特定领域帮扶举措；既有中央统一出台政策，也有地方依法自主施策；既有退税，也有减税、免税、缓税等多种支持方式。这样，多种政策工具协同组合形成更大合力，提升政策效能。比如，对企业加大增值税留抵退税力度与提高研发费用加计扣除比例政策双向发力，促进制造业企业设备更新和技术改造，推动产业转型升级。

四是政策发力适当靠前。一方面，靠前公布实施，年初以来已经迅速出台了20多项税费支持政策，尽早让市场主体享受政策红利、提振信心。另一方面，靠前退还留抵税额，加快留抵退税进度，该退的税款能快退的尽量快退，及时帮扶企业渡难关、复元气。这是今年减税降费的一些具体安排和主要特点。

下一步，财政部将认真贯彻落实党中央、国务院决策部署，以更扎实的举措、下更大的力气实施好组合式税费支持政策，确保各项政策措施落实到位，让市场主体收获满满的获得感，保持经济运行在合理区间，稳定宏观经济大盘。谢谢。

红星新闻记者：近年来我国持续推进增值税改革，基本建立了现代增值税制度。请问，今年为什么要推出大规模的留抵退税？在留抵退税政策安排上，为什么将小微企业和制造业作为重点支持领域？谢谢。

许宏才：谢谢你的提问，这个问题很重要。因为今年退税减税的重头戏就是留抵退税。我刚才在开场白的时候也介绍到了，增值税改革实施了这么多年，在留抵退税上走了几大步，我简单先介绍一下。

如果说要把今年的留抵退税政策跟以往的政策作一个比较，应该有以下几个特点：

一是提前退付。以前对企业增值税有一些留抵退税，但是采取的方式主要是结转下期抵扣，就不是在前面退付，而是结转到后面缴税的时候抵扣。今年实施的留抵退税政策改为了购进退税，不再等企业产生销售之后再去抵，就是购进设备的时候，购完了之后不等你销售，税务部门就把前面购进的进项增值税就办退税了。这叫提前退付，也就是说时间上提前了。

二是存量退税。不知道大家注意到没有，我刚才介绍以前增值税留抵退税的时候，一直强调的是增量留抵，也就是说，在2019年4月以后企业新购进的设备或者说投资形成的增值税，我们纳入留抵退税范围。今年不是，不仅退付增量留抵税额，还要退还以前年度结存的进项增值税，就是若干年以来没有通过销项抵掉的进项增值税全部可以退还。所以，今年跟以前比不仅仅是退还增量，存量也要退。

三是扩大范围。原来主要是在先进制造业企业实施全额增量留抵退税。现在不是这样，现在是扩大到所有的制造业等行业企业和小微企业。刚才我在前面开场白的时候把几个行业重点讲了一下，退付的比例像小微企业以前只退60%，现在不再限制，是100%的退。

四是保障实施。原来增值税留抵退税是按照现行的中央和地方财政体制来分担，也就是说中央承担50%，地方承担50%，因为增值税的分享办法就是分享50%，所以退税分担也是50%。今年实施的留抵退税中央安排专项转移支付支持，也就是说中央肯定还要承担中央的部分，地方承担的部分，中央通过安排专项转移支付给予支持，确保不因为地方财力的影响使退税政策打折扣。

以上，我简要介绍了一下今年留抵退税和往年比力度大了体现在哪些方面。关于你刚才提到的第一个问题为什么在当前出台？主要有两个方面的考虑：

一是应对当前经济下行压力的需要。当前我国面临新的经济下行压力，保持经济平稳运行难度加大，留抵退税作为组合式税费支持政策的重头戏，将为市场主体提供约1.5万亿元的现金流，这个数字是不小的一个数字。退给企业之后，企业会有更多的资金进行技术改造或者增加科技投入，拿到1.5万亿元，能够提升企业发展的信心和预期，为稳定宏观经济大盘提供强力支撑。

二是有利于完善现代增值税制度。今年实施大规模的留抵退税，大幅消化存量留抵税额，大力改进增量留抵退税制度，是对此前增值税改革的深化和持续推进。我们应对经济下行压力采取的举措，也是对增值税改革的一个推进和完善。今年1.5万亿元，肯定是有效果的，期末留抵税额由结转下期抵扣转为当期退税，有利于缩短抵扣周期，减少企业成本，引导企业按市场情况合理决策，更加符合现代增值税税制要求。我们可以看出，当下出台的这项政策既能够应对短期经济下行压力，又有利于经济持续稳定发展；既惠企、助企，又能够推进税收治理体系现代化。应当说，具有一举多得的政策效应。

关于你讲的第二个问题，将小微企业和制造业作为重点支持领域的问题。小微企业是发展的生力军，就业的主渠道，也是当下最困难的群体。制造业是国家发展的基石和基础，需要重点支持和扶持。小微企业和制造业也是近年来实施减税降费重点支持的领域。今年继续将小微企业和制造业作为重点支持领域，就是直接给这些企业增加现金流，帮助解决发展中遇到的实际困难，增强他们发展的底气、勇气和信心。

我还想再补充说明一下，除了留抵退税，今年我们还延续实施扶持制造业、小微企业和个体工商户的其他减税降费政策，就是刚才说的2.5万亿元当中，1.5万亿元是留抵退税，还有1万亿元是其他的减税降费措施，这些也是对小微企业和制造业给予支持，会提高减免幅度、扩大适用范围，这些政策与大规模留抵退税政策形成合力，减税、免税、缓税、退税等政策叠加发力、打组合拳，将对稳定市场主体、保障就业和民生发挥重要作用。谢谢。

日本经济新闻记者： 中央财政通过安排转移支付资金支持减税降费以外，也支持基层落实保就业、保基本民生。请问关于保就业、保基本民生方面，财政部重视哪些措施？谢谢。

许宏才： 今年预算报告关于中央财政对地方的转移支付安排已经对外公布了。我们今年预算安排跟往年不太一样了，增加了支持地方减税降费的一次性转移支付，刚才讲到了是1.2万亿元。除了这1.2万亿元，中央财政还安排了正常的转移支付，包括对地方的一般性转移支付和共同财政事权转移支付，还有专项转移支付。这几项转移支付的增长幅度都比较高。刚才讲到的1.2万亿元加上刚才我说的正常的转移支付，使得中央财政对地方的转移支付规模接近9.8万亿元，比上年增长18%。所以，这些转移支付的总量安排得比较多。

在使用的方向上，也是更多增加了对地方的一般性转移支付，包括共同财政事权转移支付。其中包括保证地方解决就业和民生相关的一些转移支付，增幅都相对比较高。应当说，会有力地保障地方就业和民生政策的落实。谢谢。

澎湃新闻记者： 刚才许部长介绍到今年实施了更大规模的退税和减税政策，预计今年退税、减税2.5万亿，其中留抵退税1.5万亿元，按照现行的税制，地方财政要负担50%的退税资金，在目前的情况下，这样大规模的退税会不会对地方财政造成减收压力？如何降低地方财税负担，确保县区财政平稳运行？谢谢。

许宏才：这个问题很重要。确实，退税是大规模的，实施起来对于地方财政的影响还是比较大的。针对这种情况，今年的预算安排已经采取了一些措施。刚才我也讲到，对地方增加转移支付。我们可以算算大账，今年全年预计退税减税是2.5万亿元，其中留抵退税1.5万亿元，地方要按五五分成来承担，留抵退税约承担7 500亿元。刚才也讲到了，按照国务院常务会议的部署，中央财政在正常的转移支付之外，专门安排支持基层落实减税降费和重点民生等转移支付共1.2万亿元，首批用于支持小微企业留抵退税的转移支付4 000亿元已经于3月21日提前下达了，因为要准备4月1日开始退。从这个总量上来看，是能够支撑地方减收的。除了特殊的一次性安排，还有正常转移支付的资金安排。一次性安排和正常的转移支付资金安排相加，预计地方主要是县区落实新增留抵退税和其他减税降费实际的减收是完全能够补齐的，能够确保退税减税的政策落实到位，确保县区财政平稳运行。

我在这里简要介绍一下这1.2万亿元是怎么安排的。主要分三块来安排：

一是新出台留抵退税政策专项资金。重点用于支持地方落实新出台的留抵退税政策形成的减收。按照现行的财政体制五五分享，这块减收除了中央承担50%，地方承担50%的部分，我们现在算下来，中央对地方补助比例平均超过82%。也就是说，在留抵退税形成的总减收当中，因为中央先承担了50%，再补82%，实际上地方承担了50%当中的18%，按总量算是9%。具体分配的时候，为了保证政策更好落实，我们向小微企业倾斜，向县区倾斜。所有的小微企业留抵退税中央全部补助90%，其他的低于82%；对县区当地负担的直接减收，分成县区、市和省，按照不同的级次，对县区减收补90%。这两个90%的比例相对于其他部分要高一些。

二是其他退税减税降费专项资金。刚才我讲的是2.5万亿元，留抵退税是1.5万亿元，还有其他的减税降费，我们也专门测算安排一部分资金，重点支持地方落实小微企业原有的制度性留抵退税政策，就是原来操作的对小微企业的退税政策，我们也重点考虑进去，给它支持，把小微企业的政策落实好。另外重点支持一下县区落实其他减税降费的政策，给予它补助。也就是说，总量是按照其他减税降费形成的总减收来分配，分配的时候对落实小微企业留抵退税和县区造成的减收，补助比例更高一些，其他的减收补助比例相对低一些，但是补的幅度不会太小。

三是补充县区财力专项资金。除了减税，县区还有一些增支。我们安排一块资金，考虑县区今年的一些增支因素，给它增加补助，重点用于弥补县区落实有关增支政策的财力缺口，兜牢、兜实基层"三保"底线，主要根据卫生健康、社会保障、教育等一些增支的因素去测算分配。

当然，我现在说的这几个都是1.2万亿元的一次性转移支付，是这一次另加的转移支付。除了这1.2万亿元另加的转移支付，还有正常的转移支付增量，那块也将继续按照既定的办法去分配。所以，我刚才前面说把这两个因素统统考虑进去以后，县区的财力是能够得到很好保障的。另外，通过采取这个措施，退税减税降费政策是能够得到落实的，县区财政也会平稳运行。回答完毕，谢谢。

封面新闻记者： 在资金监管方面，财政部采取了哪些措施确保留抵退税专项资金能够直达市县基层？今年留抵退税这么大规模，财政部门如何做好资金保障，确保退税资金及时、足额退付？谢谢。

许宏才： 谢谢，这个问题很重要。我们在这方面有一些安排，也有一些制度设计，资金上也有保障，预算里已经作出了安排。我们从以下几个方面做好这项工作，强化资金保障、加强监管、提高效率。

一是留抵退税等专项资金纳入直达机制。近年，按照国务院部署，对于中央一些转移支付资金实行常态化直达机制，取得了较好效果。今年，我们把留抵退税等专项资金纳入直达范围，就是刚才讲到的1.2万亿元，发挥直达机制"快、准、严"制度优势，确保退税资金能够快速直达市县基层，尽早发挥作用。21日下达的4 000亿元，已经要求地方快速登录直达系统走后面的一系列程序，确保及时到县区基层，后面也会继续按照直达机制的要求去管理。

二是加强国库库款调度。中央财政对退税资金实行单独调拨，建立预拨机制，根据下达的退税专项资金预算和税务部门提供的退税计划等，逐月预拨、滚动清算，保障地方国库动态存有半个月的退税所需资金。刚才说的下达制度是预算安排，预算安排之后，地方国库里还要有钱，企业去办退税，税务部门开了退还书，国库里及时付钱，这个时候库里必须有钱，单独调拨，并且每个月滚动清算，算完了以后确保地方国库库款余额要顶半个月的退税。

三是压实省级财政部门主体责任。比照中央做法，建立相应工作机制，做好本地区承担补助资金安排，足额将退税资金拨付到市县基层。退税不仅仅是中央，但中央补了大头，我刚才讲了，留抵退税资金地方负担的部分，中央补了82%，地方只需承担一小部分。对于地方承担的这一小部分，要建立工作机制，把中央补助的和地方承担的资金测算清楚，统统纳入资金单独调拨范围内，比照办理、确保落实。

四是加强财税部门协同配合。各级财政税务部门分工做好退税资金保障和留抵退税具体退付工作，加强工作协同和信息共享、形成合力，确保将退税资金及时足额退付给企业。就是税务部门开票，财政部门给钱，两家协同配合非常重要。在这个地方大概退多少钱，税务部门通报财政部门，财政部门及时做好准备，虽然我们有总量预算安排、拨付计划，但还是要防止出现某些大企业一下子需求大量资金的情况，除了计划安排，还需要财政部门和税务部门协同配合，及时把资金准备好。

五是加强资金监管。我们会同审计署，充分利用直达资金监控系统，密切跟踪资金下达使用情况，对下达不及时、资金流向负面清单等问题及时纠正处理。刚才我在前面介绍情况的时候已经说了，这块资金能用于什么、不能用于什么，我们及时监控，发现问题及时处理。谢谢。

三、三部门联合举行留抵退税新闻发布会

为确保大规模增值税留抵退税政策落实落地，经报国务院批准，财政部、税务总局、中国人民银行成立三部门会商机制。2022年5月10日上午，三部门联合举行留抵退税新闻发布会，介绍有关情况。发布会现场实录如下。

王道树：女士们、先生们，各位媒体朋友们，大家上午好！为确保大规模增值税留抵退税政策落实落地，经报国务院批准，财政部、税务总局、人民银行成立三部门会商机制。今天（2022年5月10日）三部门联合举行留抵退税新闻发布会，介绍有关情况。今天，我们邀请到财政部税政司司长贾荣鄂、预算司司长王建凡，人民银行国库局局长董化杰，税务总局货物和劳务税司司长谢文、纳税服务司司长韩国荣、督察内审司司长邓勇出席发布会，就大规模增值税留抵退税政策落实情况等回答记者朋友们的提问。我是国家税务总局党委委员、副局长王道树。我首

先介绍一下总体情况。

今年以来，党中央、国务院作出实施大规模增值税留抵退税政策的重大决策部署，是应对经济下行压力、稳定宏观经济大盘的关键性举措。

今年实施的大规模增值税留抵退税政策，其安排与前期政策相比，可以用"两聚焦、三加力"来概括。所谓"两聚焦"，就是聚焦小微企业和重点行业。留抵退税政策覆盖所有符合条件的小微企业以及"制造业""科学研究和技术服务业""电力、热力、燃气及水生产和供应业""软件和信息技术服务业""生态保护和环境治理业"和"交通运输、仓储和邮政业"（即"1＋4＋1"行业），精准锚定国民经济运行和产业链、供应链中的关键环节，充分体现助力稳增长、保就业、惠民生鲜明政策导向，发挥助实体、扩投资、促创新的积极作用。

所谓"三加力"，一是在扩大范围上加力。进一步退还存量留抵税额，对小微企业和制造业等六个行业，不仅允许其退还增量留抵税额，而且允许其退还存量留抵税额。二是在提高比例上加力。将小微企业和制造业等六个行业增量留抵税额退还比例由60%提高到100%，和先进制造业保持一致。三是在加快频次上加力。对所有小微企业和制造业等六个行业纳税人均按月退还增量留抵税额，比照先进制造业，取消"连续6个月增量留抵税额均大于零，且第6个月增量留抵税额不低于50万元"的限制条件。

税务部门与财政、人民银行等部门通力协作，采取有力措施，合力推动政策加速落地，确保政策落实落细、落准落稳。

据统计，今年4月1日至30日，全国已有8 015亿元增值税留抵退税款退到145.2万户纳税人账户上，再加上一季度继续实施的此前出台的留抵退税老政策退税1 233亿元，1—4月共有9 248亿元退税款退到纳税人账户上，助企纾困的政策效应已经开始显现。

下一步，我们将认真贯彻中央政治局会议和国务院常务会议精神，加快已定助企纾困等政策实施进度，按照"精细服务、直达快享、科技防范、狠打骗退、快准稳好"的工作要求，既统筹加快留抵退税政策落实进度，又切实加大风险防控力度，确保全年政策上半年大头落地，助力稳定宏观经济大盘。

新华社记者：今年实施的大规模留抵退税政策力度空前，请问采取了哪些举措加快释放留抵退税政策红利？

贾荣鄂：实施增值税大规模留抵退税，是新的组合式税费支持政策的主要内容，是今年稳定宏观经济大盘的关键性举措，2022年新增留抵退税约1.5万亿元。相对于减税和增加政府投资，留抵退税政策效果更直接、更及时，有助于提升企业发展信心，激发市场主体活力，促进消费投资，支持实体经济高质量发展，推动产业转型升级和结构优化。今年实施的留抵退税政策安排有以下三个方面的显著特点：

一是优先安排小微企业，加大小微企业增值税留抵退税政策力度。小微企业量大面广，支撑的就业人口多，是发展的生力军、就业的主渠道、创新的重要源泉。党中央、国务院始终高度重视小微企业发展，是历次减税降费重点支持的对象。2022年留抵退税政策设计将小微企业作为重点和优先安排对象，对所有符合条件的小微企业放宽增量留抵退税条件，将增量留抵税额退还比例由60%提高到100%，并一次性退还存量留抵税额。同时，在退税进度上优先安排小微企业，在4月份最先退还微型企业存量留抵税额，5月份开始退还小型企业存量留抵税额。小微企业抗风险能力比较弱，在小微企业资金紧张的时候，留抵退税这一场"及时雨"，直接给企业增加现金流，将极大地增强小微企业的发展信心和底气，帮助小微企业和个体工商户渡难关、复元气。

二是重点支持制造业等行业，全面解决制造业等行业留抵税额问题。制造业上下游关联度高，对服务业和就业的带动能力强，是国家发展的基石和基础，也是推进供给侧结构性改革、经济转型升级、新旧动能转换的关键和重点。2022年将先进制造业按月全额退还增量留抵税额政策范围，扩大到全部制造业，以及科学研究和技术服务业、电力热力燃气及水生产和供应业、软件和信息技术服务业、生态保护和环境治理业、交通运输仓储和邮政业等行业，全面解决这六个重点行业的留抵税额问题。

三是加快退税工作进度，让企业更早受益。财政部坚决贯彻落实党中央、国务院决策部署，把落实退税减税政策作为今年财政工作的重中之重，密切跟踪经济运行情况，及时优化政策落实举措，推动政策尽快落地生效。第一时间制发具体政策文件，会同有关部门及时做好政策宣传解读工作，密切跟踪政策落实情况，确保留抵退税政策不折不扣贯彻落实。在狠抓小微企业留抵退税落实进度方面，要求各级财政部门增强工作责任感和紧迫感，建立健全工作机制，与税务等部门密切配合，上下协同，强化资金保障，简化退税审核程序，加快留抵退税办理进度。在提前中型企业退税实施时间方面，此前已发通知将中型企业存量留抵退税实施时间由2022年三季度，提前至5月1日实施、6月30日前集中退还。下一步，财政部将继续坚决贯彻落实党中央、国务院决策部署，将各项退税减税措施落实落细，确保各项政策措施不折不扣落到实处、见到实效，为宏观经济稳定提供强力支撑。

中央广播电视总台央视记者：请问大规模增值税留抵退税政策落实首月情况如何？

谢文： 谢谢，我来回答您的问题。

大规模增值税留抵退税政策落实首月，税务部门坚决贯彻党中央、国务院决策部署，在各级地方党委政府指导下，在各级财政和人行国库等部门的大力支持下，克服时间紧之难，加班加点调整信息系统，开展宣传辅导，确保政策如期顺利实施；克服工作量大之难，经常周末也不休息，从严从细进行推进；克服疫情散之难，战疫情，保退税，全力以赴抓好各项工作，力争尽快让"真金白银"落到企业口袋。

一是建好机制抓落实。按照"党委领导、纪检监督、局领导分片包干、领导小组靠前指挥、退税减税办日常协调、各职能组既各司其职又相辅相成"的工作机制，确保责任从上到下一贯到底、任务逐级落实。

二是科学统筹提进度。建立纳税人留抵退税情况动态台账，逐户摸清退税底数，按日跟踪分析各地退税数据，按旬评估分析退税进度，抓牢4月份集中退还微型企业存量留抵税额这一关键节点，及时提示提醒纳税人尽快申请享受留抵退税。

三是风险防控织密网。税务部门既便捷高效为守法纳税人办理退税，又精准严密防范骗取留抵退税行为，确保退税资金精准直达符合条件的企业。依托税收大数据织密政策落实"防护网"，对留抵退税纳税人风险进行全景扫描，发现风险疑点迅速进行处置，做到留抵退税管理跟得上、风险防得住。

四是内部挖潜简流程。基于系统数据预填相关退税信息，交纳税人补充并确认，在完成申报后实时向相关纳税人推送留抵退税提醒，进一步提高退税申请便利性。

五是部门协作聚合力。各级税务机关与财政、人民银行国库部门密切协作，紧紧依托政府牵头建立的协调机制，加强信息共享、强化资金保障，有序办理退税，确保退税红利快速直达纳税人。

4月份，已有8 015亿元退税款退到145.2万户纳税人账户上。其中，小微企业是受益主体，已获得退税的纳税人中，小微企业共139.5万户，占比96.1%，共计退税4 189亿元，占比52.3%。享受存量和增量留抵退税的"制造业""电力、热力、燃气及水生产和供应业""交通运输、仓储和邮政业""科研和技术服务业""软件和信息技术服务业""生态保护和环境治理业"六个行业受益明显，共52.2万户纳税人获得退税3 927亿元。

中央广播电视总台央广记者：人民银行为高效推进增值税留抵退税政策落实，主要采取了哪些具体措施？

董化杰：谢谢您的提问。感谢媒体朋友和社会各界长期以来对人民银行、对国库工作的关注和支持。2022年实施大规模增值税留抵退税政策是党中央、国务院稳增长、惠民生的重要决策部署，人民银行高度重视此项工作，主动作为、多措并举，全力推进增值税留抵退税政策落地落实，稳定宏观经济大盘。

一是靠前发力，加快向中央财政上缴结存利润，为增值税留抵退税提供资金保障。

为保障财政支出强度，支持税务部门加快办理留抵退税，人民银行靠前发力，根据退税进度，加快向中央财政上缴利润的节奏，2022年以来，已累计上缴结存利润8 000亿元，全年上缴利润将超1.1万亿元，为退税资金保障打下坚实基础，直接增强财政可用财力，进一步激发微观主体活力。同时，已上缴结存利润8 000亿元相当于降准0.4个百分点，与其他货币政策操作相互配合，保持流动性合理充裕。央行上缴利润也将通过财政支出下沉基层、直达市场主体，预计上缴超万亿元结存利润将拉动全年广义货币（M2）增速约0.5个百分点，很好体现了货币政策与财政政策的协同配合。

二是明确责任，强化增值税留抵退税各部门间协调配合。

4月18日，人民银行、外汇局出台了加强金融服务，加大支持实体经济力度的23条政策举措，其中，专门强调要落实好增值税留抵退税政策，畅通退税资金拨付、退付通道，有效保障退税资金及时、准确、安全直达市场主体，促进企业特别是小微企业及时享受到政策红利；人民银行还指导和要求分支机构多措并举，切实做好增值税留抵退税工作。同时，人民银行与财政部、税务总局建立部门会商机制，人民银行分支机构与当地财税部门建立会商工作机制，研究增值税留抵退税工作方案，优化退税业务流程，及时解决工作难题。

三是主动担当，畅通增值税留抵退税政策落地落实的"最后一公里"。

近期的大规模增值税留抵退税工作，在时间上与个人所得税汇算清缴退税、六税两费减免退税、出口退税等多项政策性退税叠加，人民银行国库部门退税业务量大幅增加，达到历史峰值。为确保退税业务顺利开展，妥善应对退税业务量激增和疫情影响的双重挑战，各级国库克服困难、加班加点，及时完成了国库业务系统有关参数设置；加强系统运维保障，优化退税业务安排，将国库系统办理业务的终了时间延长至每天19：30，并且支持双休日、节假日办理退税业务；强化应急保障机制，做好紧急情况下的人员安排和系统保障，确保疫情期间增值税留抵退税等资金拨付、退付业务不间断。

四是积极作为，准确高效办理增值税留抵退税资金的拨付退付业务。

人民银行充分利用国库信息化系统，实现退税业务全链条无纸化办理。各级国库及时拨付留抵退税专项转移支付补助资金，有效增强了基层退税资金保障能力；提高国库审核监督效率，做到退税业务"即来、即审、即办"，确保退税资金账目清晰、流向准确，安全、快速退到申请人账户，支持助企纾困政策红利及时直达市场主体。

下一步，人民银行将贯彻落实好党中央、国务院决策部署，不断提升国库服务能力，有效维护国库资金安全，全力支持增值税留抵退税政策顺利实施，切实保障退税红利加速释放。

人民网记者： 据了解，税务部门今年推出了"便民办税春风行动 2.0 版"，请问是如何服务大规模增值税留抵退税政策落实的？

韩国荣： 为深入贯彻落实党中央、国务院决策部署，确保中央经济工作会议、全国两会精神落实落地，聚焦推进党史学习教育常态化长效化新要求，聚焦落实大规模增值税留抵退税政策新部署，聚焦优化税收营商环境新挑战，税务总局分三批推出 121 条便民办税缴费措施，形成了 2022 年"我为纳税人缴费人办实事暨便民办税春风行动 2.0 版"（以下简称"春风行动 2.0 版"）。

作为税务部门的便民利企服务品牌，"春风行动 2.0 版"在服务大规模增值税留抵退税政策落实方面切实做到了宣传辅导有精度、优化体验有温度、便利享受有速度。

一是宣传辅导有精度。自大规模增值税留抵退税政策公布以来，税务总局充分利用各类渠道，对纳税人进行宣传辅导，推动"政策找人"、直达快享。及时发布"一揽子""清单式""可视化"政策解读产品 90 个。以"税收优惠促发展？惠企利民向未来"为主题，开展第 31 个全国税收宣传月活动，并将宣传月活动延长至 5 月底，重点宣传留抵退税政策。打造全国统一的宣传辅导标签体系，通过电子税务局直接将留抵退税优惠政策精准推送至纳税人，今年以来已惠及纳税人 1 059 万户次。

5月份,我们还将重点指导各省主管税务机关,根据最新的企业清册,完成企业法人、财务人员、办税人员等的分类辅导。

二是优化体验有温度。全国税务系统按照"春风行动"统一安排,着力于留抵退税政策,在不断优化办税体验方面推出了系列举措。比如,开展"一把手走流程工作",将其作为察实情、听民声、解难题的重要方式,及时收集掌握纳税人关于留抵退税等方面的诉求,第一时间回应解决实际问题,确保各类市场主体尽享、快享、易享政策红利。再如,组织各地税务机关于4月下旬开展"增值税留抵退税定向体验活动",邀请税费服务体验师化身"办税员""质检员""宣传员"体验留抵退税办理流程,累计组织体验2 951人次,通过体验活动收集到意见建议276条,其中绝大部分已及时响应,让退税服务体验更"有感"。

三是便利享受有速度。为了让纳税人更快更便利地享受留抵退税政策,税务部门大力推进"非接触式"办税方式,通过不断优化电子税务局功能,让纳税人"足不出户"即可享受优惠政策。为确保纳税人线下办理退税更加快捷,各地税务机关均在办税服务厅设置了优惠政策落实咨询服务岗,并在"五一"假期坚持安排工作人员负责受理留抵退税业务申请。同时,税务总局还建立了快速反应机制,设立100个留抵退税工作直联点,畅通问题反映渠道,确保纳税人便利、快捷享受留抵退税红利。

此外,税务总局还与全国工商联联合印发通知,共同开展2022年助力小微市场主体发展"春雨润苗"专项行动,推出了"政策暖心、服务省心、解难舒心、护助可心"4大类主题活动12项行动措施。作为2022年"春风行动"的重要内容之一,"春雨润苗"将通过部门间紧密协作发挥合力,让大规模增值税留抵退税等政策和创新服务举措及时惠及小微市场主体，以"春风化雨"滋润"小微之苗"，助力小微市场主体行稳致远、发展壮大。

下一步，税务部门将围绕"需求响应更快、网办体验更佳、分类服务更好、疫情应对更实"的工作标准，持续提升精细化、便利化服务水平，有力保障大规模增值税留抵退税政策落实落地，让企业和群众有更多实实在在的获得感。

中央广播电视总台央视记者： 今年留抵退税这么大的规模，财政部门做了哪些工作，保障基层应退税款及时退付、财政运行不受影响？

王建凡： 今年以来，财政部认真贯彻落实党中央、国务院决策部署，坚持政府过紧日子，大力压缩行政开支，压减中央本级支出，多渠道筹措资金，制定实施支持基层落实减税降费和重点民生等转移支付政策，加大对地方特别是基层财力支持，强化留抵退税政策落实和县区财政平稳运行的资金保障。

第一，安排专项资金1.2万亿元，支持地方落实留抵退税政策，保障县区财政平稳运行。

财政部通过特定国有金融机构和专营机构近年结存利润，安排支持基层落实减税降费和重点民生等转移支付1.2万亿元，包括新出台留抵退税政策专项资金6 200亿元、其他退税减税降费专项资金3 000亿元、补充县区财力专项资金2 800亿元。中央财政将专项资金纳入直达资金范围，实行单独调拨。其中，列入2022年预算的8 000亿元转移支付资金已分别于3月21日、4月14日分批下达。

预算下达后，财政部督促指导各省级财政部门对退税规模较大、财政相对困难的县区制定针对性财力保障方案，特别是退税额度超过自身财力水平的重点县区，要予以密切关注，开展一对一辅导，确保这些县区在做好退税资金保障的同时，实现财政平稳运行，"三保"保障不出问题。比如，辽宁、内蒙古等地统筹中央补助和自有财力，对退税规模较大、财政运行较为困难的县区留抵退税给予100%补助。

此外，考虑到中型企业存量留抵税额的退税节奏进一步加快，财政部将提前下达相关资金，确保地方有充足财力用于落实留抵退税政策和基层"三保"保障，并要求省级财政部门加紧制定资金分配方案，及时下达市县财政。

第二，积极筹集资金，加大对地方财政库款调度支持，保障退税资金需要。

财政部积极协调特定国有金融机构和专营机构加快上缴近年结存利润。人民银行、中投公司等单位，采取有力措施，及时筹措资金，确保上缴资金及时到位。

为了确保退税资金及时拨付，各级财政部门切实采取有效措施加大库款调拨力度。财政部根据资金调拨和库款情况，以及税务部门留抵退税办理进度等，滚动开展增值税留抵退税资金监测，及时进行资金调度。省级财政部门也比照中央做法，建立了相应的工作机制，将本级安排的专项资金与中央补助资金统一纳入单独调拨范围，及时拨付到市县，确保基层退税需要。例如，江苏依托预算管理一体化系统创建增值税留抵退税预警模块，对库款动态保障倍数低、申报退税计划大于库款余额、实际退税金额大于专项资金调拨的情况及时预警，并在1天内快速精准调度库款确保基层退税资金需求。广东考虑湛江市等退税额度大、财政较为困难地区的实际情况，有针对性调拨库款，约覆盖市县退税规模的九成，确保退税资金需要。四川为资金分配开通"绿色通道"，将资金分配下达时间缩短至普通资金的三分之二。陕西调整完善增值税留抵退税省以下分担机制，省级财政统一垫付留抵退税地方分担50%部分，确保及时足额退付。

第三，建立三部门落实增值税留抵退税政策会商机制，协同高效推进退税工作。

为高效推进留抵退税政策落实，财政部、税务总局、人民银行建立落实留抵退税政策三部门会商机制，4月份以来已召开四次专题会议，加强退税工作分析研判，研究推动解决退税工作遇到的重大问题。在此基础上，三部门联合印发通知，要求各地结合实际，建立健全由政府负责同志牵头，财政、税务、人民银行等部门参加的会商工作机制，加强部门间协调配合，实现信息共享，形成工作合力，切实做好留抵退税资金保障，加快留抵退税政策实施进度，落实为中小微企业和个体工商户纾困举措，促进政策红利直达快享。

下一步，财政部将会同有关部门，密切关注地方留抵退税政策落实进展，继续在财力和资金上对地方特别是县区基层给予大力支持，确保留抵退税工作顺利开展。同时，坚决防范并严肃查处企业"骗退税"、地方"骗补助"等扰乱财经秩序的行为。

新京报记者：近段时间，税务总局和各地税务部门陆续曝光了多起骗取留抵退税的税收违法典型案件和税务人员落实留抵退税政策失职失责受到责任追究的案例。能否详细介绍一下相关情况？

邓勇：谢谢您的提问。4月1日大规模增值税留抵退税政策实施以来，税务部门外打骗取留抵退税违法行为，内查税务人员落实留抵退税政策失职失责行为特别是内外勾结、通同作弊等违法违纪行为，为大规模增值税留抵退税政策落实落地保驾护航。

一方面，在公安等部门大力支持下，从严从重打击骗取留抵退税违法行为。一是快速选案。建立税务总局、驻各地特派办和省市区税务局多层次、立体化的案源管理体系，力求对骗取退税的企业早分析、早发现、早立案、早查处。二是从严检查。统筹调度全系统稽查力量，加强上下联动和内外协调，聚焦不法企业以隐匿收入、虚增进项、虚假申报等手段骗取留抵退税的违法行为，从严从快查办，依法从重处罚。特别是对团伙式、跨区域、恶意造假等骗取留抵退税违法行为，联合公安等部门严厉打击、严惩不贷。三是分类处理。对非主观故意违规取得留抵退税的企业，约谈提醒，促其整改；对恶意造假骗取留抵退税的企业，依法从严查办，按规定将其纳税信用等级直接降为D级，采取限制发票领用、提高检查频次等措施，同时依法对其近3年各项税收缴纳情况进行全面检查，并延伸检查其上下游企业。涉嫌犯罪的，移交司法机关追究刑事责任。四是加强曝光。税务总局和各省市区税务局持续开展典型案件公开曝光工作，有力警示震慑不法企业，向全社会释放对骗取留抵退税严查重处、"违法必严惩"的强烈信号。

在前期已曝光68起典型案件基础上，今天再曝光6起骗取留抵退税典型案件，分别是：

（一）四川查处一虚开团伙骗取留抵退税案件。四川省遂宁市税务稽查部门根据线索，联合公安部门依法查处了一虚开团伙骗取留抵退税案件。经查，该团伙成立空壳公司对外虚开增值税专用发票价税合计4.32亿元，同时为多家下游企业虚增进项税额、骗取留抵退税提供便利。税务稽查部门已依法追回3户受票企业骗取的留抵退税款共计66.28万元，并依据《中华人民共和国行政处罚法》（以下简称《行政处罚法》）、《中华人民共和国税收征收管理法》（以下简称《税收征收管理法》）相关规定，拟分别处1倍罚款。目前，税务机关正对涉案企业下游可能继续利用虚开的增值税发票骗取留抵退税的企业开展深入检查。公安机关已对10名犯罪嫌疑人采取了刑事拘留等强制措施。

（二）贵州查处一虚开团伙骗取留抵退税案件。贵州省遵义市税务稽查部门根据线索，联合公安机关依法查处一虚开团伙骗取留抵退税案件。经查，该虚开团伙采取"票货分离"等手段虚开增值税专用发票价税合计3.5亿元。稽查部门已阻断2户受票企业利用接受虚开发票骗取留抵退税17.6万元，并对涉案企业下游可能继续利用虚开发票骗取留抵退税的企业开展深入检查。公安机关已抓获该虚开团伙5名犯罪嫌疑人。

（三）广东查处一商贸企业骗取留抵退税案件。广东省佛山市税务稽查部门根据税收大数据分析线索，依法查处了佛山瓯佛金属材料有限公司骗取留抵退税案件。经查，该公司通过隐匿销售收入、减少销项税额、进行虚假申报等手段，骗取留抵退税402.54万元。佛山市税务局稽查局依法追缴该企业骗取的留抵退税款，并依据《行政处罚法》《税收征收管理法》相关规定，处1倍罚款。

（四）云南查处一商贸企业骗取留抵退税案件。云南省昆明市税务稽查部门根据税收大数据分析线索，依法查处了昆明国立维通电梯有限公司骗取留抵退税案件。经查，该公司通过隐匿销售收入、减少销项税额、进行虚假申报等手段，骗取留抵退税122.32万元。昆明市税务局稽查局依法追缴该企业骗取的留抵退税款，并依据《行政处罚法》《税收征收管理法》相关规定，拟处1倍罚款。

（五）内蒙古查处一起利用关联企业骗取留抵退税案件。内蒙古自治区赤峰税务稽查部门根据税务总局稽查局下发案源线索，依法查处了赤峰鑫恩商贸有限公司骗取留抵退税案件。经查，该公司通过隐匿销售收入、减少销项税额、进行虚假申报等手段，骗取留抵退税10.19万元。

赤峰市税务局稽查局依法追缴该企业骗取的留抵退税款，并依据《行政处罚法》《税收征收管理法》相关规定，拟处1倍罚款。

（六）湖南查处一起汽车销售服务企业骗取留抵退税案件。湖南省娄底市税务稽查部门根据湖南省税务局推送大数据筛选的疑点线索，依法查处了娄底天利汽车销售服务有限公司骗取留抵退税案件。经查，该公司通过隐匿销售收入、减少销项税额、进行虚假申报等手段，骗取留抵退税64.7万元。娄底市税务局稽查局依法追缴该企业骗取的留抵退税款，并依据《行政处罚法》《税收征收管理法》相关规定，拟处1倍罚款。

另一方面，严肃查处税务人员不作为、慢作为、乱作为甚至内外勾结、通同作弊等违法违纪行为，释放从严监督、依法惩处的强烈信号。一是建机制。税务总局、各特派办、省、市、县税务局均成立督察工作组，建立健全同频共振、协调联动的工作机制，上下结合、分级负责，有力推进政策落实监督。二是明重点。聚焦政策执行、责任落实、风险防控、稽查办案、问题整改等重要环节，明确14类45项督察要点，依托税收大数据，精准发现内部管理和执法问题线索，推动实现风险早发现、早应对、早处置。三是强监督。聚焦税务机关和税务人员履职尽责情况，着力查处典型问题。加大对骗取留抵退税案件的一案双查力度，严肃查处各类违纪违规行为。四是盯整改。对内外部监督发现问题整改落实情况一盯到底，确保问题整改彻底，并举一反三，持续深化整改成效。五是严问责。对落实留抵退税消极懈怠、工作拖拉、推诿扯皮、失职失责的一律严肃处理；对出现区域性大规模骗取留抵退税案件的一律严肃处理；对税务干部和不法分子内外勾结、通同作弊骗取留抵退税的一律严肃处理。

目前，总局已主动公布了4批6起税务人员落实留抵退税失职失责、内外勾结受到处理典型案例。今天，再公布3起，分别是：

（一）安徽省税务局对1名内外勾结涉嫌骗取留抵退税的税务人员立案审查。近日，安徽省税务局按照税务总局工作部署，对骗取留抵退税案件深入开展一案双查，对1名内外勾结涉嫌骗取留抵退税的税务人员予以立案审查。经查，安徽省池州市某区税务局工作人员黄某，涉嫌与不法分子林某内外勾结，为林某控制的4家企业虚开增值税专用发票提供帮助，下游受票企业虚增进项税额骗取留抵退税。目前，当地税务部门纪检机构已对黄某立案审查，将依规依纪依法严肃追究其责任。

（二）内蒙古达拉特旗税务局第二税务分局副局长石某某审核留抵退税未执行有关规定，在企业存在涉税风险疑点、风险应对任务尚未完成的情况下，违规审核通过退税申请，导致多退税款，受到责任追究。达拉特旗税务局第二税务分局副局长石某某在审核某公司留抵退税申请时，未执行留抵退税有关制度规定，在该企业存在增值税涉税风险疑点、风险应对任务尚未完成的情况下，违规审核通过其留抵退税申请，造成多退税款。目前，达拉特旗税务局已追缴多退税款，并对负有主要责任的审核人员石某某追究执法过错责任。

（三）辽宁抚顺市新抚区税务局税源管理一科科长杨某审核留抵退税未落实有关规定，应比对未比对相关数据，导致多退税款，受到责任追究。抚顺某中型企业通过少报营业收入的方式，按小型企业申请办理留抵退税，从而多退税款。抚顺市新抚区税务局税源管理一科科长杨某未落实有关规定，应比对未比对该企业在《退（抵）税申请表》上填写的营业收入与税收征管信息系统记录的相关数据，且数额差异较大，导致多退税款。目前，抚顺市新抚区税务局已追缴多退税款，并对负有主要责任的审核人员杨某追究执法过错责任。

下一步，我们将持续保持高压严打态势，加大税务稽查打击力度，对骗取留抵退税等各类违法行为做到"露头就打";同时严查税务干部履责不到位特别是与不法分子内外勾结、通同作弊等行为,全力确保留抵退税政策落实落细、落准落稳。

王道树:刚才,财政部、人民银行、税务总局几位同志回答了媒体朋友们关心的问题。下一步,三部门将坚持以习近平新时代中国特色社会主义思想为指导,深入贯彻党中央、国务院决策部署,继续落实好大规模增值税留抵退税政策,为稳定宏观经济大盘作出积极贡献。

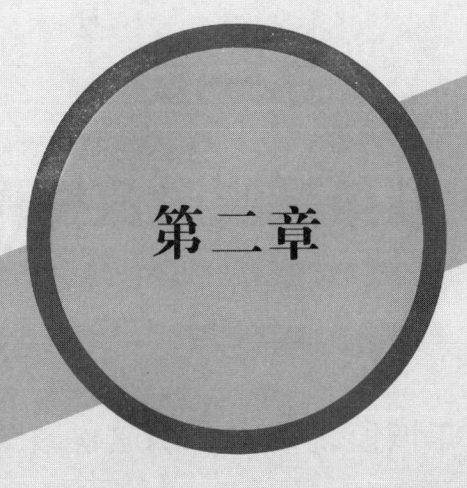

第二章

增值税留抵退税政策操作指南与会计处理

第一节

增值税留抵退税政策操作指南

一、2022年增值税期末留抵退税政策操作指南

（一）适用对象

符合条件的小微企业（含个体工商户）以及"制造业""科学研究和技术服务业""电力、热力、燃气及水生产和供应业""软件和信息技术服务业""生态保护和环境治理业"和"交通运输、仓储和邮政业"（以下称"制造业等行业"）企业（含个体工商户）。

（二）政策内容

（1）符合条件的小微企业，可以自2022年4月纳税申报期起向主管税务机关申请退还增量留抵税额。

（2）符合条件的微型企业，可以自2022年4月纳税申报期起向主管税务机关申请一次性退还存量留抵税额；符合条件的小型企业，可以自2022年5月纳税申报期起向主管税务机关申请一次性退还存量留抵税额。

（3）符合条件的制造业等行业企业，可以自2022年4月纳税申报期起向主管税务机关申请退还增量留抵税额。

（4）符合条件的制造业等行业中型企业，可以自2022年5月纳税申报期起向主管税务机关申请一次性退还存量留抵税额；符合条件的制造业等行业大型企业，可以自2022年6月纳税申报期起向主管税务机关申请一次性退还存量留抵税额。

（三）操作流程

1. 享受方式

纳税人申请留抵退税，应提交《退（抵）税申请表》。

2. 办理渠道

可通过办税服务厅（场所）、电子税务局办理，具体地点和网址可从省（自治区、直辖市和计划单列市）税务局网站"纳税服务"栏目查询。

（四）申报要求

（1）纳税人应在纳税申报期内，完成当期增值税纳税申报后申请留抵退税。2022年4月至6月的留抵退税申请时间，延长至每月最后一个工作日。

（2）纳税人出口货物劳务、发生跨境应税行为，适用免抵退税办法的，可以在同一申报期内，既申报免抵退税又申报办理留抵退税。

（3）申请办理留抵退税的纳税人，出口货物劳务、跨境应税行为适用免抵退税办法的，应当按期申报免抵退税。当期可申报免抵退税的出口销售额为零的，应办理免抵退税零申报。

（4）纳税人既申报免抵退税又申请办理留抵退税的，税务机关应先办理免抵退税。办理免抵退税后，纳税人仍符合留抵退税条件的，再办理留抵退税。

（5）纳税人在办理留抵退税期间，因纳税申报、稽查查补和评估调整等原因，造成期末留抵税额发生变化的，按最近一期《增值税纳税申报表（一般纳税人适用）》期末留抵税额确定允许退还的增量留抵税额。

（6）纳税人在同一申报期既申报免抵退税又申请办理留抵退税的，或者在纳税人申请办理留抵退税时存在尚未经税务机关核准的免抵退税应退税额的，应待税务机关核准免抵退税应退税额后，按最近一期《增值税纳税申报表（一般纳税人适用）》期末留抵税额，扣减税务机关核准的免抵退税应退税额后的余额确定允许退还的增量留抵税额。

税务机关核准的免抵退税应退税额，是指税务机关当期已核准，但纳税人尚未在《增值税纳税申报表（一般纳税人适用）》第15栏"免、抵、退应退税额"中填报的免抵退税应退税额。

（7）纳税人既有增值税欠税，又有期末留抵税额的，按最近一期《增值税纳税申报表（一般纳税人适用）》期末留抵税额，抵减增值税欠税后的余额确定允许退还的增量留抵税额。

（8）在纳税人办理增值税纳税申报和免抵退税申报后、税务机关核准其免抵退税应退税额前，核准其前期留抵退税的，以最近一期《增值税纳税申报表（一般纳税人适用）》期末留抵税额，扣减税务机关核准的留抵退税额后的余额，计算当期免抵退税应退税额和免抵税额。税务机关核准的留抵退税额，是指税务机关当期已核准，但纳税人尚未在《增值税纳税申报表附列资料（二）（本期进项税额明细）》第22栏"上期留抵税额退税"填报的留抵退税额。

（9）纳税人应在收到税务机关准予留抵退税的《税务事项通知书》当期，以税务机关核准的允许退还的增量留抵税额冲减期末留抵税额，并在办理增值税纳税申报时，相应填写《增值税纳税申报表附列资料（二）（本期进项税额明细）》第22栏"上期留抵税额退税"。

（10）纳税人按照规定，需要申请缴回已退还的全部留抵退税款的，可通过电子税务局或办税服务厅提交《缴回留抵退税申请表》。纳税人在缴回已退还的全部留抵退税款后，办理增值税纳税申报时，将缴回的全部退税款在《增值税及附加税费申报表附列资料（二）》（本期进项税额明细）第22栏"上期留抵税额退税"填写负数，并可继续按规定抵扣进项税额。

（五）相关规定

1. 申请留抵退税需同时符合的条件

纳税信用等级为A级或者B级；申请退税前36个月未发生骗取留抵退税、骗取出口退税或虚开增值税专用发票情形；申请退税前36个月未因偷税被税务机关处罚两次及以上；2019年4月1日起未享受即征即退、先征后返（退）政策。

2. 增量留抵税额

增量留抵税额，区分以下情形确定：

纳税人获得一次性存量留抵退税前，增量留抵税额为当期期末留抵税额与2019年3月31日相比新增加的留抵税额。

纳税人获得一次性存量留抵退税后，增量留抵税额为当期期末留抵税额。

3. 存量留抵税额

存量留抵税额，区分以下情形确定：

纳税人获得一次性存量留抵退税前，当期期末留抵税额大于或等于2019年3月31日期末留抵税额的，存量留抵税额为2019年3月31日期末留抵税额；当期期末留抵税额小于2019年3月31日期末留抵税额的，存量留抵税额为当期期末留抵税额。

纳税人获得一次性存量留抵退税后，存量留抵税额为零。

4. 划型标准

中型企业、小型企业和微型企业，按照《中小企业划型标准规定》（工信部联企业〔2011〕300号）和《金融业企业划型标准规定》（银发〔2015〕309号）中的营业收入指标、资产总额指标确定。除上述中型企业、小型企业和微型企业外的其他企业，属于大型企业。

资产总额指标按照纳税人上一会计年度年末值确定。营业收入指标按照纳税人上一会计年度增值税销售额确定；不满一个会计年度的，按照以下公式计算：

$$\text{增值税销售额（年）} = \frac{\text{上一会计年度企业实际存续期间增值税销售额}}{\text{企业实际存续月数}} \times 12$$

增值税销售额，包括纳税申报销售额、稽查查补销售额、纳税评估调整销售额。适用增值税差额征税政策的，以差额后的销售额确定。

对于工信部联企业〔2011〕300号和银发〔2015〕309号文件所列行业以外的纳税人，以及工信部联企业〔2011〕300号文件所列行业但未采用营业收入指标或资产总额指标划型确定的纳税人，微型企业标准为增值税销售额（年）100万元以下（不含100万元）；小型企业标准为增值税销售额（年）2 000万元以下（不含2 000万元）；中型企业标准为增值税销售额（年）1亿元以下（不含1亿元）。

5. 行业标准

"制造业等行业"，是指从事《国民经济行业分类》中"制造业""科学研究和技术服务业""电力、热力、燃气及水生产和供应业""软件和信息技术服务业""生态保护和环境治理业"和"交通运输、仓储和邮政业"业务相应发生的增值税销售额占全部增值税销售额的比重超过50%的纳税人。

上述销售额比重根据纳税人申请退税前连续12个月的销售额计算确定；申请退税前经营期不满12个月但满3个月的，按照实际经营期的销售额计算确定。

6. 允许退还的留抵税额

允许退还的留抵税额按照以下公式计算确定：

允许退还的增量留抵税额 = 增量留抵税额 × 进项构成比例 × 100%

允许退还的存量留抵税额 = 存量留抵税额 × 进项构成比例 × 100%

进项构成比例，为2019年4月至申请退税前一税款所属期已抵扣的增值税专用发票（含带有"增值税专用发票"字样全面数字化的电子发票、税控机动车销售统一发票）、收费公路通行费增值税电子普通发票、海关进口增值税专用缴款书、解缴税款完税凭证注明的增值税额占同期全部已抵扣进项税额的比重。

在计算允许退还的留抵税额的进项构成比例时，纳税人在2019年4月至申请退税前一税款所属期内按规定转出的进项税额，无需从已抵扣的增值税专用发票（含带有"增值税专用发票"字样全面数字化的电子发票、税控机动车销售统一发票）、收费公路通行费增值税电子普通发票、海关进口增值税专用缴款书、解缴税款完税凭证注明的增值税额中扣减。

7. 出口退税与留抵退税的衔接

纳税人出口货物劳务、发生跨境应税行为，适用免抵退税办法的，应先办理免抵退税。免抵退税办理完毕后，仍符合规定条件的，可以申请退还留抵税额；适用免退税办法的，相关进项税额不得用于退还留抵税额。

8. 增值税即征即退、先征后返（退）与留抵退税的衔接

纳税人自2019年4月1日起已取得留抵退税款的，不得再申请享受增值税即征即退、先征后返（退）政策。纳税人可以在2022年10月31日前一次性将已取得的留抵退税款全部缴回后，按规定申请享受增值税即征即退、先征后返（退）政策。

纳税人自2019年4月1日起已享受增值税即征即退、先征后返（退）政策的，可以在2022年10月31日前一次性将已退还的增值税即征即退、先征后返（退）税款全部缴回后，按规定申请退还留抵税额。

9. 纳税信用评价

适用增值税一般计税方法的个体工商户，可自《国家税务总局关于进一步加大增值税期末留抵退税政策实施力度有关征管事项的公告》（2022年第4号）发布之日起，自愿向主管税务机关申请参照企业纳税信用评价指标和评价方式参加评价，并在以后的存续期内适用国家税务总局纳税信用管理相关规定。对于已按照省税务机关公布的纳税信用管理办法参加纳税信用评价的，也可选择沿用原纳税信用级别，符合条件的可申请办理留抵退税。

10. 其他规定

纳税人可以选择向主管税务机关申请留抵退税，也可以选择结转下期继续抵扣。

纳税人可以在规定期限内同时申请增量留抵退税和存量留抵退税。

同时符合小微企业和制造业等行业相关留抵退税政策的纳税人，可任意选择申请适用其中一项留抵退税政策。

二、2022年增值税期末留抵退税政策相关文件

（1）《财政部　税务总局关于进一步加大增值税期末留抵退税政策实施力度的公告》（2022年第14号）。

（2）《财政部　税务总局关于进一步加快增值税期末留抵退税实施进度的公告》（2022年第17号）。

（3）《财政部　税务总局关于进一步持续加快增值税期末留抵退税政策实施进度的公告》（2022年第19号）。

（4）《国家税务总局关于进一步加大增值税期末留抵退税政策实施力度有关征管事项的公告》（2022年第4号）。

（5）《国家税务总局关于办理增值税期末留抵税额退税有关事项的公告》（2019年第20号）。

三、2022年增值税期末留抵退税政策有关问题

（1）2022年新出台的留抵退税政策的主要内容是什么？

答：为落实党中央、国务院部署，按照《政府工作报告》关于留抵退税的工作要求，支持小微企业和制造业等行业发展，提振市场主体信心、激发市场主体活力，财政部、税务总局联合发布了《财政部　税务总局关于进一步加大增值税期末留抵退税政策实施力度的公告》（2022年第14号）、《财政部　税务总局关于进一步加快增值税期末留抵退税

政策实施进度的公告》（2022年第17号）、《财政部 税务总局关于进一步持续加快增值税期末留抵退税政策实施进度的公告》（2022年第19号），加大小微企业以及"制造业""科学研究和技术服务业""电力、热力、燃气及水生产和供应业""软件和信息技术服务业""生态保护和环境治理业"和"交通运输、仓储和邮政业"（以下称"制造业等行业"）的留抵退税力度，将先进制造业按月全额退还增值税增量留抵税额政策范围扩大至小微企业和制造业等行业，并一次性退还其存量留抵税额。

（2）2022年第14号公告规定的小微企业是指什么？

答：2022年第14号公告规定的小型企业和微型企业，按照《中小企业划型标准规定》（工信部联企业〔2011〕300号）和《金融业企业划型标准规定》（银发〔2015〕309号）中的营业收入指标、资产总额指标确定。

上述规定所列行业企业中未采用营业收入指标或资产总额指标的以及未列明的行业企业，微型企业标准为增值税销售额（年）100万元以下（不含100万元）；小型企业标准为增值税销售额（年）2 000万元以下（不含2 000万元）。

（3）2022年第14号公告规定的制造业等行业企业有哪些？

答：按照2022年第14号公告的规定，制造业等行业纳税人，是指从事《国民经济行业分类》中"制造业""科学研究和技术服务业""电力、热力、燃气及水生产和供应业""软件和信息技术服务业""生态保护和环境治理业"和"交通运输、仓储和邮政业"业务相应发生的增值税销售额占全部增值税销售额的比重超过50%的纳税人。

需要说明的是，如果一个纳税人从事上述多项业务，以相关业务增值税销售额加总计算销售额占比，从而确定是否属于制造业等行业纳税人。

> **举例说明**：某纳税人2021年5月至2022年4月期间共取得增值税销售额1 000万元，其中：生产销售设备销售额300万元，提供交通运输服务销售额300万元，提供建筑服务销售额400万元。该纳税人2021年5月至2022年4月期间发生的制造业等行业销售额占比为60%[（300＋300）÷1 000]。因此，该纳税人当期属于制造业等行业纳税人。

（4）小微企业、制造业等行业纳税人按照2022年第14号公告规定申请留抵退税，需要满足什么条件？

答：按照2022年第14号公告规定办理留抵退税的小微企业、制造业等行业纳税人，需同时符合以下条件：①纳税信用等级为A级或者B级。②申请退税前36个月未发生骗取留抵退税、骗取出口退税或虚开增值税专用发票情形。③申请退税前36个月未因偷税被税务机关处罚两次及以上。④2019年4月1日起未享受即征即退、先征后返（退）政策。

（5）纳税人按照2022年第14号公告规定申请退还的存量留抵税额如何确定？

答：2022年第14号公告规定的存量留抵税额，区分以下情形确定：①纳税人获得一次性存量留抵退税前，当期期末留抵税额大于或等于2019年3月31日期末留抵税额的，存量留抵税额为2019年3月31日期末留抵税额；当期期末留抵税额小于2019年3月31日期末留抵税额的，存量留抵税额为当期期末留抵税额。②纳税人获得一次性存量留抵退税后，存量留抵税额为零。

> **举例说明**：某微型企业2019年3月31日的期末留抵税额为100万元，2022年4月申请一次性存量留抵退税时，如果当期期末留抵税额为120万元，该纳税人的存量留抵税额为100万元；如果当期期末留抵税额为80万元，该纳税人的存量留抵税额为80万元。该纳税人在4月份获得存量留抵退税后，将再无存量留抵税额。

（6）纳税人按照2022年第14号公告规定申请退还的增量留抵税额如何确定？

答：2022年第14号公告规定的增量留抵税额，区分以下情形确定：①纳税人获得一次性存量留抵退税前，增量留抵税额为当期期末留抵税额与2019年3月31日相比新增加的留抵税额。②纳税人获得一次性存量留抵退税后，增量留抵税额为当期期末留抵税额。

> **举例说明**：某纳税人2019年3月31日的期末留抵税额为100万元，2022年7月31日的期末留抵税额为120万元，在8月纳税申报期申请增量留抵退税时，如果此前未获得一次性存量留抵退税，该纳税人的增量留抵税额为20万元（120－100）；如果此前已获得一次性存量留抵退税，该纳税人的增量留抵税额为120万元。

（7）纳税人按照2022年第14号公告规定申请增量留抵退税的具体时间是什么？

答：按照2022年第14号公告规定，符合条件的小微企业和制造业等行业纳税人，均可以自2022年4月纳税申报期起向主管税务机关申请退还增量留抵税额。

（8）纳税人申请存量留抵退税的具体时间是什么？

答：按照2022年第14号公告、2022年第17号公告和2022年第19号公告的规定，符合条件的小微企业和制造业等行业企业，申请存量留抵退税的起始时间如下：①微型企业，可以自2022年4月纳税申报期起向主管税务机关申请一次性退还存量留抵税额。②小型企业，可以自2022年5月纳税申报期起向主管税务机关申请一次性退还存量留抵税额。③制造业等行业中的中型企业，可以自2022年5月纳税申报期起向主管税务机关申请一次性退还存量留抵税额。④制造业等行业中的大型企业，可以自2022年6月纳税申报期起向主管税务机关申请一次性退还存量留抵税额。

需要说明的是，上述时间为申请一次性存量留抵退税的起始时间，当期未申请的，以后纳税申报期也可以按规定申请。

（9）2022年出台的留抵退税政策，明确了纳税人可申请存量留抵退税和增量留抵退税，和此前的增量留抵退税相比，退税办理流程有什么变化？

答：按照2022年第14号公告规定办理留抵退税的具体流程，包括退税申请、受理、审核、退库等环节的相关征管事项仍按照现行规定执行。

另外，关于退税申请时间的一般性规定是，纳税人在纳税申报期内完成当期增值税纳税申报后申请留抵退税。考虑到今年退税力度大、涉及纳税人多，为做好退税服务工作，确保小微企业等市场主体尽快获得留抵退税，将2022年4月至6月的留抵退税申请时间，从申报期内延长至每月的最后一个工作日。需要说明的是，纳税人仍需在完成当期增值税纳税申报后申请留抵退税。

（10）纳税人适用2022年第14号公告规定的留抵退税政策，需要提交什么退税申请资料？和此前办理退税相比，有哪些调整变化？

答：纳税人适用2022年第14号公告规定的留抵退税政策，在申请办理留抵退税时提交的退税申请资料无变化，仅需要提交一张《退（抵）税申请表》。需要说明的是，《退（抵）税申请表》可通过电子税务局线上提交，也可以通过办税服务厅线下提交。结合今年出台的留抵退税政策规定，对原《退（抵）税申请表》中的部分填报内容作了相应调整，纳税人申请留抵退税时，可结合其适用的具体政策和实际生产经营等情况进行填报。

（11）纳税人申请留抵退税时计算的进项构成比例有什么变化吗？

答：按照 2022 年第 14 号公告的有关规定，计算进项构成比例涉及的扣税凭证种类进行了微调，增加了含带有"增值税专用发票"字样全面数字化的电子发票、收费公路通行费增值税电子普通发票两类。调整后的进项构成比例，为 2019 年 4 月至申请退税前一税款所属期已抵扣的增值税专用发票（含带有"增值税专用发票"字样全面数字化的电子发票、税控机动车销售统一发票）、收费公路通行费增值税电子普通发票、海关进口增值税专用缴款书、解缴税款完税凭证注明的增值税额占同期全部已抵扣进项税额的比重。

需要说明的是，上述计算进项构成比例的规定，不仅适用于 2022 年第 14 号公告规定的留抵退税政策，同时也适用于《财政部　税务总局海关总署关于深化增值税改革有关政策的公告》（2019 年第 39 号）规定的留抵退税政策。

（12）纳税人在计算进项构成比例时，是否需要对进项税额转出部分进行调整？

答：按照 2022 年第 14 公告规定，计算允许退还的留抵税额涉及的进项构成比例为 2019 年 4 月至申请退税前一税款所属期已抵扣的增值税专用发票（含带有"增值税专用发票"字样全面数字化的电子发票、税控机动车销售统一发票）、收费公路通行费增值税电子普通发票、海关进口增值税专用缴款书、解缴税款完税凭证注明的增值税额占同期全部已抵扣进项税额的比重。

为减轻纳税人退税核算负担，在计算进项构成比例时，纳税人在上述计算期间内发生的进项税额转出部分无需扣减。

举例说明： 某制造业纳税人2019年4月至2022年3月取得的进项税额中，增值税专用发票500万元，道路通行费电子普通发票100万元，海关进口增值税专用缴款书200万元，农产品收购发票抵扣进项税额200万元。2021年12月，该纳税人因发生非正常损失，此前已抵扣的增值税专用发票中，有50万元进项税额按规定作进项税转出。该纳税人2022年4月按照14号公告的规定申请留抵退税时，进项构成比例的计算公式为：进项构成比例＝（500+100+200）÷（500+100+200+200）×100%＝80%。进项转出的50万元，在上述计算公式的分子、分母中均无需扣减。

（13）纳税人按照2022年第14号公告规定申请一次性缴回全部留抵退税款的，需要向税务机关提交什么资料？缴回的留抵退税款，能否结转下期继续抵扣？

答：纳税人按规定向主管税务机关申请缴回已退还的全部留抵退税款时，可通过电子税务局或办税服务厅提交《缴回留抵退税申请表》。纳税人在一次性缴回全部留抵退税款后，可在办理增值税纳税申报时，相应调增期末留抵税额，并可继续用于进项税额抵扣。

> **举例说明：** 某纳税人在2019年4月1日后，陆续获得留抵退税100万元。因纳税人想要选择适用增值税即征即退政策，于2022年4月3日向税务机关申请缴回留抵退税款，4月5日，留抵退税款100万元已全部缴回入库。该纳税人在4月10日办理2022年3月（税款所属期）的增值税纳税申报时，可在《增值税纳税申报表附列资料（二）（本期进项税额明细）》第22栏"上期留抵税额退税"填写"-100万元"，将已缴回的100万元留抵退税款调增期末留抵税额，并用于当期或以后期间继续抵扣。

（14）纳税人按规定缴回已退还的增值税即征即退、先征后返（退）税款的，什么时候可以申请办理留抵退税？

答：纳税人在2022年10月31日前将已退还的增值税即征即退、先征后返（退）税款一次性全部缴回后，即可在规定的留抵退税申请期内申请办理留抵退税。

（15）纳税人按规定缴回已退还的全部留抵退税款的，什么时候可以申请适用增值税即征即退或先征后返（退）政策？

答：纳税人在2022年10月31日前将已退还的增值税留抵退税款一次性全部缴回后，即可在缴回后的增值税纳税申报期内按规定申请适用即征即退、先征后返（退）政策。

（16）2022年第14号公告规定的一次性申请缴回留抵退税或即征即退，是否只能申请一次？

答：2022年第14号公告规定，纳税人可以在2022年10月31日前一次性将已取得的留抵退税款全部缴回后，按规定申请享受增值税即征即退、先征后返（退）政策。纳税人自 2019 年 4 月 1 日起已享受增值税即征即退、先征后返（退）政策的，可以在 2022 年 10 月 31 日前一次性将已取得的增值税即征即退、先征后返（退）税款全部缴回后，按规定申请留抵退税。

上述规定中的一次性全部缴回，是指纳税人在 2022 年 10 月 31 日前缴回相关退税款的次数为一次。

（17）纳税人申请办理存量留抵退税和增量留抵退税从征管规定上看有什么区别吗？

答：2022 年第 14 号公告规定，除本公告补充的相关规定外，纳税人办理留抵退税的其他事项，均继续按照 20 号公告的规定执行，其中，纳税人办理存量留抵退税与办理增量留抵退税的相关征管规定一致。

第二节
增值税留抵退税会计处理

一、增值税会计科目及专栏设置

增值税一般纳税人应当在"应交税费"科目下设置"应交增值税""未交增值税""预交增值税""待抵扣进项税额""待认证进项税额""待转销项税额""增值税留抵税额""简易计税""转让金融商品应交增值税""代扣代交增值税"等明细科目。

（一）"应交增值税"明细科目

增值税一般纳税人应在"应交增值税"明细科目内设置"进项税额""销项税额抵减""已交税金""转出未交增值税""减免税款""出口抵减内销产品应纳税额""销项税额""出口退税""进项税额转出""转出多交增值税"等专栏。其中：

（1）"进项税额"专栏记录一般纳税人购进货物、加工修理修配劳务、服务、无形资产或不动产而支付或负担的、准予从当期销项税额中抵扣的增值税额。

（2）"销项税额抵减"专栏记录一般纳税人按照现行增值税制度规定因扣减销售额而减少的销项税额。

（3）"已交税金"专栏记录一般纳税人当月已缴纳的应交增值税额。

（4）"转出未交增值税"和"转出多交增值税"专栏分别记录一般纳税人月度终了转出当月应交未交或多交的增值税额。

（5）"减免税款"专栏记录一般纳税人按现行增值税制度规定准予减免的增值税额。

（6）"出口抵减内销产品应纳税额"专栏记录实行"免、抵、退"办法的一般纳税人按规定计算的出口货物的进项税抵减内销产品的应纳税额。

（7）"销项税额"专栏记录一般纳税人销售货物、加工修理修配劳务、服务、无形资产或不动产应收取的增值税额。

（8）"出口退税"专栏，记录一般纳税人出口货物、加工修理修配劳务、服务、无形资产按规定退回的增值税额。

（9）"进项税额转出"专栏，记录一般纳税人购进货物、加工修理修配劳务、服务、无形资产或不动产等发生非正常损失以及其他原因而不应从销项税额中抵扣、按规定转出的进项税额。

（二）"未交增值税"明细科目

"未交增值税"明细科目核算一般纳税人月度终了从"应交增值税"或"预交增值税"明细科目转入当月应交未交、多交或预缴的增值税额，以及当月缴纳以前期间未交的增值税额。

（三）"预交增值税"明细科目

"预交增值税"明细科目核算一般纳税人转让不动产、提供不动产经营租赁服务、提供建筑服务、采用预收款方式销售自行开发的房地产项目等，以及其他按现行增值税制度规定应预缴的增值税额。

（四）"待抵扣进项税额"明细科目

"待抵扣进项税额"明细科目核算一般纳税人已取得增值税扣税凭证并经税务机关认证，按照现行增值税制度规定准予以后期间从销项税额中抵扣的进项税额。它包括一般纳税人自2016年5月1日后取得并按固定资产核算的不动产或者2016年5月1日后取得的不动产在建工程，按现行增值税制度规定准予以后期间从销项税额中抵扣的进项税额；实行纳税辅导期管理的一般纳税人取得的尚未交叉稽核比对的增值税扣税凭证上注明或计算的进项税额。

（五）"待认证进项税额"明细科目

"待认证进项税额"明细科目核算一般纳税人因未经税务机关认证而不得从当期销项税额中抵扣的进项税额。它包括一般纳税人已取得增值税扣税凭证、按照现行增值税制度规定准予从销项税额中抵扣，但尚未经税务机关认证的进项税额；一般纳税人已申请稽核但尚未取得稽核相符结果的海关缴款书进项税额。

（六）"待转销项税额"明细科目

"待转销项税额"明细科目核算一般纳税人销售货物、加工修理修配劳务、服务、无形资产或不动产，已确认相关收入（或利得）但尚未发生增值税纳税义务而需于以后期间确认为销项税额的增值税额。

（七）"增值税留抵税额"明细科目

"增值税留抵税额"明细科目核算兼有销售服务、无形资产或者不动产的原增值税一般纳税人，截至纳入营业税改征增值税试点之日前的增值税期末留抵税额按照现行增值税制度规定不得从销售服务、无形资产或不动产的销项税额中抵扣的增值税留抵税额。

（八）"简易计税"明细科目

"简易计税"明细科目核算一般纳税人采用简易计税方法发生的增值税计提、扣减、预缴、缴纳等业务。

（九）"转让金融商品应交增值税"明细科目

"转让金融商品应交增值税"明细科目核算增值税纳税人转让金融商品发生的增值税额。

（十）"代扣代交增值税"明细科目

"代扣代交增值税"明细科目核算纳税人购进在境内未设经营机构的境外单位或个人在境内的应税行为代扣代缴的增值税。

小规模纳税人只需在"应交税费"科目下设置"应交增值税"明细科目，不需要设置上述专栏及除"转让金融商品应交增值税""代扣代交增值税"外的明细科目。

二、增值税账务处理

（一）取得资产或接受劳务等业务的账务处理

（1）采购等业务进项税额允许抵扣的账务处理。一般纳税人购进货物、加工修理修配劳务、服务、无形资产或不动产，按应计入相关成本费用或资产的金额，借记"在途物资"或"原材料""库存商品""生产成本""无形资产""固定资产""管理费用"等科目,按当月已认证的可抵扣增值税额,借记"应交税费——应交增值税(进项税额)"科目,按当月未认证的可抵扣增值税额,借记"应交税费——待认证进项税额"科目,按应付或实际支付的金额,贷记"应付账款""应付票据""银行存款"等科目。发生退货的,如原增值税专用发票已做认证,应根据税务机关开具的红字增值税专用发票做相反的会计分录;如原增值税专用发票未做认证,应将发票退回并做相反的会计分录。

(2)采购等业务进项税额不得抵扣的账务处理。一般纳税人购进货物、加工修理修配劳务、服务、无形资产或不动产,用于简易计税方法计税项目、免征增值税项目、集体福利或个人消费等,其进项税额按照现行增值税制度规定不得从销项税额中抵扣的,取得增值税专用发票时,应借记相关成本费用或资产科目,借记"应交税费——待认证进项税额"科目,贷记"银行存款""应付账款"等科目,经税务机关认证,应借记相关成本费用或资产科目,贷记"应交税费——应交增值税(进项税额转出)"科目。

(3)购进不动产或不动产在建工程按规定进项税可一次性抵扣。一般纳税人自2019年4月1日起,纳税人取得不动产或者不动产在建工程的进项税额不再分2年抵扣。此前按照国家税务总局公告2016年第15号规定尚未抵扣完毕的待抵扣进项税额,可自2019年4月税款所属期起从销项税额中抵扣。按照现行增值税制度规定应当按取得成本,借记"固定资产""在建工程"等科目,按可抵扣的增值税额,借记"应交税费——应交增值税(进项税额)"科目,按应付或实际支付的金额,贷记"应付账款""应付票据""银行存款"等科目。

（4）货物等已验收入库但尚未取得增值税扣税凭证的账务处理。一般纳税人购进的货物等已到达并验收入库，但尚未收到增值税扣税凭证并未付款的，应在月末按货物清单或相关合同协议上的价格暂估入账，不需要将增值税的进项税额暂估入账。下月初，用红字冲销原暂估入账金额，待取得相关增值税扣税凭证并经认证后，按应计入相关成本费用或资产的金额，借记"原材料""库存商品""固定资产""无形资产"等科目，按可抵扣的增值税额，借记"应交税费——应交增值税（进项税额）"科目，按应付金额，贷记"应付账款"等科目。

（5）小规模纳税人采购等业务的账务处理。小规模纳税人购买物资、服务、无形资产或不动产，取得增值税专用发票上注明的增值税应计入相关成本费用或资产，不通过"应交税费——应交增值税"科目核算。

（6）购买方作为扣缴义务人的账务处理。按照现行增值税制度规定，境外单位或个人在境内发生应税行为，在境内未设有经营机构的，以购买方为增值税扣缴义务人。境内一般纳税人购进服务、无形资产或不动产，按应计入相关成本费用或资产的金额，借记"生产成本""无形资产""固定资产""管理费用"等科目，按可抵扣的增值税额，借记"应交税费——进项税额"科目（小规模纳税人应借记相关成本费用或资产科目），按应付或实际支付的金额，贷记"应付账款"等科目，按应代扣代缴的增值税额，贷记"应交税费——代扣代交增值税"科目。实际缴纳代扣代缴增值税时，按代扣代缴的增值税额，借记"应交税费——代扣代交增值税"科目，贷记"银行存款"科目。

（二）销售等业务的账务处理

（1）销售业务的账务处理。企业销售货物、加工修理修配劳务、服务、无形资产或不动产，应当按应收或已收的金额，借记"应收账款""应收票据""银行存款"等科目，按取得的收入金额，贷记"主营业务收入""其他业务收入""固定资产清理""工程结算"等科目，按现行增值税制度规定计算的销项税额（或采用简易计税方法计算的应纳增值税额），贷记"应交税费——应交增值税（销项税额）"或"应交税费——简易计税"科目（小规模纳税人应贷记"应交税费——应交增值税"科目）。发生销售退回的，应根据按规定开具的红字增值税专用发票做相反的会计分录。

按照国家统一的会计制度确认收入或利得的时点早于按照增值税制度确认增值税纳税义务发生时点的，应将相关销项税额计入"应交税费——待转销项税额"科目，待实际发生纳税义务时再转入"应交税费——应交增值税（销项税额）"或"应交税费——简易计税"科目。

按照增值税制度确认增值税纳税义务发生时点早于按照国家统一的会计制度确认收入或利得的时点的，应将应纳增值税额，借记"应收账款"科目，贷记"应交税费——应交增值税（销项税额）"或"应交税费——简易计税"科目，按照国家统一的会计制度确认收入或利得时，应按扣除增值税销项税额后的金额确认收入。

（2）视同销售的账务处理。企业发生税法上视同销售的行为，应当按照企业会计准则制度相关规定进行相应的会计处理，并按照现行增值税制度规定计算的销项税额（或采用简易计税方法计算的应纳增值税额），借记"应付职工薪酬""利润分配"等科目，贷记"应交税费——

应交增值税（销项税额）"或"应交税费——简易计税"科目（小规模纳税人应计入"应交税费——应交增值税"科目）。

（3）全面试行营业税改征增值税前已确认收入，此后产生增值税纳税义务的账务处理。企业营业税改征增值税前已确认收入，但因未产生营业税纳税义务而未计提营业税的，在达到增值税纳税义务时点时，企业应在确认应交增值税销项税额的同时冲减当期收入；已经计提营业税且未缴纳的，在增值税纳税义务发生时间，应借记"应交税费——应交营业税""应交税费——应交城市维护建设税""应交税费——应交教育费附加"等科目，贷记"主营业务收入"科目，并根据调整后的收入计算确定计入"应交税费——待转销项税额"科目的金额，同时冲减收入。

全面试行营业税改征增值税后，"营业税金及附加"科目名称调整为"税金及附加"科目。该科目核算企业经营活动发生的消费税、城市维护建设税、资源税、教育费附加及房产税、土地使用税、车船使用税、印花税等相关税费；利润表中的"营业税金及附加"项目调整为"税金及附加"项目。

（三）差额征税的账务处理

（1）企业发生相关成本费用允许扣减销售额的账务处理。按现行增值税制度规定企业发生相关成本费用允许扣减销售额的，发生成本费用时，按应付或实际支付的金额，借记"主营业务成本""存货""工程施工"等科目，贷记"应付账款""应付票据""银行存款"等科目。待取得合规增值税扣税凭证且纳税义务发生时，按照允许抵扣的税额，借记"应交税费——应交增值税（销项税额抵减）"或"应交税费——

简易计税"科目（小规模纳税人应借记"应交税费——应交增值税"科目），贷记"主营业务成本""存货""工程施工"等科目。

（2）金融商品转让按规定以盈亏相抵后的余额作为销售额的账务处理。金融商品实际转让月末，如产生转让收益，则按应纳税额借记"投资收益"等科目，贷记"应交税费——转让金融商品应交增值税"科目；如产生转让损失，则按可结转下月抵扣税额，借记"应交税费——转让金融商品应交增值税"科目，贷记"投资收益"等科目。缴纳增值税时，应借记"应交税费——转让金融商品应交增值税"科目，贷记"银行存款"科目。年末，本科目如有借方余额，则借记"投资收益"等科目，贷记"应交税费——转让金融商品应交增值税"科目。

（四）出口退税的账务处理

为核算纳税人出口货物应收取的出口退税款，设置"应收出口退税款"科目。该科目借方反映销售出口货物按规定向税务机关申报应退回的增值税、消费税等，贷方反映实际收到的出口货物应退回的增值税、消费税等。期末借方余额，反映尚未收到的应退税额。

（1）未实行"免、抵、退"办法的一般纳税人出口货物按规定退税的，按规定计算的应收出口退税额，借记"应收出口退税款"科目，贷记"应交税费——应交增值税（出口退税）"科目，收到出口退税时，借记"银行存款"科目，贷记"应收出口退税款"科目；退税额低于购进时取得的增值税专用发票上的增值税额的差额，借记"主营业务成本"科目，贷记"应交税费——应交增值税（进项税额转出）"科目。

（2）实行"免、抵、退"办法的一般纳税人出口货物，在货物出口销售后结转产品销售成本时，按规定计算的退税额低于购进时取得的增值税专用发票上的增值税额的差额，借记"主营业务成本"科目，贷记"应交税费——应交增值税（进项税额转出）"科目；按规定计算的当期出口货物的进项税抵减内销产品的应纳税额，借记"应交税费——应交增值税（出口抵减内销产品应纳税额）"科目，贷记"应交税费——应交增值税（出口退税）"科目。在规定期限内，内销产品的应纳税额不足以抵减出口货物的进项税额，不足部分按有关税法规定给予退税的，应在实际收到退税款时，借记"银行存款"科目，贷记"应交税费——应交增值税（出口退税）"科目。

（五）进项税额抵扣情况发生改变的账务处理

因发生非正常损失或改变用途等，原已计入进项税额、待抵扣进项税额或待认证进项税额，但按现行增值税制度规定不得从销项税额中抵扣的，借记"待处理财产损溢""应付职工薪酬""固定资产""无形资产"等科目，贷记"应交税费——应交增值税（进项税额转出）""应交税费——待抵扣进项税额"或"应交税费——待认证进项税额"科目；原不得抵扣且未抵扣进项税额的固定资产、无形资产等，因改变用途等用于允许抵扣进项税额的应税项目的，应按允许抵扣的进项税额，借记"应交税费——应交增值税（进项税额）"科目，贷记"固定资产""无形资产"等科目。固定资产、无形资产等经上述调整，应按调整后的账面价值在剩余尚可使用寿命内计提折旧或摊销。

一般纳税人购进时已全额计提进项税额的货物或服务等转用于不动产在建工程的，对于结转以后期间的进项税额，应借记"应交税费——待抵扣进项税额"科目，贷记"应交税费——应交增值税（进项税额转出）"科目。

（六）月末转出多交增值税和未交增值税的账务处理

月度终了，企业应当将当月应交未交或多交的增值税自"应交增值税"明细科目转入"未交增值税"明细科目。对于当月应交未交的增值税，借记"应交税费——应交增值税（转出未交增值税）"科目，贷记"应交税费——未交增值税"科目；对于当月多交的增值税，借记"应交税费——未交增值税"科目，贷记"应交税费——应交增值税（转出多交增值税）"科目。

（七）缴纳增值税的账务处理

（1）缴纳当月应交增值税的账务处理。企业交纳当月应交的增值税，借记"应交税费——应交增值税（已交税金）"科目（小规模纳税人应借记"应交税费——应交增值税"科目），贷记"银行存款"科目。

（2）缴纳以前期间未交增值税的账务处理。企业缴纳以前期间未缴的增值税，借记"应交税费——未交增值税"科目，贷记"银行存款"科目。

（3）预缴增值税的账务处理。企业预缴增值税时，借记"应交税费——预交增值税"科目，贷记"银行存款"科目。月末，企业应将"预交增值税"明细科目余额转入"未交增值税"明细科目，借记"应交税费——未交增值税"科目，贷记"应交税费——预交增值税"科目。房地产开发企业等在预缴增值税后，应直至纳税义务发生时方可从"应交税费——预交增值税"科目结转至"应交税费——未交增值税"科目。

（4）减免增值税的账务处理。对于当期直接减免的增值税，借记"应交税费——应交增值税（减免税款）"科目，贷记损益类相关科目。

（八）增值税期末留抵税额的账务处理

纳入营业税改征增值税试点当月月初，原增值税一般纳税人应按不得从销售服务、无形资产或不动产的销项税额中抵扣的增值税留抵税额，借记"应交税费——增值税留抵税额"科目，贷记"应交税费——应交增值税（进项税额转出）"科目。待以后期间允许抵扣时，按允许抵扣的金额，借记"应交税费——应交增值税（进项税额）"科目，贷记"应交税费——增值税留抵税额"科目。

（九）增值税税控系统专用设备和技术维护费用抵减增值税额的账务处理

按现行增值税制度规定，企业初次购买增值税税控系统专用设备支付的费用以及缴纳的技术维护费允许在增值税应纳税额中全额抵减的，按规定抵减的增值税应纳税额，借记"应交税费——应交增值税（减免税款）"科目（小规模纳税人应借记"应交税费——应交增值税"科目），贷记"管理费用"等科目。

（十）关于小微企业免征增值税的会计处理规定

小微企业在取得销售收入时，应当按照税法的规定计算应交增值税，并确认为应交税费，在达到增值税制度规定的免征增值税条件时，将有关应交增值税转入当期损益。

三、增值税财务报表相关项目列示

"应交税费"科目下的"应交增值税""未交增值税""待抵扣进项税额""待认证进项税额""增值税留抵税额"等明细科目期末借方余额应根据情况，在资产负债表中的"其他流动资产" 或"其他非流动资产"项目列示;"应交税费——待转销项税额"等科目期末贷方余额应根据情况,在资产负债表中的"其他流动负债"或"其他非流动负债"项目列示;"应交税费"科目下的"未交增值税""简易计税""转让金融商品应交增值税""代扣代交增值税"等科目期末贷方余额应在资产负债表中的"应交税费"项目列示。

四、增值税期末留抵退税政策的增值税会计处理

增值税一般纳税人应当根据《增值税会计处理规定》的相关规定对上述增值税期末留抵退税业务进行会计处理,经税务机关核准的允许退还的增值税期末留抵税额以及缴回的已退还的留抵退税款项,应当通过"应交税费——增值税留抵税额"明细科目进行核算。

纳税人在税务机关准予留抵退税时,按税务机关核准允许退还的留抵税额,借记"应交税费——增值税留抵税额"科目,贷记"应交税费——应交增值税(进项税额转出)"科目;在实际收到留抵退税款项时,按收到留抵退税款项的金额,借记"银行存款"科目,贷记"应交税费——增值税留抵税额"科目。

纳税人将已退还的留抵退税款项缴回并继续按规定抵扣进项税额时,按缴回留抵退税款项的金额,借记"应交税费——应交增值税(进项税额)"科目,贷记"应交税费——增值税留抵税额"科目,同时借记"应交税费——增值税留抵税额"科目,贷记"银行存款"科目。

五、留抵退税会计处理疑难问题解答

(1)执行企业会计准则的企业应当如何对增值税期末留抵退税业务相关现金流量进行列示?

答:执行企业会计准则的企业按照《关于进一步加大增值税期末留抵

退税政策实施力度的公告》（财政部　税务总局公告 2022 年第 14 号）等规定收到或缴回的增值税期末留抵退税相关现金流量，应当根据《企业会计准则第 31 号——现金流量表》（财会〔2006〕3 号）有关规定进行列示。企业收到或缴回留抵退税款项产生的现金流量，属于经营活动产生的现金流量，应将收到的留抵退税款项有关现金流量在"收到的税费返还"项目列示，将缴回并继续按规定抵扣进项税额的留抵退税款项有关现金流量在"支付的各项税费"项目列示。

（2）留抵退税是否缴纳企业所得税？

答：不缴。企业取得的增值税期末留抵退税额退还将导致未来可抵扣的增值税减少（留抵税额，虽然是负债类科目应交税费，但是为负数，相当于资产，企业可用来抵未来的税款，具有资产性质），实质上未给企业带来经济利益收入，不涉及企业收入的确认。因此，不需要缴纳企业所得税。

从会计分录的处理角度，也可以看出留抵退税并未影响企业损益。

（3）留抵退税是否影响城建税、教育费附加和地方教育费附加？

答：不影响。《中华人民共和国城市维护建设税法》规定：城市维护建设税以纳税人依法实际缴纳的增值税、消费税税额为计税依据。城市维护建设税的计税依据应当按照规定扣除期末留抵退税退还的增值税税额。

《财政部　税务总局关于增值税期末留抵退税有关城市维护建设税　教育费附加和地方教育费附加政策的通知》（财税〔2018〕80 号）规定：对实行增值税期末留抵退税的纳税人，允许其从城市维护建设税、教育费附加和地方教育附加的计税（征）依据中扣除退还的增值税税额。

《财政部　税务总局关于城市维护建设税计税依据确定办法等事项

的公告》（财政部 税务总局公告2021年第28号）规定：城市维护建设税以纳税人依法实际缴纳的增值税、消费税税额（以下简称"两税税额"）为计税依据。依法实际缴纳的两税税额，是指纳税人依照增值税、消费税相关法律法规和税收政策规定计算的应当缴纳的两税税额（不含因进口货物或境外单位和个人向境内销售劳务、服务、无形资产缴纳的两税税额），加上增值税免抵税额，扣除直接减免的两税税额和期末留抵退税退还的增值税税额后的金额。教育费附加、地方教育附加计征依据与城市维护建设税计税依据一致。

《国家税务总局关于城市维护建设税征收管理有关事项的公告》（国家税务总局公告2021年第26号）中对期末留抵退税退还的增值税的口径、应扣除期限、允许扣除的情形和特殊情况下未扣除完的余额如何处理等问题进行了明确，具体如下：

①纳税人自收到留抵退税额之日起，应当在下一个纳税申报期从城建税计税依据中扣除。

②留抵退税额仅允许在按照增值税一般计税方法确定的城建税计税依据中扣除。当期未扣除完的余额，在以后纳税申报期按规定继续扣除。

③对于增值税小规模纳税人更正、查补此前按照一般计税方法确定的城建税计税依据，允许扣除尚未扣除完的留抵退税额。

（4）缴回已退还的全部留抵退税款是否能继续抵扣？

答：可以。纳税人按规定向主管税务机关申请缴回已退还的全部留抵退税款时，可通过电子税务局或办税服务厅提交《缴回留抵退税申请表》。纳税人在一次性缴回全部留抵退税款后，可在办理增值税纳税申报时，相应调增期末留抵税额，并可继续用于进项税额抵扣。

(5)留抵退税与加计抵减是否互相影响?

答:互不影响。

①鉴于进项税额与加计抵减额的上述不同性质,企业在办理留抵退税后,已退留抵税额期间的进项税额,其对应已计提的加计抵减额无需做进项税额转出;尚未计提加计抵减额的,仍可按规定计提、在后期增值税"应纳税额"中抵减。也就是说,按规定已计提或尚未计提的加计抵减额,与是否办理留抵退税无关。

②加计抵减政策属于税收优惠,按照纳税人可抵扣的进项税额的10%或15%计算,用于抵减纳税人的应纳税额,但加计抵减额并不是纳税人的进项税额。从加计抵减额的形成机制来看,加计抵减不会形成留抵税额,因而也不能申请留抵退税。

六、增值税其他会计处理疑难问题解答

(1)小微企业达到增值税制度规定的免征增值税条件时,应当如何进行会计处理?

答:对于小微企业达到增值税制度规定的免征增值税条件时,应当按照《增值税会计处理规定》(财会〔2016〕22号)的相关规定进行会计处理,将有关应交增值税转入"其他收益"科目。

(2)企业对于当期直接减免的增值税,应当如何进行会计处理?

答:对于当期直接减免的增值税,企业应当根据《增值税会计处理规定》(财会〔2016〕22号)的相关规定进行会计处理,借记"应交税费——应交增值税(减免税款)"科目,贷记"其他收益"科目。

(3)我司是农业企业,增值税免税,免征增值税部分是否需要计入"其他收益"?

答:对于当期直接免征的增值税,企业无需进行账务处理。对于当

期直接减免的增值税,企业应当根据《增值税会计处理规定》(财会〔2016〕22号)的相关规定进行会计处理,借记"应交税费——应交增值税(减免税款)"科目,贷记"其他收益"科目。

(4)执行《小企业会计准则》的企业作为个人所得税的扣缴义务人,根据《个人所得税法》收到的扣缴税款手续费,应当如何进行会计处理?

答:执行《小企业会计准则》的企业作为个人所得税的扣缴义务人,根据《中华人民共和国个人所得税法》收到的扣缴税款手续费,应当计入"其他收益"科目,在利润表"营业收入"项目中反映。

(5)执行《小企业会计准则》的企业应当如何对增值税期末留抵退税业务相关现金流量进行列示?

答:执行《小企业会计准则》的企业按照《关于进一步加大增值税期末留抵退税政策实施力度的公告》(财政部 税务总局公告2022年第14号)等规定收到或缴回的增值税期末留抵退税相关现金流量,应当根据《小企业会计准则》有关规定进行列示。企业收到或缴回留抵退税款项产生的现金流量,属于经营活动产生的现金流量,应将收到的留抵退税款项有关现金流量在"收到其他与经营活动有关的现金"项目列示,将缴回并继续按规定抵扣进项税额的留抵退税款项有关现金流量在"支付的税费"项目列示。

(6)生产、生活性服务业纳税人按照当期可抵扣进项税额加计10%或者15%抵减应纳税额,如何进行会计处理?

答:生产、生活性服务业纳税人取得资产或接受劳务时,应当按照《增值税会计处理规定》的相关规定对增值税相关业务进行会计处理;实际缴纳增值税时,按应纳税额借记"应交税费——未交增值税"等科目,按实际纳税金额贷记"银行存款"科目,按加计抵减的金额贷记"其他收益"科目。

（7）资产管理产品缴纳增值税如何进行会计处理？

答：资产管理产品因取得应税利息收入、金融资产转让利得等承担增值税纳税义务的，按应缴纳的增值税额，借记"利息收入""投资收益"等科目，贷记"应交税费——应交增值税""应交税费——转让金融商品应交增值税"等科目。

资产管理产品确认应税利息收入等的时点早于按照增值税制度确认增值税纳税义务发生时点的，应当在确认相关收入时，按应缴纳的增值税额，借记"利息收入"等科目，贷记"应交税费——待转销项税额"科目。实际发生纳税义务时，借记"应交税费——待转销项税额"科目，贷记"应交税费——应交增值税"科目。

第三章

增值税留抵退税政策为企业纾困案例与实效

第一节
增值税留抵退税政策为各地企业纾困案例

一、北京增值税留抵退税政策为企业纾困案例

2022年以来,党中央、国务院作出实施大规模留抵退税重大决策部署,国家税务总局北京市税务局坚持首善标准,持续释放留抵退税政策红利,随着一系列举措的落实落细,政策成效在稳定市场主体预期、稳住北京宏观经济大盘中积极显现。

截至6月25日,全市增值税留抵退税已有684亿元退到纳税人账户,是上年全年退税规模的2倍。在已退税的纳税人中,小微企业是受益主体,户数占比达到94.2%,制造业等六个行业受益明显。

(一)"真金白银"为小微企业育新机

"近年来,受到疫情影响,企业人员招聘难、产品销售难,一直处在亏损状态。作为小微企业,我们的风险抵御能力较低,留抵退税为我

们带来了希望。"爱瑞宝（北京）生物科技有限公司的财务主管王小艳说。据了解，该企业是一家以提高食品安全为核心发展理念的生物科技公司。近年来，企业投入大量资金用于工厂建设，导致运营资金紧张。王小艳欣喜地表示："这102万元的退税款给我们企业带来实实在在的真金白银，我们会将40%继续投入研发，其余资金用于原材料采购与人才引进。"

受疫情等因素影响，很多小微企业和个体工商户面临资金困难等生存困境，挑战尤为严峻。2022年4月开始实施的大规模留抵退税，首先明确优先支持面广量大的中小微企业渡难关、增后劲。为了确保实现"退快、退准、退稳、退好"的工作目标，北京市税务局从凝聚退税合力、优化退税体验、提升退税质效三方面入手，建立健全工作机制，探索分级分类管理，进一步加快办理流程、缩短办理时限，助力优惠政策直达快享。

北京经济技术开发区税务局充分发挥"亦税"宣传矩阵作用，加大宣传辅导力度，一对一解决实际问题，确保政策应知尽知、应享尽享。"新政策一出台，就在电子税务局看到了推送，税务部门工作人员也及时为我们讲解政策，全程跟踪退付进度，及时提供暖心辅导。"王小艳说。

（二）"雪中送炭"为困难行业添活力

近期，随着增量和存量两笔留抵退税款陆续到账，中国联合航空有限公司的现金流压力得到了缓解。"自疫情以来，民航产业受到持续影响，公司流动资金不足，压力很大，2022年上半年合计近3亿元的留抵退税款及时到账，让公司放松了紧绷的'资金弦'。"中联航公共财务中心副总经理郭丽霞说。

中国联合航空有限公司是中国东方航空股份有限公司旗下的全资

子公司，以"安全、正点、便捷、经济"为品牌定位，多次圆满完成国家重大运输保障任务。目前该公司正在向创新经济航空企业转型。然而突如其来的疫情打破了公司平稳发展的局面，面对现金流短缺的困境，2022年增值税留抵退税新政的实施，为企业带来了发展信心。

为确保中联航留抵退税工作"退得准""退得快"，依托税收大数据平台，北京市大兴区税务局及时做好分析前置，货劳科与基层税务所协调统筹，综合研判相关退税政策、金额及风险。2022年4月，中联航享受增值税增量留抵退税1.77亿元，6月享受增值税存量留抵退税1.28亿元。

"真没想到此次退税工作如此高效，让我们企业真真切切地享受到了真金白银的政策优惠，为公司降低资金占用成本、稳定持续经营带来巨大利好。"郭丽霞向税务部门表达了感谢。她还表示，中联航会将此次退税资金用于航空安全投入，加快公司向创新经济型航空公司转型。

为保证市场主体在退税过程中享受更好的办税体验，北京市税务局充分运用智慧北京税务建设成果，通过"定制e服务"为全市156万户纳税人精准推送留抵退税政策，通过"智能算税"助力政策应享、易享。2022年3月以来，先后完成了核心征管系统、电子税务局功能的迭代升级，实现了申报表的"一页预填"、减税数据的"自动计算"，大大增强了纳税人端数据填报的精准度，有效提高了税务端退税审核的效率。

（三）"真情实招"为民生产业增信心

"留抵退税是企业的一场及时雨，解决了我们的大难题。"北京仁和热力中心负责人、顺义区人大代表杨铂在谈及企业压力时坦言，北京仁和热力中心承担顺义区多个社区的供热保障工作。受疫情和国际局势动荡的双重影响，国际能源价格不断上涨，导致企业资金一直处于较为紧张的状态。"我们在最艰难的时刻，接到了北京市顺义区税务局的政策辅导电话，其帮助我们申请了增值税留抵退税。两笔共计1 257余万元的退税款2个工作日就退到了企业账户上，为我们带来了充裕的现金流，企业发展更有信心了。"

2022年大规模增值税留抵退税政策施行后，北京市顺义区税务局借助大数据的深度挖掘和分析，第一时间筛选出符合条件的企业名单。同时，组织服务团队提供专属化、定制化服务，向企业详细讲解政策要点，尤其是对存量留抵和增量留抵的区别进行举例讲解，辅导企业怎样退、退多少，给企业清清楚楚算一笔"明白账"。

"实施留抵退税为企业特别是中小微企业提供了重要的现金流支持，有效激发市场活力、稳定产业链供应链，进而推动稳定宏观经济大盘。北京市税务局将继续聚焦首善，确保税费支持政策落地见效，为新时代首都经济社会更好发展作出更大贡献。"北京市税务局相关负责人表示。

二、重庆增值税留抵退税政策为企业纾困案例

"1 500万元的留抵退税款到账，解了我们的燃眉之急。"重庆市凯米尔动力机械有限公司总经理唐良鑫说。在用退税款如期还清银行贷款后，唐良鑫心里的石头终于落下。

2022年6月以来，大规模增值税留抵退税政策成效加速显现，企业在税费减免支持下稳住发展基础，得以"轻装上阵"。在重庆市凯米尔动力机械有限公司的厂房里，几名工人正在检测生产加工完成的柴油发

动机。"剩余的税款被用于新产品研发，目前进展顺利。"唐良鑫说。

在几个月前，凯米尔公司一度面临资金链断裂风险，公司财务负责人曹华君介绍，当时，公司下游企业货款难以收回，出口海运费用不断上涨，银行贷款又临近还款时间，资金十分紧张。

"得知留抵退税政策的新变化，公司第一时间办理了退税申请，税款很快到账，及时缓解了资金周转压力。"曹华君说。

截至 2022 年 6 月 25 日，重庆市新的组合式税费支持政策累计新增退税减税降费及缓税缓费约 441.6 亿元。其中，增值税留抵退税 322.2 亿元，是上年全年退税规模的 1.8 倍。

"今年留抵退税新政策的力度确实大，增量留抵税额退税比例从以前的 60% 提高到 100%，我们公司享受了退税 732 万元，比按老政策多退了近 300 万元。"重庆长安跨越商用车有限公司财务负责人魏镜平说。

位于重庆高新区的重庆长安跨越商用车有限公司是一家以设计开发、制造、销售汽车底盘为主业的公司，目前正加速推进新能源汽车项目。公司新能源汽车项目负责人傅健介绍，该项目投资额达 8 900 万元，项目从投资筹建到正式投产运营的这段时间内，预计还会产生 800 多万元的留抵税额，这笔退税款将用于企业进一步转型升级。

还清贷款、扩大规模、加快研发……留抵退税政策让企业发展有了"真金白银"，企业转型升级更有信心。

走进重庆宝彤针织品有限公司仓库，各类毛线、毛纱等原材料堆放整齐，一辆辆满载毛衣、针织衫等针织品的货车即将启程。

"今年 4 月初，当地税务工作人员为我们'一对一'讲解新出台的退税减税政策，我们企业可以一次性享受退税 59 万元，公司的原材料购进款有了着落。"重庆宝彤针织品有限公司法人代表谢波说。下一步，公司计划再招聘8名工人,把日产量提高到1万件,努力接更多订单。

重庆市税务局相关负责人介绍,在4月以来全市已获得留抵退税的纳税人中,小微企业是受益主体,占比94%,制造业等6个行业受益资金量较大,共获得退税183亿元。

三、广西税留抵退税政策为企业纾困案例

"税务部门税惠支持力度这么大,我们项目建设也要加紧跟上!"近日,广西南宁机场综合交通枢纽建设有限公司相关负责人说。

该公司承接的南宁国际空港综合交通枢纽项目是要打造集民航、城际铁路、公路、城市轨道交通于一体的综合交通枢纽,目前已进入室外总平工程的建设阶段,各项建设投入让该公司面临较大资金压力。为支持项目建设,南宁经济技术开发区税务局通过重点项目标签台账,将该公司纳入重点服务对象,以"政策找人"的方式,主动联系并指引企业按照"退税实操手册"进行退税申请,确保企业以最快速度享受退税"红包"。

在广西钦州市,中铁联合国际集装箱广西有限公司也收到了留抵退税款,150多万元的增值税留抵退税款快速到账,有效盘活了企业账面资金。

2022年以来,广西税务部门聚焦西部陆海新通道建设,围绕认真落实大规模增值税留抵退税政策,推出一系列税费服务举措,推动红利直达市场主体,助力西部陆海新通道建设跑出"加速度"。数据显示,2022年前6个月,西部陆海新通道海铁联运班列图定线路由9条增至

12条，累计发送货物37.9万标准箱，同比增长33.4%。

"公司重大项目北海国际康乐旅游港建成运营，离不开税务部门的高效支持，专项工作组全程跟踪项目建设，让我们顺利享受到140多万元的增值税增量留抵退税、70多万元的增值税优惠减免，以及427多万元社保费缓缴。"北海新绎游船公司总经理王景启说道。

为支持新绎游船北海国际康乐旅游港重大文旅基础设施建设项目，北海市银海区税务局成立"税收服务专项工作组"，通过全程跟踪项目建设，以"一对一"涉税事项服务、税惠政策定向推送精准滴灌，力促税惠红利"精准落袋"。

为全力落实组合式税费支持政策，中国（广西）自由贸易试验区钦州港片区税务局组建"青"税项目服务团队，提供"一项目一团队"的定制化税收全周期服务，结合实际"点对点"讲解留抵退税政策及办理流程，为推动西部陆海新通道高质量建设增添税收动能。

2021年开始，受海运费和原材料价格不同程度上涨影响，广西钦州力顺机械有限公司经营压力骤增。2022年新的组合式税费支持政策实施后，钦州市钦南区税务局积极落实留抵退税政策，通过税收大数据提供远程在线辅导，帮助该企业获得了3 000多万元留抵税款，有效化解了企业的燃眉之急。

国家税务总局广西壮族自治区税务局有关负责人介绍，税务部门充分利用税收大数据优势，及时筛选出符合享受条件的企业，并通过钉钉平台、手机短信、上门辅导等多种方式，帮助企业用好用足政策，推动西部陆海新通道成为我国中西部地区货物出海出边的主要通道和RCEP框架下连接中国与东盟地区最快速、最便捷的运输通道。

四、四川增值税留抵退税政策为企业纾困案例

国家税务总局四川省税务局数据显示，2022年4月1日至6月25日，四川已有超790亿元留抵退税款退到7.4万余户纳税人账上，其中小微企业户数占比约95%。抽样调查显示，多数企业将退税资金用于扩大生产、技术研发、购买原材料、支付工资等方面。

受新冠肺炎疫情影响，许多企业正经历爬坡过坎的艰难期。为帮助企业渡难关、稳经营，四川省税务局全力落实国家税务总局"快退税款、狠打骗税、严查内错、欢迎外督、持续宣传"五措并举打法，确保政策红利第一时间直达市场主体。

"相比传统行业，大数据行业技术门槛、部署成本较高，基础设施建设、设备购置和安装、引进人才都需要大量初始资金。"川西数据产业有限公司法人王帅称，企业2020年年初建成投产，吸引了不少优质客户入驻，但因投入运营时间不长，仍在建设尾期，加之客户费用按季度结算，流动资金不足是困扰川西数据的一大难题。

让王帅没想到，正在"青黄不接"之时，一大股资金"活水"来解难。"2021年7月享受留抵退税1 593万元，这几个月加起来又拿到近4 450万元，这些钱来得很及时。"王帅透露，到账的退税款已用于缴纳工程款、人才引进和产品研发，企业卸下包袱轻装前行。

信心的提振与恢复，既是企业的直观感受，也印证在经济数据中。"从税电指数看，4月实施大规模留抵退税以来，预期指数连续高位运行，4月为108.50，5月为108.31。"四川省税电指数办公室相关负责人称。

自2022年7月起，惠及行业范围将进一步扩大至7个行业，消息让

受疫情冲击剧烈的住宿餐饮企业感到振奋。"7月预计退税114万元,希望优惠政策尽快落地,帮助我们缓解经营压力,早日走出低谷。"成都市锦江区明宇豪雅饭店有限公司负责人表示。

对合法企业来讲,留抵退税是纾困的"及时雨",对不法分子来讲则是觊觎的"唐僧肉"。"骗取留抵退税链条短,打击关键在快。我们把快的工作思路细化为快部署、快选案、快查处、快指导、快移交、快防控等工作方法。"四川省税务局稽查局局长王予称,税务部门与公安、海关、人民银行、检察、外汇管理六部门在案件查办、调查取证、司法起诉、数据共享、资金查询等方面通力合作,共同筑牢打击骗退的坚固防线。

大规模留抵退税政策以来,四川已立案检查194户企业,查实170户存在骗取或违规取得留抵退税问题,追回留抵退税款、挽回各类税款损失合计超过3.6亿元,并公开曝光案件25起,向社会释放出"骗税必严打""违法必严惩"的强烈信号。

在狠打骗退的同时,四川税务严查内错,刀刃向内开展对政策执行的全方位督察,近期对外公布的就有乐山市1名涉嫌违纪造成企业违规获取留抵退税的税务干部被立案审查,以及凉山喜德县1起税务人员因审核失职失责被追责。

四川省税务局党委书记、局长李杰表示,下一步四川税务部门将继续按照党中央、国务院部署要求,持续加力,以严的标准、实的举措开展留抵退税政策落实"回头看",持续深入落实各项组合式税费支持政策,以扎实工作成效服务"两稳一保"大局。

五、宁夏增值税留抵退税政策为企业纾困案例

自大规模增值税留抵退税政策实施以来，国家税务总局宁夏回族自治区税务局坚决扛起抓牢贯彻落实的政治责任，认真落实税务总局"快退税款、狠打骗税、严查内错、欢迎外督、持续宣传"的举措，上下联动建机制，主动担当作为，强化内部力量聚合，建立留抵退税精准"滴灌"机制，在政策宣传、申报辅导、流转质效上下功夫，让留抵退税政策大礼包更快、更好、更优送达纳税人手中，帮助受益主体树立发展信心。

（一）精准服务，快"发力"为企业"输血造氧"

"税务部门政策落实快，企业需求把握准，及时缓解了公司资金压力，盘活了企业流动资金，避免企业产生新的贷款，帮助企业渡过难关。"石嘴山市安道公共交通有限公司财务负责人王琴坦言。

石嘴山市安道公共交通有限公司是一家城市公共交通服务企业，承担着石嘴山市大部分的公共交通运输职责。随着石嘴山市两区一县城市交通网络的快速发展，该企业采购了大量绿色新能源公共交通车辆，企业资金捉襟见肘，企业的日常运营紧张时只能靠贷款缓解。新的组合式税费支持政策实施后，石嘴山市大武口区税务局及时通过网格服务微信群、"云上"服务等形式，"点对点"主动问需送策，为企业讲解留抵退税政策及申报流程，辅导企业办理增量留抵退税70余万元，一次性办理存量留抵退税1 000多万元，盘活了企业流动资金，帮助企业渡过难关。

为确保大规模留抵退税政策快速落地，宁夏税务部门结合工作实际，

紧跟税务总局工作重点，划定任务完成期限，坚持"退得快、退得早、退得稳、退得准"工作原则，实行退税减税例会报告机制，紧盯目标任务，制订工作计划，明确任务期限，一项一项推进，一项一项落实。新的组合式税费支持政策实施以来，宁夏税务部门不断创新举措，靠前服务，实现了优惠政策的"直达快享"，激活了企业发展"现金流"，为企业成长注入了税务力量。

（二）精细管理，实"给力"促企业"加速快跑"

宁夏蓝田农业开发有限公司是一家民营股份制科技型企业，主要从事高效、低毒、环保型系列农药产品的研发、生产和销售。目前，该企业正在积极筹备申报自治区科技型小巨人企业和国家高新技术企业。

税务干部王建华是宁夏蓝田农业开发有限公司的税收网格服务员，也是见证企业不断拓展国内外市场的"知心朋友"。他拿出该企业的成长档案，档案里详细记录了企业近年来的收入规模、税收情况、优惠政策享受情况，以及企业提出的问题建议和需求。王建华说道："通过企业'一户一策'档案，我们能跟踪分析税费优惠政策的实施效果，有针对性地开展税费优惠政策的'滴灌式'辅导。"

"今年，受外界环境影响，出口受限，加之化学原料价格大涨及回款周期延长多重因素叠加影响，企业面临资金方面的困难，留抵退税政策为企业带来资金460多万元，极大地缓解了我们资金吃紧的压力。我们把这次退的税款中的很大一部分都投入科技研发和转型升级，我们申报自治区科技型小巨人企业和国家高新技术企业的信心更足了！"企业负责人徐立峰说道。

宁夏税务部门通过税收大数据筛选符合条件的企业，"税务管家"

团队主动上门为企业提供"一对一"全流程精准辅导和申报提醒。办税服务厅设置绿色通道和退税专窗,在前期无纸化、线上办、迅速批、快退税的基础上进一步优化工作流程,压缩退税办理时间,确保企业退税"红包"及时"落袋"。

(三)精确识别,准"用力"助企业"稳步前行"

"有了这200多万元的退税款,我们就可以更新生产设备,在现有的生产规模上再扩大,在生产技术上再精进,让我们的生产经营水平再上一个台阶!"宁夏丰源纺织公司负责人宫波说道。

在政策落实过程中,宁夏税务部门用心指导该企业准备相关资料,加快操作流转、压缩办理时限、提高审核效率,及时把百万元的税款退到纳税人的账户里,并建立了辅导管理台账实时跟进企业生产经营情况。"国家的政策好,税务部门的服务好,我们赶上了一个好时代啊!"宫波高兴地说。

为了把新政红利精准送达企业,宁夏税务部门充分运用税收大数据云平台为纳税人缴费人精准"画像",梳理形成留抵退税"应退名单",并据此建立标签进行分类化管理,助力企业方便、快捷、高效办理增值税留抵退税。同时,配强人员力量,组建专家团队,借助金三系统进行税收大数据分析筛选,甄别出满足留抵退税政策条件的纳税人名单,制作优惠政策落实台账,摸清企业应享受、已享受、未享受的增值税留抵退税底数。据统计,截至6月20日,宁夏税务部门已累计为1.3万户企业办理留抵退税133.4亿元。

六、深圳增值税留抵退税政策为企业纾困案例

从"三来一补"到仿制创新,再到高新技术产业发展,深圳的工业制造业从传统制造不断向高、精、尖发展。在当前中国特色社会主义先行示范区和粤港澳大湾区"双区"驱动的战略背景下,深圳的工业制造业朝向高质量发展,不断向全球价值链上游迈进。其中,如何保障研发资金投入是关键。

随着大规模增值税留抵退税的落地,深圳市税务部门依托智慧税务综合体系,围绕生产经营、科研技术、政策落实等方面,通过大数据分析研判,根据行业特性进行靶向施策,让留抵退税转化成研发创新的资金"活水"。

(一)退税减压力 初创企业"松一口气"

"作为初创科技型企业,我们正处于大量投入的阶段,工程施工、生产和研发设备、技术开发费用、用工成本等均需要大量的现金支出。现金流是企业的生命线,增值税期末留抵退税政策让我们压力减轻了不少。"近日,在银星科技园的深圳市研一新材料有限责任公司财务负责人张慧说道。

深圳市研一新材料有限责任公司是一家新能源、新材料领域的创新驱动型科技公司,业务领域包括水性黏结剂、PI类黏结剂、电解液及其添加剂、补锂添加剂、固态电池及其材料等五大板块。企业不断进行研发创新,目前已拥有专利申请105项、授权专利32项。

"我们以加速新能源取代传统能源为目标,通过自主研发不断提升

锂电功能材料的性能，同时努力实现研发成果产业化。"张慧说。

通过大数据筛查发现深圳市研一新材料有限责任公司账上有大量的期末留抵税额沉淀，深圳市龙华区税务局立即开展实地调研，帮助企业精准梳理优惠政策，做好税费减免计算，开辟退税绿色通道，并为该企业办理增值税期末留抵退税730多万元，有效盘活了企业的进项税额沉淀资金，缓解了企业的资金压力，全力助推企业轻装上阵。

张慧说："税务部门积极落实税收优惠，提升服务举措，极大地减轻了我们的研发负担，使我们得以投入更充足的资金购置研发设备，同时减轻了新项目投产资金压力。"

（二）税惠添动力 老牌企业转型升级

在深圳市世宗自动化设备有限公司的厂区内，公司财务负责人郭小勇向记者介绍道："2022年1—5月，我们公司的研发费用同比增加了6 230万元，增幅高达6.6倍，这都得益于大规模增值税留抵退税的政策。我们2022年以来累计获得留抵退税资金3 300余万元，这加快了企业资金回笼，这笔资金将被投入到非标自动化智能设备研发和补充扩大产能中。"

世宗自动化设备是一家成立了16年的液体控制技术领域的专业制造商，也是国家高新技术企业，主要从事自动化点胶设备等相关自动化设备及配套产品的研发、生产、销售、技术服务。目前，该企业正在集中攻克非标自动化智能设备的自主研发难题。

随着产能逐步提升，厂房租金、产线维护等成本压力增大，世宗自动化设备也面临着现金流紧张的问题。与此同时，税务部门的专项辅导也随之跟上，帮助世宗自动化设备梳理各项可享受的税收优惠政策，并辅导申请了留抵退税。"税收优惠大大改善了企业现金流,促进了公司新品持续研发能力提升和业务新领域拓展。"郭小勇说。

据统计,除了享受留抵退税红利,世宗自动化设备还享受了国家高新企业所得税优惠,2021减免所得税3 894万元,2022年第一季度减免所得税1 081万元,日益便捷的出口退税也加快了企业资金的周转,企业2021年出口退税1 386万元,2022年以来出口退税1 133万元。

"真金白银"的退税,对工业制造业企业的研发投入形成了强有力的支持,不少企业正在构建高效运转的创新体系,加快关键核心技术攻关。深圳市税务部门将全面落实包括大规模增值税留抵退税在内的组合式税费支持政策,以政策红利助力企业纾困解难,让工业制造业企业在发展的道路上走得更稳、底气更足。

七、陕西增值税留抵退税政策为企业纾困案例

"1314万元的留抵退税款,对我们这些急需资金支持的企业来说,如同雪中送炭,大大提振了我们的发展信心。"西安城市公共停车设施建设管理有限公司财务总监朱烽说,这笔退税款将用于城市停车场的建设、管理和运营。

2022年,我国实施新的组合式税费支持政策。其中,大规模增值税留抵退税政策成为"重头戏"。近期,国务院发布扎实稳住经济一揽子政策措施,"进一步加大增值税留抵退税政策力度"排在首位。

为了确保政策落实效果,陕西财税部门靠前发力,出台稳住经济一揽子财税政策措施,创新服务举措,精准"滴灌",充分释放政策红利,

为全省稳住经济大盘提供有力支撑。

(一)财税协作"算好账",省级全包"有钱退"

2022年,对符合条件的企业不仅退还增量留抵税额,还一次性退还以前年度结存的存量留抵税额,存量和增量一起退,力度前所未有。

"相较于其他税惠政策,退税等于是给企业直接增加了现金流,提高了资金周转效率。"国家税务总局陕西省税务局总会计师夏光宇说,尤其是对中小微企业来说,一次性退还增量和存量留抵税额极大缓解了资金周转压力。

按照退税"时间表",6月底前一次性退还六大行业存量留抵税额,7月底前集中退还新扩围的七大行业存量留抵税额。截至6月25日,已为全省近6万户纳税人办理留抵退税529.4亿元。

为了确保政策落实效果,陕西税务部门先行一步,结合历史数据开展测算,并通过系统提取符合条件的企业名单,逐级逐户测算"总账",区分规模算好"明细账",积极与财政部门沟通,确定资金规模,事先做到心中有数。

"算好账"还得"有钱退"。为了做好退税资金保障,省财政新增一次性转移支付366亿元,并采取省级国库先行垫付、市县国库次月清算调库的办法,确保及时足额兑现留抵退税。同时,省财政厅加强县区财政库款保障,提前下达第三批支持基层落实减税降费和重点民生等转移支付资金102.02亿元,支持市县落实好退税减税降费政策,确保资金支付,"应退尽退、应减尽减"。

财、税、库拧成一股绳,形成工作合力,退税效率大幅提升。商洛市盐业公司财务负责人陈小建说:"我们提交申请后,很快就收到了留抵退税款。有了政府'真金白银'的支持，我们对未来的发展更有信心了。"

（二）税收优惠"精准达"，助企纾困"效果显"

据统计，2022年4月1日至6月25日，增值税留抵退税已有489.1亿元退到纳税人账户，再加上一季度继续实施此前出台留抵退税老政策的40.3亿元，已退到纳税人账户529.4亿元，是上年全年退税规模的2.5倍。

"从企业类型和规模来看，小微企业是受益主体。"夏光宇在谈到政策受益群体时表示，我省共有5.74万户微型和小型企业享受留抵退税政策，占享受户数总量的96.2%，金额占比44.9%。

从行业看，批发和零售业、建筑业、制造业户数占比排名前三，分别占总量的45.8%、15.6%、14.8%；房地产业、制造业、电力热力燃气及水生产和供应业退税金额占比排名前三，分别占总量的24.4%、21.1%、14.3%。

"我们持续跟踪600户享受留抵退税企业，对退税资金的使用情况进行调研，发现企业将退税资金用于采购原材料、购置不动产和机器设备、研发等扩大再生产活动。"夏光宇说，这充分说明税收政策助企纾困效应已经显现。

作为秦创原创新驱动平台的"硬科技"企业，西安奕斯伟材料科技有限公司研发生产的12英寸晶圆让我国在芯片产业链"国产化"布局上迈出了关键一步。

"前不久，公司收到留抵退税款后，马上用于购买设备。"该公司财务总监杨春雷说，税务部门"快人一步"的服务既缓解了企业现金流压力，又助力企业扩产能保市场，为企业创新发展赢得了主动。

为助力企业专注创新发展，陕西税务部门为企业配备"一对一"的"税务管家"，"一对一"的党建联系员，设立办税绿色通道，通过资格认定、政策推送、容缺办理等一揽子定向服务，持续放大"税惠红利＋优质服务"的叠加效应，助力企业迎难而上、勇敢前行。

（三）创新推行"陕速办"，协同发力"退得好"

留抵退税政策涉及企业户数多，时间紧、任务重，对税务部门是一项巨大的考验。

在大数据精准定位的基础上，陕西税务系统抽调业务骨干组建留抵退税专项工作组，全流程推进网格化管理，实现政策宣传、流程辅导、实时审批的"一站式"退税服务。同时，陕西税务部门创新推行"政策速推、问题速答、优惠速享、税款速退"的"陕速办"措施，全力为企业享受税收红利铺设"快速干道""贴心通道"。

受疫情影响，陕西煤业化工集团陕南地产有限公司开发项目所需的材料、人工等成本上涨，公司经营举步维艰。商洛市商州区税务局第三税务分局主动联系企业，远程指导企业在电子税务局顺利完成了退税。

该公司财务负责人王晓艳说："真没想到足不出户就能享受退税。我们通过电子税务局申请留抵退税，很快就收到了700多万元退税款。有了这笔资金，相信我们很快就能走出困境。"

不仅要"退得快"，还要"退得好"。陕西税务部门发挥税收大数据优势，编制留抵退税风险监控指标，让数据"开口说话"，及时发现和纠正政策落实中的偏差；健全完善"初审＋复审""逐级审＋团队审"工作机制，规范审核要求、程序和标准，通过"专班审＋专家审"的方式进行重点审核，严防骗税；联合省公安厅探索形成"清洗数据—全景画像—精准打击"的数字化模式,总结出56种选案模型,精准锁定团伙式骗取留抵退税等违法犯罪行为……

"新扩围的七大行业留抵退税量大、面广。陕西税务将一鼓作气、一往无前,决胜留抵退税'攻坚战'。"国家税务总局陕西省税务局党委书记、局长包东红说。

八、辽宁增值税留抵退税政策为企业纾困案例

大规模增值税留抵退税是新的组合式税费支持政策的"重头戏"。辽宁省税务部门以精心谋划实现"好办、易办",以精细服务实现"早退、快退",以精准防控保障"退稳、退准",全力确保这一政策落地生效。

(一)精细服务,退税款送来"及时雨"

辽宁省税务部门及时部署,稳步有序落实落细税收优惠政策,竭力将优质纳税服务送进千家万企,当好企业"贴心人",想企业所想,解企业所困,让市场主体收获"看得见、摸得着"的获得感、幸福感、安全感,为市场主体发展注入强劲"税动力"。

"应享尽享,优享快享"成为辽宁省税务部门落实保退税工作的共识。在沈阳市,留抵退税款为制造业企业加足了马力。沈阳石蜡化工有限公司近年来紧抓发展机遇,加快产品结构调整,先后投资40多亿元完成了13万吨/年丙烯酸及酯、50万吨/年催化热裂解制乙烯等项目。当地税务部门注意到该企业增值税留抵税额较大,主动联系企业,采取线上远程辅导的方式,帮助企业及时申报增值税留抵退税。退税款大大缓解了资金压力,保障了该企业丙烯生产线的正常运转。

成立于2018年的辽宁盘锦鑫海源生物科技有限公司是一家中型精细化工制造业企业。盘锦辽东湾新区税务局启动"税企畅连机制",组建"税收惠民助企团"到企业送政策、问需求,为该企业送去245万元的留抵退税"红包"。"真金白银"的杠杆撬动了企业发展,企业负责人林本江计划利用退税款聘请专家、与科研机构合作、建造绿色工厂……描绘起未来的蓝图,他说:"国家新政策为我们生产研发提供了动力,新政策真的很给力!"

虽然企业类型不同,但得到的服务都是一样的细致与高效。近日,丽枫(锦州)精品酒店会计闫岩在税务人员的辅导下,顺利申报留抵退税42.5万元。受疫情影响,酒店客流量下滑,营业收入锐减,但水电能耗、折旧等成本仍是固定开支。"税务部门主动联系,专人辅导我们怎么预约和办理,让我们感受到税务部门的服务更便利、更温暖了。"闫岩说。

2022年4月1日至6月25日,辽宁省已获得退税的纳税人中,小微企业户数占比95.4%,共计退税132.5亿元,成了稳定全省经济大盘不可或缺的鲜活细胞。

(二)精准防控,全面布局筑牢"防护墙"

大规模留抵退税政策实施后,为确保政策红利精准输送到市场主体,国家税务总局等六部门联合作出了严厉打击骗取留抵退税违法犯罪行为的工作部署。辽宁省六部门与国家税务总局驻沈阳特派员办事处联合印发《关于开展联合打击骗取增值税留抵退税工作的指导意见》。在查处留抵退税违法犯罪中,辽宁省税务局充分应用创新机制、科技手段为留抵退税退得准、退得好筑牢"防护墙",形成了"事前排查、事中监控、实时阻断、事后打击"的监控模式。

严打骗税行为,才能保证留抵退税政策落实"水清鱼活"。对涉嫌骗取留抵退税的企业，辽宁省税务局坚持"快查、快打、快结、快处罚、快曝光"，为留抵退税政策落到实处保驾护航；对确定的重大税收违法失信主体，将其纳税信用等级直接降为 D 级，共享至全国信用信息共享平台，形成有力震慑。

截至 2022 年 6 月 29 日，辽宁省税务部门已立案检查 147 户，查补及挽回税款损失超过 7 700 万元，共曝光了查办的骗取留抵退税案例 15 件，打掉犯罪团伙 4 个，抓捕犯罪嫌疑人 38 名。

"辽宁省税务局将继续多措并举，推动政策全方位落地生根。同时，积极防范、打击涉税违法行为，最大限度释放政策红利，确保留抵退税政策红利直达市场主体，为稳定经济大盘、推进辽宁经济社会高质量发展作出积极贡献。"国家税务总局辽宁省税务局党委书记、局长杨勇表示。

九、湖南增值税留抵退税政策为企业纾困案例

"前期已享受到 193 万元的留抵退税，扩围新政后，又能享受 120 万元左右的留抵退税，这是国家在用真金白银帮助企业发展，让我们在填补资金缺口的基础上，提升服务质量，扩大生产经营。"作为一家经营汽车销售、汽车零配件销售及售后服务的企业，永州市高卫汽车销售服务有限公司受益于留抵退税政策，缓解了资金压力，增强了发展信心。

自 2022 年 7 月 1 日起，"批发和零售业""农、林、牧、渔业""住宿和餐饮业""居民服务、修理和其他服务业""教育""卫生和社会

工作"和"文化、体育和娱乐业"7个行业企业（含个体工商户）被纳入留抵退税政策适用范围，与制造业等6个行业企业一道享受存量留抵税额一次性全额退还、增量留抵税额按月全额退还的税收优惠政策。这次退税扩围惠及消费市场、文旅产业、教育卫生，可对湖南民生领域的发展起到"加速器"和"稳定器"作用，有利于居民生活焕发新的生机与活力。

益阳邦远医药有限公司作为此次留抵退税扩围的受益企业之一，公司法人代表罗先明感触很深。公司资金链面临困难之际，益阳市税务局及时进行了政策辅导。"7月一到，我就立即申请了退税，1 403万元的退税款很快就到账了，税务局的工作效率真高！"罗先明表示，要将这笔钱投入药用辅料品种贸易和支付员工工资及经营性支出。

留抵退税扩围政策出台后，湖南省税务局第一时间编印《操作指引》，并在连续开展多轮数据审核的基础上，摸清7大行业可退税资源和纳税人退税意愿、风险情况等工作"底数"，严格对照纳税人清册逐户限时抓好分级预审、提级预审工作，主动向符合条件的纳税人提供"一对一"精准辅导服务，第一时间让纳税人了解相关政策，确保退税红利落快落准落稳。

常德中车新能源汽车有限公司今年刚刚扩充新的生产线，投入了大量资金用于购进设备和招募员工，留抵税额较大，加上原材料价格上涨、订单量减少等因素影响，公司现金流较为紧张。"留抵退税扩围政策在关键时刻给了我们很大的帮助。"收到480多万元的留抵退税款后，常德中车新能源汽车有限公司财务负责人刘成说："退税款可以补充资金缺口，有利于加快设备更新和技术革新，为下一步投入生产经营提供了有力的资金支持，这真是一场'及时雨'！"

与常德中车新能源汽车有限公司一样及时享受到退税扩围红利的,还有衡东县恒瑞国际大酒店。该酒店成为往来游客"打卡"品尝衡东土菜的首选之地。但受疫情影响,消费市场低迷,酒店的转型升级之路在资金短缺的情况下被迫按下"暂停键"。衡东县税务局向其提供了退税政策辅导,帮助公司快速办理了退税申请。"政策很暖心,发展有信心。"酒店财务负责人朱林春说道,退税款可用于设备改造升级,进一步改良土菜口味,给更多食客带来舌尖上的享受。

"留抵退税政策扩围,衣、食、住、行等民生领域可进一步获益,体现了国家保民生、稳就业、稳市场主体的决心。"全国税务领军人才,湖南大学工商管理学院教授、博士生导师曹越表示,本次扩围的7个行业受疫情影响较大,就业人员多,纳入留抵退税范围后,可有效缓解困难企业资金压力,为市场主体"输血""活血",不断激发市场主体的经营及投资活力。

十、大连增值税留抵退税政策为企业纾困案例

中小企业是促就业、保民生的重点领域。近期,受疫情多点散发等不利因素影响,产业链供应出现堵点卡点,大宗原材料价格高位波动,中小企业经营也出现了一些困难。大连市税务部门快速落实留抵退税政策,一户不漏、一分不少、一刻不拖,税收政策"春风"和纳税服务"春雨"为中小企业纾困解难,提振发展信心。

"今年上半年,我们累计办理留抵退税2 200余万元,每一笔都是我经手办理的,眼看着'真金白银'快速流入企业,直接有效增加了企业

经营性现金流,资金流松快了不少。"大连中车柴油机有限公司财务人员雷子徽说道。

大连中车柴油机有限公司是专门生产柴油机及柴油发电机组的制造业中型企业,公司的产品为机车用柴油机。2022年上半年,随着上年某型号柴油机销售数量的增长,柴油机零部件生产加工与采购给企业资金周转带来巨大压力。这时,恰逢增值税留抵退税政策正式实施。在筛查确定企业可享受该政策之后,第三税务分局税务人员及时主动联系企业,提供"点对点"政策精准辅导,并在申报过程中帮助解决操作难点,进行风险审核,实现多笔退税款快速及时到账。

为确保退税红利精准送达企业手中,大连市税务局对企业进行逐户"一对一"政策宣传,组建专业团队,深入企业走访调研,紧扣纳税人、缴费人的实际需求,专项开展问题研判,并进行针对性整改,切实解决纳税人、缴费人办税缴费过程中的疑点、难点、堵点问题。在得知大连旅顺高新技术产业有限公司可以申报大额退税后,旅顺口区税务局工作人员迅速与企业财务负责人取得联系,在申报退税过程中耐心辅导、全程参与,确保退税减税相关数据及时接收、快速审核,涉税问题对点直达、高效处理。在企业资金运转紧张的情况下,300余万元的退税款带来了一场"及时雨"。

中小企业财务力量相对较弱,大连市税务局对符合条件的小微企业精准辅导、精心指导,在办税服务厅设立留抵退税专窗,全程帮办,从资料受理到退库完成"一次过"。大连计量检测中心有限公司是一家主要从事计量产品检测、测量仪器仪表、实物量具校准、计量产品研发、销售、制造、维修及技术服务的小微企业。自大规模留抵退税政策落实以来,大连经济技术开发区税务局税务人员主动深入走访,关注企业诉求,针对小微企业类型为企业提供退税申请全流程辅导,优化工作流程,加快退税审核,确保企业退税"红包"精准"落袋"。企业财务负责人汪会计表示,"由于我们前期投入较大,研发周期长,产品市场受多种因素影响未达预期,导致上半年资金压力较大。104万元的留抵退税对我们这种小企业来说是雪中送炭,这笔退税款我们将投入到运营发展和技术升级上,让我们更加具备市场竞争力,相信未来发展前景会更好。"

2022年4月1日以来,大连税务部门累计为中小企业办理留抵退税24.77亿元,税收政策红利为中小企业的平稳发展增添了信心。"7月起留抵退税政策再扩围7个行业,政策实施力度进一步加大,中小企业仍是受益主体。"大连市税务局货物与劳务处负责人表示。

十一、江苏增值税留抵退税政策为企业纾困案例

自2022年7月1日起,增值税留抵退税新政再"扩围"。"批发和零售业""农、林、牧、渔业""住宿和餐饮业"等7大行业可全额退还增值税留抵退税。政策实施后,江苏税务部门聚焦民生发展,精准服务、快退税款,助力市场主体纾困解难,为千家万户托起"稳稳的幸福"。

(一)补元气,旅游景区喜迎八方客

正值暑期旅游旺季,市民出游热情加速释放。虽然夏日炎炎,但在素有"东海第一胜景"之称的江苏连云港,晚间的温泉镇却凉风阵阵。在东海温泉大酒店内,戏水的孩童传来欢声笑语,让沉寂许久的温泉镇一扫往日阴霾。

"受疫情影响,一季度公司旗下的几家酒店经营惨淡。这个月新政实施,我们第一时间就申请了退税,200多万元的退税款很快到账,让我们重拾发展信心。"江苏金陵东海酒店管理有限公司财务负责人陈志强说,税务部门精心服务,让公司快速享受到了税费政策红利,公司准备投入资金用于酒店设施改造和菜品升级,让游客能够更好地体验泡温泉、赏水晶、品美食的乐趣。

常州金坛茅山,中国道教圣地,山势秀丽,幽静宜人。茅山旅游度假区依托茅山特有的"山、水、盐、茶、药、泉"六大资源优势,不仅在周边省市打响了招牌,更成为拉动地方经济、带动当地老百姓就业的重要载体。受疫情影响,前期游客减少、营收下降,增值税留抵退税政策"扩围",为民生经济稳住了信心,度假区内文旅企业东方盐湖城旅游发展有限公司也因此获益。

"税务部门上门给我们讲解扩围政策,辅导我们在电子税务局申请退税,能退到60万元左右呢。"公司财务负责人承薇说。资金充裕了,茅山旅游度假区内文旅企业主动求变,在逆境中寻找转机,利用"市场无形之手"和"政府有形之手"的合力,走出了一条特色鲜明、充满活力的全域旅游之路。

(二)扶一程,餐饮零售拓宽发展路

城市烟火气最浓的地方,莫过于街头巷尾的餐馆商超。

走进灌云利群超市,各类蔬果、肉类、零食等商品琳琅满目,促销活动花样繁多、奖品丰富,超市在做好常态化疫情防控工作的同时,积极储备货源,守好民生"菜篮子"。

这家批发和零售业企业从2018年入驻灌云以来,已成为当地颇受欢迎的商业超市。前期受疫情影响，销售客流下滑。"税务部门全程辅导我们办理留抵退税申请，公司收到了107.79万元留抵退税款，这在很大程度上畅通了公司的现金流。"企业财务负责人李雅因说，"资金充裕后，我们将继续加大进货力度，丰富商品种类，并推出优惠促销活动扩大销量。"

恢复堂食后，位于常州"龙湖天街"的海底捞门店外客流量相当可观，即便门店限流接待，仍能看到消费者在门外排起长队。"很多老顾客在恢复堂食之后特意到店就餐，周末两天的客流量甚至超过了疫情之前。"江苏海底捞餐饮管理有限责任公司常州勤业路分公司的财务经理李毅说。

"门店装修、设备购买的初期投入还未收回，闭店就是净损失，资金压力还是比较大的。"李毅谈道，"税务部门主动联系我们介绍留抵退税政策扩围政策，在了解我们有主动申请参与纳税信用评价的意愿后，辅导我们完成了纳税信用评价，近80万元的增值税留抵退税很快就到账了。"

税惠红利帮助企业熬过了经营低谷，也让企业的发展有了更多可能。如今，人潮涌动，麻辣鲜香的火锅味儿飘溢在街头巷尾，熟悉的生活再次回归，海底捞门店趁机陆续上线了许多新品。"我们将一如既往地诚信经营，以优质的服务打造企业发展的'金名片'。"李毅表示。

（三）稳信心，夕阳红里暖阳升

实现"老有所养"，是广大人民群众的热切期盼。南京朗诗常青藤养老服务有限公司自2014年起深耕养老领域，为数以万计的老年人及家庭送去了关心。近年来，为落实政府防疫措施及安排，公司采取封闭运营模式，全面暂停咨询和入住等事宜，营业收入大幅下降。而为保障院内老人和员工的正常生活，公司人工成本和额外支出却明显上浮。

"政策一出台,税务部门就给我们打来电话,辅导我们提交退税申请,我们顺利收到了240.2万元的退税款。"公司财务主管郭礼龙介绍。2022年以来,朗诗常青藤五马渡项目享受了房租减免32.5万元,五马渡、钟山绿郡、上元大街、君望墅等4家机构还获得了养老机构一次性纾困补贴32.9万元。"国家的好政策,给了我们渡过难关的信心。"郭礼龙表示,公司还将积极探索养老新模式,定期组织社会公益活动,真正让长者实现"老有所乐、老有所为、老有所依"。

税系民生,百业百味。疫情之下,如何活下去、强起来是民生企业心之所系。江苏税务部门全面优化应享企业智能筛选、申报提示推送、系统自动预填等功能,实现留抵退税办理"智能化""零跑动"。"为帮助符合条件的企业更快享受政策优惠,我们在简化申请流程、提高审批效率等方面下足了功夫。"国家税务总局江苏省税务局相关负责人介绍,下一步还将持续发挥"智慧税务"作用,畅通财政、税务、人民银行三部门协作,齐心协力帮助市场主体渡过难关、更好发展。

十二、云南增值税留抵退税政策为企业纾困案例

在贯彻落实增值税留抵退税政策的过程中,云南省税务部门将"快退、狠打、严查、外督、长宣"的工作方针一以贯之,五措并举提退税质效,全线联动同频共振,不遗余力推进留抵退税政策落地生根。

(一)"一股绳"更有劲:攻坚克难保快退

此次大规模增值税留抵退税政策变化大、审核工作量多,时间紧迫、

难度系数高，云南省税务部门在各重要节点多方联动、凝聚合力，"快、准、稳、好"兑现留抵退税红利。

在磨憨经济开发区税务部门增值税留抵退税专项工作组办公室里，清脆的键盘敲击声、此起彼伏的电话铃声、热烈的交谈声不绝于耳，多名工作组成员正紧张地忙碌着，这是近百日来工作组成员常见的工作状态。

云南省、市、县三级税务机关都成立了退税减税政策落实工作领导小组，配套出台相关工作清单制度、工作例会制度等，进一步明确责任、细化分工，理清工作任务，制定时间表、路线图和任务书，压实责任、落实链条，统筹协调货务劳务、收入规划核算、纳税服务等部门，"拧成一股绳"，鼓足干劲、协力提升留抵退税工作质效。

筑好退税的"高速路"，还需依靠部门协作。临沧市税务部门联合财政、人民银行等部门，精确测算退税规模、业务量，集中梳理全流程各环节工作要点，彻底打通"资金测算—指标分配—退税申请—库款调度—资金退付"工作链条，并围绕"已退税金额、退税预计数、库款余额数"构建沟通协调机制，通过一天一沟通、一周一小结做好动态退税资金保障。

（二）"一张网"更高效：体验流程强监督

为全面查找留抵退税全流程难点、痛点、堵点，云南省税务部门织密外部监督网，主动邀请人大代表、政协委员、企业代表等走进税务部门的"台前幕后"，担任税费服务体验师，通过亲历留抵退税全流程，探寻留抵退税事项的急难愁盼，促进退税体验更优质、更有效。

从留抵退税政策宣传辅导到留抵退税业务办税服务，再到向人民银行推送退税信息……在泸西县税务部门办税服务厅，税费服务体验师、云南省人大代表陶燕在现场亲历了留抵退税业务。

"通过此次体验活动,我不仅详细了解到最新的税收优惠政策,还体验了增值税留抵退税办理流程。"陶燕说道。

(三)"一条线"更稳好:严查狠打控风险

退税既要抓进度,更要抓稳定。云南省税务部门将"快退"与"严打"两手抓,精准施策,筑牢退税风险阻断的"防线"。

为斩断伸向留抵退税的"黑手",云南省税务部门编制增值税留抵退税风险审核指引、风险防控提示,及时下发风险防控工作方案和操作指引,通过指标监控、流程优化,形成分类精准智控、分级快速处置的全流程风险防控机制。提级审核工作操作指引,制定下发风险防控工作规范,设置风险防控指标,形成"指标—流程—机制"三位一体、系统前台后台相互贯通、省州(市)县(区)三级税务机关联动共振的风险防控闭环,构建集成统一、权责明晰、层次分明、梯度渐进的风险防控体系。

在曲靖市,当地税务部门通过派单形式对留抵退税抽查复核具体工作内容、户数比例等提出要求,市、县两级联动开展抽查复核和风险分析应对工作。同时,结合地方实际和重点行业特点,自主搭建风险模型设立指标开展风险扫描,先后制发了两类行业留抵退税风险排查任务,及时防范化解退税风险隐患。

目前,留抵退税各项部署在云南实现平稳落地,助企纾困效应逐步凸显。云南省税务部门相关负责人表示,将扛牢贯彻落实退税减税降费政策的政治责任,持续推动大规模增值税留抵退税政策见行见效,深度释放政策红利,助推云南经济扩量提质。

十三、江西增值税留抵退税政策为企业纾困案例

江西产茶历史悠久,有着"唐载茶经,宋称绝品,明清入贡,中外驰名"之美誉。江西省税务部门聚焦茶农、茶企涉税需求,落实、落细税收优惠政策,做精、做优纳税服务,助力茶业产业化发展焕发新动力。

(一)服务加码,走稳生态增收"致富路"

江西省吉安市遂川县是"中国名茶之乡",主产的狗牯脑茶位列全省重点打造的"四绿一红"茶叶品牌之首。目前,遂川县已有茶叶专业合作社140余家,全县茶园面积达到28.5万亩[①],年产量9 020吨,产值达22.5亿元,有近10万人从事茶业相关工作。

"目前有142户农户加入我创办的四季春茶叶专业合作社,带动人均增收3 000余元。"遂川县高坪镇车下村党支部书记张冬梅介绍道。自开园采茶以来,税务部门就组建了助农税收服务队,上茶山、入茶园,一对一为合作社农户讲解税费优惠政策,手把手指导办理纳税申报、申领发票、开具电子发票等涉税业务。

新的组合式税费支持政策出台以来,遂川县安村茶厂已享受增值税、"六税两费"等减免合计12万余元,公司负责人梁奇锂说:"持续推行的税费优惠政策和税务部门的贴心服务,让我对今年茶叶经营更有信心!"不久前,安村茶厂更新了加工设备,增加了十多名就业人员,生产效率大为提高。

一片小小的茶叶,承载了茶农增收致富的美好愿景,也凝聚着税务部门用心用情的帮扶力量。江西省税务部门上门送政策、送服务、送建

---

① 1亩=666.67平方米,后同。

议，解决产供销难题，助力当地茶叶农业合作社经营发展，推动农户种茶致富。

（二）税惠加持，绘就产业升级"新蓝图"

"项目建设周期长、回报慢，运营成本压力较大，大规模增值税留抵退税政策帮助我们盘活了账上资金。"开发高岭村景区的景德镇开门子文旅发展有限责任公司财务总监许轶峰介绍道。

受疫情影响，文旅市场低迷，加之前期投资大，占用大量资金，景区项目发展受到限制。浮梁县税务部门高度重视和关注项目进展，及时提供政策解读和办税辅导。新的组合式税费支持政策出台后，运用大数据筛查分析，第一时间联系企业办理了留抵退税。许轶峰说："税惠让高岭村有风景可赏、有服务可享、有文化可聊、有历史可品的发展愿景稳步实现。"下一步，企业将把退税款用到持续丰富业态内容、完善服务设施、提升服务品质等方面，全力打造特色产业发展新高地。

（三）退税加速，共谱海外发展"协奏曲"

位于中国绿茶之乡婺源的婺源县益和茶叶有限公司是江西省农产品重点出口企业。"我们的茶叶大部分销售至海外，现在国外疫情严重，货款结算周期长，申请的出口退税款很快就到账了，是国家的好政策帮我解决了资金难题。"公司负责人程树林连连称赞。他表示，"目前是企业转型升级的关键时期，但受疫情影响，企业存货大量积压、资金周转困难。为让企业尽早享受政策红利，税务部门通过推广出口退税电子退库，大幅精简出口退税相关业务表单，大大缩短出口退税办结时间。今年以来，已帮助企业办理出口退税506万元，提供了及时的资金支持。"

从茶叶到茶业,税费优惠政策的支持和税务部门的精准帮扶犹如一道"文火"助力江西"茶"经济发展更加稳健。江西省税务部门将持续聚焦茶企、茶农涉税需求,加大送政策、解难题、优服务力度,以更务实的举措,最大限度释放政策红利,为企业纾困解难。

十四、山西增值税留抵退税政策为企业纾困案例

2022年以来,在疫情防控和经济稳增长双重压力下,山西省打出一套有力度更有温度的政策组合拳,多措并举稳定经济运行,将进一步加大退税减税降费力度摆在突出位置,用留抵退税的"减法",换取为企业雪中送炭的"加法"和"乘法"。

（一）聚焦小微企业纾困解难

小微企业是最具活力的经济细胞。在此次留抵退税政策中,小微企业（含个体工商户）成为主要受益群体,退税户数占比达99.5%。

留抵退税政策实施以来,国家税务总局山西省税务局利用税收大数据,通过系统标签、行业认定、纳税信用评级等条件提取符合留抵退税企业明细,对全省重点行业、企业进行规模测算和提前摸底。同时做好验证核实工作,核实确认后形成企业清册。对符合退税条件的企业进行政策宣传和精准辅导,确保纳税人留抵退税政策应知尽知、政策红包精准到位。

退税资金在业务办理后第一时间到账,为企业解了燃眉之急,帮助企业快速回笼资金流,实现跨经营周期调节,形成"活水养活鱼,水多鱼多"

的良性效应。

长治市黎城县的黎城通达公交有限公司是一家小型企业。身在外地的财务负责人王靖峰受疫情影响无法办理留抵退税申请，但企业有一笔应付账款到期，资金流通紧张，急需退税缓解压力。在得知该企业情况后，国家税务总局黎城县税务局工作人员采取"云对接"方式，指导纳税人在电子税务局办理留抵退税申请，很快便办理完成。王靖峰说："166.35万元的留抵退税款真是雪中送炭，解决了我们燃眉之急，企业用于发放工资，还银行贷款，结算燃油费等，让我们在疫情的影响下能稳住脚跟。"

山西省税务局发布的数据显示，全省小微企业共退税171亿元，占全部留抵退税规模的37%；中型企业退税113亿元，占全部留抵退税规模的24%。5月份，获得退税的小微企业采购支出同比增长53%，较一季度加快39个百分点；销售收入同比增长72%，较一季度加快63个百分点。

（二）助力服务业渡过难关

山西省对生产、生活性服务业纳税人当期可抵扣进项税额继续分别按10%和15%加计抵减应纳税额；对交通运输服务业，除了增值税留抵退税，实行阶段性免征增值税，同时，航空和铁路运输企业分支机构暂停预缴增值税；对提供必需生活物资的快递派收服务，免征增值税。

疫情期间，留抵退税以真金白银为服务业企业送上"及时雨"，帮助企业渡过难关。"终于拿到了4 000多万元的留抵退税。目前，我们已经用这笔退税款支付了历史遗留工程欠款，剩余款项计划用于正在实施的设备检修和扩建管网等工程。"运城市平陆县睿源供热有限公司财务副总王晓军激动地说。

睿源供热有限公司是平陆县冬季供暖的热源供应企业，按照政策规定，可享受4 000余万元的留抵退税。但因企业前期固定资产投入较大，资金的不足存在历史遗留工程欠款，所有银行账户均被冻结，导致留抵退税难以落实。最终，通过等多部门协调，成功办理了留抵退税，缓解了公司资金压力。

为普及留抵退税的相关政策，山西省税务局还创新推出"智税漫谈"系列秒懂动漫，并在太原市人流量较大的地铁车厢内进行展示宣传，通过"业务实操＋政策解读"两条主线，匹配讲解留抵退税的要点难点和应用场景，将专业的"税务语言"转化为通俗的"纳税人语言"，用趣味易懂的方式将政策深入人心。

（三）助力重点行业高质量发展

制造业是实体经济基石。山西省加大对制造业的税收支持力度，全面解决制造业、电力燃气、交通运输等13个行业增值税留抵退税问题。制造业中小微企业部分税费缓缴期限6个月；加大中小微企业设备器具税前扣除力度，新购置的设备、器具，按照单位价值的一定比例自愿选择在企业所得税税前扣除。

山西省税务局负责人介绍说，5月份，制造业等6大行业留抵退税企业采购支出同比增长39%，较一季度加快8个百分点；销售收入同比增长48%，增强了重点领域高质量发展内生动力。

位于朔州市的苏晋朔州煤矸石发电有限公司在2021年遭遇了煤炭短缺和煤价上涨的窘迫。"去年最难熬的时候，存煤不足5天使用，发1度电亏2毛钱，守着平朔煤矿还缺煤，资金紧张。"公司生产副经理刘坤介绍说。

又到一年迎峰度夏时，苏晋朔州煤矸石发电有限公司今年提前与中煤平朔煤矿协商，将存煤提升到了20天量，确保进入夏季大负荷期间整个设备正常运行；另外，5月份收到留抵退税3亿多元用于6—8月煤炭采购。"煤炭和资金双保险让我们真正做到心里不慌，现在我们机组满发稳发，上半年发电量同比增加了6亿多度，全年预计能向省外输送70亿度电。"刘坤说。

从已获得留抵退税行业情况看，制造业，科学研究和技术服务业，电力、热力、燃气及水生产和供应业，交通运输、仓储和邮政业，软件和信息技术服务业，生态保护和环境治理业六个行业受益明显，合计享受退税303亿元，占全部留抵退税规模的65%，六个行业户均退税240.5万元。2022年上半年，全省规模以上工业中，制造业增加值增长12.4%，工业新动能增势强劲。

山西省还鼓励企业创业创新，将科技型中小企业研究开发费用税前加计扣除比例从75%提高到100%；延长科技企业孵化器、大学科技园、众创空间增值税、房产税和城镇土地使用税优惠政策执行期限至2023年年底；延续执行创业投资企业和天使投资个人投资初创科技型企业有关政策至2023年年底。

十五、青海增值税留抵退税政策为企业纾困案例

新的组合式税费支持政策特别是大规模增值税留抵退税政策实施以

来,国家税务总局青海省税务局坚持"快退税款、狠打骗退、严查内错、欢迎外督、持续宣传"五措并举,全力推动各项优惠政策落实落细,切实为企业减负担、增活力、添信心,进一步为市场主体纾困解难,退税款项用到实处,为企业增添发展动力。

(一)退税红包落地,旅游行业重启

季夏七月,风景独好,正是夏都旅游的黄金时节。青海旅投汽车租赁服务有限公司在新的办公点忙碌运转,整装待发。"疫情期间,企业几乎处于半停业状态,每月的固定支出让我们很焦虑。"谈及企业发展状况,公司会计郭天菊说道。

大规模留抵退税政策正式实施以来,退税红包开始快速派发市场主体,150多万元的退税落实到公司账上。"这些退税款解决了我们的燃眉之急。在各类纾困解难政策的扶持下,我们现在逐步开展省内游项目,步入文化旅游的回暖期。"郭天菊说。

在政策落实过程中,西宁市税务局通过大数据分析和上门走访等方式提供"一企一策"服务;同时,进一步优化退税流程,加快留抵退税办理速度,对留抵退税业务实施台账管理、专岗全程跟踪,确保留抵退税政策落实落细、落稳落准,帮助企业重启建设、重拾信心。

(二)关注企业诉求,提振企业信心

为确保优惠政策精准直达,西宁经济技术开发区税务局对符合条件的企业进行"一对一"多渠道跟踪式政策宣传,并深入企业走访调研,关注企业诉求,为企业提供全流程辅导,确保企业"零时差"享受到退税红利。

青海海通汽车贸易有限公司属于本次政策扩围的批发和零售行业,

主营汽车零售。疫情形势下，企业陷入客流量大幅减少、销售市场不太景气的困境。西宁经济技术开发区税务局通过建立"主动联系、精准辅导、提前预审、专人跟进"的服务机制，帮助企业应享尽享退税红利。"退税资金缓解了我们的资金压力，让我们感受到了国家政策对企业的扶持，提升了我们对未来发展的信心。"企业财务负责人说。

（三）政策精准落实，企业轻装快跑

自2022年7月1日起，大规模增值税留抵退税政策再扩围。刚察县税务局主动加强政策辅导精准性，不断提升纳税人政策知晓度。

刚察鲁援生态饲料有限公司财务经理马福海说："今年国家陆续出台了系列制造业中小微企业税收优惠政策。通过网上直播课、电话辅导，电子税务局相关申报表勾选填报，就可以享受企业所得税延缓缴纳政策了，操作过程简单又方便。"

该企业主营饲料生产销售，享受饲料产品免征增值税优惠政策。2022年缓缴期限延长后，税务工作人员及时联系企业会计并提醒可享受延缓缴纳税费政策，使税收政策红利直达企业。

刚察县江海矿业有限公司主要经营项目为石灰石加工销售，属于资源税纳税人。"六税两费"优惠政策出台后，税务工作人员主动了解企业情况，辅导企业精准快速享受政策红利。

"'六税两费'减半政策让我们可以享受6.7万元的减免；今年小型微利企业所得税优惠政策，也让我们的企业所得税税负大幅降低。税费优惠政策增加了资金流，增强了我们的信心，公司发展一定会更好。"公司负责人李伟林说。

十六、河北增值税留抵退税政策为企业纾困案例

自2022年7月起,全额退还增值税留抵税额扩大至批发零售、住宿餐饮等7个稳就业保民生的行业,国家税务总局河北省税务局认真落实落细留抵退税扩围政策,助力保增长稳就业惠民生。

(一)精准辅导,为农民致富注入"税动力"

留抵退税政策扩围后,河北省税务局精准开展宣传辅导,规范退税办理流程,确保退税资金直达符合条件的纳税人手中,让市场主体快速享受政策红利。

近期,盐山县税务局退税减税党员先锋队走进沧州福农生物科技有限公司开展留抵退税扩围政策精准辅导。"根据新的增值税留抵退税扩围政策,您企业符合全额退还增值税留抵税额政策条件,只需要通过线上电子税务局或线下办税服务厅提交一张《退(抵)税申请表》即可申请办理。"盐山县税务局税务干部说道。

"这笔385万元的退税非常及时,将用于研发银耳羹、有机富胶银耳等系列银耳深加工产品,不断扩大市场。"公司董事长崔军说。

(二)精细服务,为批发零售业送上"及时雨"

河北省税务部门围绕政策规定、系统操作、审核事项等内容,对分局网格员、12 366座席人员、税政管理等一线税务工作人员进行了集中学习培训,对纳税人广泛精准做好宣传辅导,确保纳税人懂政策、会操作、能享受。

沧州市华北商厦有限公司受疫情影响,正在建设的新店开业时间延

期。沧州市运河区税务局了解公司情况后，上门宣讲增值税留抵退税扩围政策，帮助企业尽知尽享税收政策红利。"241万元的留抵退税到账后，及时为公司充实了经营资金流，给公司帮了大忙。"公司财务经理胡志香说。

邢台盛之杰汽车贸易有限公司也享受到了增值税留抵退税扩围带来的生机和活力。"公司从事的行业属于批发零售业，这次扩围后，我们也能享受了。我们对公司发展更有信心了。"公司财务人员王玉田说。

河北省税务部门以精准高效的服务，确保税收政策红利落得实、落得准，让市场主体得实惠、更有感，为稳住宏观经济大盘贡献税务力量。

十七、宁夏增值税留抵退税政策为企业纾困案例

"红包分量很足，超出预期，大大缓解了资金短缺。"近日，石嘴山晶澳新能源技术有限公司财务负责人张明辉说，不久前，4 919万元留抵退税款退到了公司账户。有了资金的支持，公司正有序安排后续项目建设、技术开发等事宜。

为深入了解政策"大礼包"是否及时送达企业，退税资金对企业有何效应，退税资金用于何处，国家税务总局宁夏回族自治区税务局开展留抵退税"回头看"，查问题补短板，力求将留抵退税政策真正落到实处。

宁夏持续的高温天气使居民防暑用电量也随之陡增。在石嘴山市河

滨工业园区，国能宁夏石嘴山发电有限责任公司4×3300M燃煤机组正在满负荷运转作业。在企业鼓足底气保供的背后，正是6 212余万元留抵退税资金为电力企业"充电"赋能。

"前期煤电企业能源供应持续偏紧，我们今年升级设备，也上线了光伏项目，投入了大量的固定资产，形成大额留抵税额，面临不小的资金压力。几个月前，我们还在担心夏季高峰期保供会受影响，退税资金持续注入，不断补充着我们企业每月的现金流。"在石嘴山市惠农区税务局回访企业税收政策享受情况时，该公司企业负责人郭玉东介绍道，"如果说退存量是'雪中送炭'，那退增量更是'续航赋能'。我们利用退税资金支付了职工工资，也偿还了部分债务，目前企业生产运营动力满满。"

在宁夏税务部门开展的退税企业回访活动中，企业纷纷晒出自己的退税账单，细数退税红利为企业发展带来的变化。走访数据显示，企业退税资金主要用于稳企纾困、扩大生产、研发投入等，同时进一步查漏补缺、广纳意见，保障政策红利的应享、愿享、尽享。

银川安利捷液化气运输有限公司预计期末留抵税额可以正常消化，不打算享受此次留抵退税政策。8月初，税务人员在"回头看"回访中了解到，该企业货款未能及时收回，导致资金出现了缺口，经营存在困难，税务人员当即联系企业辅导申请退税。该企业负责人说："运输行业这两年行情不太好，款项收付时常出现问题，税务部门没有因为我们一开始拒绝享受而忘记我们，太感谢了。"

退回的是税款，增强的是活力。在政策落实中，宁夏税务部门一直坚持退好退快，充分发挥税收大数据"显微镜"作用，不断创新工作流程，抓细清册管理，摸清"底子"，精准定位受益纳税人。同时，加强税务、财政、人行部门协同、无缝衔接,确保退税资金迅速直达纳税人账户。

自 2022 年 7 月起,惠及行业范围将进一步扩围增加 7 个行业,消息让受疫情冲击剧烈的住宿餐饮企业感到振奋。位于金凤区的银川建发大阅城凯悦嘉轩酒店,历年纳税信用等级均为 A、B 级,在此次"回头看"中,税务部门了解到该公司为分公司,企业所得税属于总公司汇总缴纳,导致该公司申报表中无生产经营收入,信用等级被评为 M 级,无法享受留抵退税政策。税务人员当即辅导企业提交相关证明材料申请复评,最终成功帮助企业复评为 A 级纳税人。得益于留抵退税政策带来的 393 万元资金"活水",凯悦嘉轩酒店总经理殷芳表示,资金到得很及时,他们将加速完成酒店的升级改造,提升住宿品质。

截至 7 月 20 日,宁夏合计新增减税降费及退税缓税缓费 181.24 亿元。2022 年以来已有 145.5 亿元增值税留抵退税款退到纳税人账户,超过上年全年退税规模的 3 倍。大规模留抵退税不仅带来了眼前的经济红利,更带来了长远的发展红利,无疑鼓舞了更多企业在困境中求新谋变的信心。

十八、湖南增值税留抵退税政策为企业纾困案例

湖南税务部门持续优化完善系统功能,精准推送新的组合式税费支持政策,为出口退税提速、外贸保稳提质提供了坚实的"税力量"。数据显示,2022 年上半年,湖南税务部门累计办理出口退(免)税 124.25 亿元,同比增加 27.28 亿元,增长 28.1%。

株洲硬质合金进出口有限责任公司是一家集硬质合金研发、生产以

及销售于一体的企业。受疫情影响，企业经营成本持续上涨，资金压力明显增加。

通过税收大数据分析相关情况后，国家税务总局株洲市荷塘区税务局主动安排业务骨干对接企业，在政策讲解、申报辅导、退税审核等方面为企业提供全流程服务。

"申报、审核当日完成，500多万元退税款很快到账，有效补充了公司发展所需的资金流，增强了我们稳产稳销的信心！"株洲硬质合金进出口有限责任公司财务人员刘春垠为税务部门的高效退税点赞。

2022年4月，湖南税务部门率先出台优化出口退（免）税服务助力外贸高质量发展23条举措，为重点企业加速办，对先进制造业、一类企业、影视文化企业、大型骨干外贸企业实现2个工作日内办结。为新办企业优化办，自贸区内新办企业实施"退税核查前置服务""生产型外贸企业按上一类别办理退税"措施。为所有企业限期办、简化办、指导办，推动出口退（免）税办理全面提速。

"在税务部门的精准辅导下，公司今年已快速申报享受出口免抵税额819万元，实实在在的'真金白银'为企业研发创新、出海远航注入了动力。"湖南泰嘉新材料科技股份有限公司财务人员吴立琴说。

不仅出口退税速度快，湖南税务部门还推出了发票电子化、无纸化申报、按"信用＋监管"机制对出口企业实行分类管理等措施，让企业充分享受出口退税政策带来的利好。

"实行单证备案无纸化后，只需在电脑上点一点就可以完成数字化备案，省时省事又省心。"郴州鹏冠国际贸易有限公司财务负责人钟文略说道。

此外，湖南税务部门还针对实际情况，重点支持外贸综合服务、市场采购等外贸新兴业态发展。2022年上半年，全省共有7户外贸综合服务企业办理退税5.03亿元，同比增加2.47亿元。

湖南省税务局负责人表示，湖南税务部门将充分发挥信息化、智能化、数字化优势，打出"精准宣传＋精细服务＋精诚共治"的"组合拳"，不断加快退税进度，助推出口企业盘活资金链条，持续优化税收营商环境，更好服务稳外贸大局。

十九、云南增值税留抵退税政策为企业纾困案例

2022年以来，云南省税务部门聚焦小微企业发展需求，打出"缓减退免"政策"组合拳"，让政策"及时雨"精准滴灌到"企业田"，全力帮扶小微企业渡过难关。

（一）退、留、抵，资金运转"快起来"

作为2022年组合式税费支持政策的重点对象，大规模增值税留抵退税政策为迫切需要"真金白银"支持的小微企业解了"资金之渴"。

"作为一家正处在发展艰难阶段的小微企业，疫情的反复让企业面临着经营成本和维持运转的巨大压力。在关键时刻，留抵退税政策给了企业转机。"个旧市宝硕化建有限责任公司的财务负责人何新珍表示，留抵退税款缓解了企业资金压力，让企业经营焕发出新的生机。

随着新政策的落地见效，同样享受留抵退税"红利"的还有勐海县杨聘号茶叶有限公司。"税务部门第一时间为我们'量身定制'退税方案，19万余元退税款很快就打到了公司账户上，补充了我们的发展资金。"

公司财务人员王瑜表示，公司将把这笔钱投入茶叶品种改良和制茶设备更新。

西双版纳傣族自治州税务部门集合业务骨干组建税收专家顾问团队，充分发挥税收"大数据"的分析作用，筛选出符合条件的留抵退税受益企业名单，通过前置服务、专人跟进、精准辅导等一系列务实举措，将政策以最快速度送达市场主体，助推小微企业"爬坡过坎"。

（二）缓税款，最难关口"挺下来"

2022年，部分税费政策缓缴期限继续延长6个月，给制造业中小微企业带来更有力、更实在的支持，让企业在最难关口"挺下来"。

鲁甸县方睿建材有限公司是一家制造业小微企业，主要从事新型墙体材料生产与销售。受疫情影响，企业面临前所未有的经营挑战。制造业中小微企业税费缓缴政策出台后，昭通市税务部门了解到企业困难，第一时间把延缓缴纳税费政策送到企业管理者手中，问计问需，为企业纾困解难。

"在税务干部的宣传辅导下，我们通过办税绿色通道顺利办理了缓缴税款16万余元，足以帮助我们挺过最困难的时期。"鲁甸县方睿建材有限公司主要负责人马玉界表示，公司在稳定产能、开拓市场、员工扩招方面有了更大的底气。

在大理白族自治州，大理经开区税务局迅速行动，依托社保服务先锋队多渠道开展社保费缓缴宣传工作，同时充分利用税收大数据进行分析研判，精准筛选符合条件的缴费人名单，进企业、进车间、进工地，帮助企业及时享受缓缴红利。

"社会保险费阶段性缓缴政策一发布，企业立刻申请享受缓缴，税务部门也积极帮助我们线上申报 2022 年 7 月至 12 月社保费缓缴，让公司账面一下腾出近 8 万元资金。"大理雅迪汽车销售服务有限公司财务杨志娟表示，公司缓缴的社保费保障了员工工资的正常发放。

（三）减免税，经营成本"降下来"

小规模纳税人阶段性免征增值税政策出台后，叠加现有的起征点等增值税优惠措施，让云南越来越多的小微企业实实在在享受了国家政策红利，更加坚定了加快发展、拓宽市场的信心。

"国家的政策越来越好，税务部门的服务也越来越周到，不仅定期上门走访宣传优惠政策，遇到涉税问题还可以远程辅导解读，对于深处大山腹地的企业来说很方便。"谈及企业发展中的税收服务时，德钦县益西藏文化产业有限公司负责人益西表示，2022 年受惠于小规模纳税人阶段性免征增值税政策，企业预计将收到 10 万元的政策红包，算上"六税两费"减免等新的组合式税费支持政策优惠，政策"大礼包"让企业发展更顺利。

缓、减、退、免税多项政策共同发力，为广大小微企业提供了更广阔的发展空间，形成了助企、纾困、发展的最有力"组合拳"。下一步，云南省税务部门将继续落实好各项惠企纾困措施，让政策红利又快又准又稳"输血"小微企业，呵护和支持小微企业积蓄力量、稳步成长。

第二节

增值税留抵退税政策媒体报道

一、新华社相关报道

（一）1万亿元！新的组合式税费支持政策为企业注入资金"活水"

2022年4月28日报道：2022年我国实施新的组合式税费支持政策，预计全年退税减税约2.5万亿元。国家税务总局27日发布数据显示，截至4月20日，新的组合式税费支持政策已为企业减轻税费负担和增加现金流1万亿元以上。

记者了解到，政策红利主要包括三个部分：一是2022年1月1日至4月20日累计办理留抵退税5 785亿元；二是一季度全国新增减税降费1 980亿元；三是一季度继续实施的制造业中小微企业缓缴税费3 335亿元。

国家税务总局相关负责人介绍，为确保政策落实、落地，落准、落稳，税务部门完善退税操作指引，优化升级信息系统，对内开展视频培训，对外开展辅导解读。4月1日前开展了一轮全覆盖的宣传辅导，并依托全国统一宣传辅导标签体系，向纳税人精准推送留抵退税政策。同时，建立健全快速反应机制，建立100个留抵退税工作直联点，确保问题反映的渠道畅通。

这位负责人表示，下一步，税务部门将继续落实好新的组合式税费支持政策，深入落实各项便民办税缴费措施，并适时再推出新的服务举措；持续优化电子税务局功能，"五一"假期提供退税办理服务；将全国第31个税收宣传月延长至5月底，重点宣传留抵退税政策，有针对性开展宣传辅导；继续依托税收大数据，科学设置审核退税风险指标，切实防范骗取留抵退税风险。

（二）今年超1万亿元留抵退税款已"到账"

2022年5月12日报道：自2022年4月1日实施大规模留抵退税政策以来，截至5月10日，已有9138亿元留抵退税款退至149.5万户纳税人账户。加上一季度实施老的留抵退税政策退税1233亿元，2022年1月1日至5月10日，共有10371亿元退税款退到纳税人账户。

这是记者从11日召开的全国六部门联合打击骗取增值税留抵退税工作推进会上获悉的。

国家税务总局有关负责人介绍，大规模留抵退税政策实施以来，国家税务总局、公安部、最高人民检察院、海关总署、中国人民银行、国家外汇管理局等六部门协同联动，推动政策加速落地，同时对骗取留抵退税违法行为"露头就打"。4月1日至5月10日，已立案检查涉嫌骗取留抵退税企业1800余户，查实448户企业存在骗取或违规取得留抵退税，涉及留抵退税款8.22亿元，公开曝光骗取留抵退税案件74起。

国家税务总局有关负责人强调，各级税务部门要进一步加强审核把关，着力防范骗税风险。对内外勾结、通同作弊骗取留抵退税等行为，深入开展一案双查，发现一起、查处一起、依法严惩、绝不姑息。

（三）六部门严厉打击骗取留抵退税违法犯罪行为

2022年5月23日报道：国家税务总局、公安部、最高人民检察院、海关总署、中国人民银行、国家外汇管理局日前印发通知，明确把打击骗取留抵退税违法犯罪行为作为2022年常态化打击虚开骗税工作重点，集中力量开展联合打击。

通知指出，各地要根据工作需要和具体案件情况，采取联合执法、共同办案等方式组织开展案件查处工作，联合调查取证，积极推动涉税违法犯罪及相关犯罪活动的联合检查调查。

通知明确，准确把握宽严相济刑事政策，把打击骗取留抵退税违法犯罪与贯彻少捕、慎诉、慎押的刑事司法政策以及落实认罪认罚从宽制度有机结合。对于骗取留抵退税犯罪数额巨大、情节恶劣、危害严重的行为，坚决从严惩治。对于初犯、偶犯，及时补缴税款、挽回税收损失的实体企业，可以依法从宽处罚，确保办案政治效果、社会效果、法律效果有机统一。

通知提出，要加强政策宣传，释放严查重处骗取留抵退税等违法行为的强烈信号；加大案件曝光力度，分类分级开展典型案件曝光，不断强化对不法分子的警示震慑。

（四）8.8万亿元！减税降费在实处

2022年5月31日报道：林木施肥于根上，根壮才能枝繁叶茂。减税降费在实处，企业享实惠才能"轻装上阵"。

近十年我国累计新增减税降费8.8万亿元！从2016年全面实施营业

税改征增值税改革到逐步建立综合与分类相结合的个人所得税制，从线下搬到线上，"非接触式"办税缴费实现常态化，中国用阶段性措施和制度性安排相结合，真正做到了留住青山，赢得未来。通过持续减税降费，中国税收占国内生产总值的比值持续下降，市场主体规模稳步增长。2021年年底，中国市场主体总量达1.54亿户，较2012年年底5 500万户增长1.8倍，"一减一增"之间真正实现了"放水养鱼""水多鱼多"的良性循环。

1. 减税降费激发企业创新活力

在减税降费助力下，昔日的中小企业发展壮大，正成为推动中国经济转型的重要力量。回忆起成长的历史，利亚德集团首席财务官沙丽表示，近年来，国家出台的一系列减税降费、扶持科技创新和鼓励企业自主研发的税收优惠政策，为企业后续的技术研发提供了有力保障。仅在2021年，利亚德享受高新技术企业所得税优惠、研发费用加计扣除、软件产品增值税即征即退等税收优惠政策约2 800万元，有力支持了企业创新。

数据显示，仅"十三五"时期，中国鼓励科技创新税收政策减免金额年均增长28.5%，5年累计减税2.54万亿元。

北京博奥晶典生物技术有限公司财务总监牛炜介绍，随着国家减税政策力度提升，公司从最初享受50%的研发费用加计扣除政策到如今享受100%研发费用加计扣除比例，近3年享受的税费优惠金额超过1亿元。

疫情期间，博奥晶典加大研发创新力度，通过整合核酸检测实验室和车载系统的优势研制出新冠病毒核酸检测移动实验室，助力疫情防控。

2. 税费支持为中小微企业发展强元气

"中小企业能办大事!"中小企业量大面广,支撑就业人口多,在稳定增长、促进创新、繁荣市场和改善民生等方面发挥着重要作用。面对错综复杂的内外环境,中国先后推出一系列税费优惠政策为中小微企业发展强元气、增活力。

北京国家会计学院财税政策与应用研究所所长李旭红表示,中国持续加大对中小微企业和个体工商户的税收优惠力度,有助于缓解中小微企业经营压力,对扩大就业和促进宏观经济平稳发展具有积极意义。

立国之道,惟在富民。十年间,中国朝着综合与分类相结合的个人所得税改革迈出实质性步伐。"提高起征点""优化税率表""实施专项附加扣除和综合所得年度汇算"……个税改革大大提高了税收负担分配的公平性,在发展中保障和改善了民生。

中国亿万家庭在个税改革中享受到了实惠。目前,在每年综合所得基本减除费用提升至6万元之外,子女教育、继续教育等六项专项附加也能在缴纳个税时扣除。2022年,中国将3岁以下婴幼儿照护费用纳入个税专项附加扣除,进一步减轻家庭养育负担。

"个税改革对我们这样上有老下有小的家庭,带来了看得见的实惠。"北京市民张晓雪表示,目前已享受到赡养老人和子女教育扣除项目,个税改革带来的专项附加扣除抵扣项目降低了个人应纳税所得额,在工资不变的前提下,实际到手收入提高了。

3. 新的组合式税费支持政策加速落地

十年来,中国办税从线下搬到了线上,便利性大大提升。目前,"非接触式"办税缴费事项已经拓展至233项,除法律规定要求和需线下实物交付，纳税人和缴费人的主要办税缴费事项已全部纳入"非接触式"办理。

"国家的减税降费政策大幅降低了企业经营成本，线上办税则为企业带来了极大便利。"天地伟业技术有限公司财务部经理张超介绍。

2022年，针对经济运行中的新情况，中国推出2.5万亿元组合式税费支持政策，其中1.5万亿元留抵退税相当于直接增加企业现金流。日前召开的国务院常务会议决定"在更多行业实施存量和增量全额留抵退税，增加退税1 400多亿元，全年退减税总量达2.64万亿元"。

2022年4月，青岛能源热电集团第三热力有限公司就已经收到近1 400万元的增值税留抵退税款。"国家这笔退税为企业经营顺畅运转提供了宝贵资金，极大缓解资金上面的燃眉之急，真是一场'及时雨'。"公司总经理官景峰表示。

最新数据显示，截至5月16日，2022年以来减税退税已为企业减轻税费负担和增加现金流超过1.6万亿元。国家税务总局相关负责人介绍，税务部门将继续深入贯彻落实党中央、国务院决策部署，围绕今年实施大规模增值税留抵退税的关键性举措，确保政策落实"最后一公里"高效畅通。同时，对于骗取留抵退税违法犯罪行为露头就打，坚决不让减税降费的"红包"落入不法分子的腰包，切实为市场主体减负增效。

（五）7月起扩大全额退还增值税留抵税额政策行业范围

2022年6月8日报道：财政部、国家税务总局7日发布公告称，自2022年7月1日起，扩大全额退还增值税留抵税额政策行业范围。

2022年以来，大规模增值税留抵退税政策全面落实，帮助企业减负纾困。国务院印发的《扎实稳住经济的一揽子政策措施》提出，进一步加大增值税留抵退税政策力度。

根据两部门此次发布的公告，批发和零售业，农、林、牧、渔业，住宿和餐饮业，居民服务、修理和其他服务业，教育，卫生和社会工作，文化、体育和娱乐业等7个行业企业，纳入按月全额退还增值税增量留抵税额、一次性退还存量留抵税额的政策范围。符合条件的行业企业，可以自2022年7月纳税申报期起向主管税务机关申请退还增量留抵税额、一次性退还存量留抵税额。

公告称，各级财政和税务部门要坚决贯彻党中央、国务院决策部署，在纳税人自愿申请的基础上，狠抓落实，持续加快留抵退税进度。同时，严密防范退税风险，严厉打击骗税行为。

（六）我国今年已新增退税减税降费及缓税缓费超2万亿元

2022年6月13日报道：国家税务总局6月10日数据显示，截至6月9日，全国已累计新增退税减税降费及缓税缓费超2万亿元。

在国家税务总局当天召开的"落实留抵退税政策 助力稳住经济大盘"专题新闻发布会上，国家税务总局新闻发言人荣海楼介绍，这2万多亿元主要包括三部分：一是4月1日至6月9日，已有14 250亿元退税款退到纳税人账上，再加上一季度继续实施此前出台的留抵退税老政策1 233亿元，已累计有15 483亿元退税款退到纳税人账户，超过上年全年办理退税规模的两倍；二是1—4月全国新增减税降费2 440亿元，包括小规模纳税人享受增值税优惠政策新增减税335亿元，"六税两费"减半征收政策新增减税降费476亿元，将小型微利企业年应纳税所得额100万元至300万元部分再减半征收政策新增减税164亿元等；三是继续实施制造业中小微企业缓缴政策累计缓缴税费4 289亿元。

"在大规模增值税留抵退税政策落实方面,从企业看,微型、小型、中型企业存量留抵税额集中退还基本完成,小微企业依然是受益主体。"荣海楼说,4月1日至6月9日,已获得退税的纳税人中,小微企业占比94.9%,共计退税7 039亿元;中型企业占比4.4%,共计退税3 412亿元。

国家税务总局货物和劳务税司司长谢文表示,疫情期间,留抵退税以"真金白银"帮助企业渡过难关。批发零售、民航等服务业是受疫情影响较大的行业。其中,有81.4万户困难行业企业享受退税2 593亿元,5月份销售收入同比增长8%,较一季度加快6.9个百分点。税务部门将进一步优化征管系统功能,确保政策落实更快、体验更好。

国家税务总局纳税服务司司长韩国荣介绍,全国税务部门自6月3日起,在12366纳税缴费服务热线开通"退税减税意见专线",专门听取社会各界对税务部门在落实新的组合式税费支持政策方面的意见建议,按日归集整理,及时研究反馈。

二、人民日报相关报道

(一)退的是资金 增的是信心

2022年4月25日报道:2022年我国实施新的组合式税费支持政策。要狠抓政策落实落地,持续优化办税缴费服务,确保税费政策红利及时直达市场主体。

最近,"退税"成了不少企业关注的热点:重庆莱茵达西部体育发展有限责任公司负责人伍勇,4月1日一大早就登录电子税务局,申请退还增值税留抵退税;浙江野马电池股份有限公司财务人员丁钢骑,前些天刚办完一笔出口退税申报,退税款隔日审核到账;受益于2022年推出的个税年度汇算优先退税服务,安徽一家金属锻造企业职工李先生只等了两天就收到了退税款。一个个"退税"故事,彰显出宏观政策着力惠企利民的坚定决心。

实施增值税留抵退税,为市场主体渡过难关增添信心。当前我国经济面临需求收缩、供给冲击、预期转弱三重压力,在这个时候,资金对企业生存发展尤为重要。实施大规模增值税留抵退税,向小微企业、制造业等重点行业倾斜,相当于将税款以"真金白银"的形式实实在在地退还给企业。留抵退税,退的是资金,增的是信心。直接增加企业即期收入,对于急需资金支持或正处于扩张期的企业来说,能起到帮一把、扶一程的作用,有力帮助企业纾困解难、轻装前行。

完善出口退税,能让外贸型企业开拓市场更有底气。面对疫情不利影响,外贸企业主动求变、积极应变,国家政策为他们提供了重要支撑。时间就是金钱。2021年以来,更快的退税速度、更新的服务举措,有效推动了外贸高质量发展。2022年,我国还将多措并举稳定外贸,加快出口退税进度,帮助外贸企业稳订单稳生产。

提升个税年度汇算清缴便利度,能使纳税人更有获得感。相关研究发现,在当前个人所得税制度下,我国的个税年度汇算清缴退税率在国际上属于合理水平,这背后有赖于我国较为精准、高效的个税预缴制度。为了提升办税效率和申报体验,防止汇算初期扎堆办理给纳税人造成不便,2022年税务部门还推出了预约办理服务,以及对"上有老下有小"和看病负担较重的纳税人推出优先退税举措,让人们更真切地感受到纳税服务的速度和温度。

2022年,我国实施新的组合式税费支持政策,预计退税减税约2.5万亿元,规模为历史之最,不仅涉及项目多、税种费种多、企业户数多,而且操作实施要求高、市场主体期待高,时间紧、任务重。4月起,小规模纳税人免征增值税、符合条件的微型企业存量留抵退税等业务已启动办理。往后看,任务表排得也是满满当当。迎难而上抓落实,紧锣密鼓之中,各项工作千头万绪,如何有力有序有效开展?一方面,应继续围绕重点任务倒排工期、压茬推进,确保税费政策红利及时直达市场主体;另一方面,要持续优化办税缴费服务,不断提升纳税人缴费人获得感。此外,税务部门也要及时追踪落实成效,做好政策效应分析,算好政策落实账、发展效应账、税费红利账。

2022年4月是第三十一个全国税收宣传月,今年宣传月重点做的就是宣传解读新的组合式税费支持政策,帮助广大纳税人缴费人应知尽知、应享尽享政策红利。以更快速度落实政策,以更大力度助企纾困解难,实招硬招已见成效。

(二)前4个月共有9 248亿元退税款退到纳税人账户——留抵退税助企纾困效应显现

2022年5月11日报道:实施增值税大规模留抵退税,是新的组合式税费支持政策的主要内容,是2022年稳定宏观经济大盘的关键性举措,全年新增留抵退税约1.5万亿元。为确保大规模增值税留抵退税政策落实落地,经报国务院批准,财政部、国家税务总局、中国人民银行成立三部门会商机制。5月10日,三部门联合举行留抵退税新闻发布会,介绍有关情况。

国家税务总局副局长王道树在会上介绍,2022年4月1日至30日,全国已有8 015亿元增值税留抵退税款退到145.2万户纳税人账户上,加上一季度继续实施此前出台的留抵退税老政策退税1 233亿元,1—4月共有9 248亿元退税款退到纳税人账户上,助企纾困的政策效应已经开始显现。

财政部税政司司长贾荣鄂介绍,今年实施的留抵退税政策安排有三方面特点：一是优先安排小微企业，加大小微企业增值税留抵退税政策力度；二是重点支持制造业等行业，全面解决制造业等行业留抵税额问题；三是加快退税工作进度，让企业更早受益。

为落实相关退税减税政策，财政部密切跟踪经济运行情况，及时优化政策落实举措，推动政策尽快落地生效。在狠抓小微企业留抵退税落实进度方面，要求各级财政部门建立健全工作机制，与税务等部门密切配合，上下协同，强化资金保障，简化退税审核程序，加快留抵退税办理进度。在提前中型企业退税实施时间方面，此前已发通知将中型企业存量留抵退税实施时间由2022年三季度提前至5月1日实施、6月30日前集中退还。

国家税务总局货物和劳务税司司长谢文介绍，4月份，在收到8 015亿元退税款的145.2万户纳税人中，小微企业是受益主体。已获得退税的纳税人中，小微企业共139.5万户，占比96.1%，共计退税4 189亿元，占比52.3%。享受存量和增量留抵退税的"制造业""电力、热力、燃气及水生产和供应业""交通运输、仓储和邮政业""科研和技术服务业""软件和信息技术服务业""生态保护和环境治理业"6个行业受益明显，共52.2万户纳税人获得退税3 927亿元。

为使"真金白银"尽快落到企业口袋，税务部门建立纳税人留抵退税情况动态台账，逐户摸清退税底数，按日跟踪分析各地退税数据，按旬评估分析退税进度，抓牢4月份集中退还微型企业存量留抵税额这一关键节点，及时提示提醒纳税人尽快申请享受留抵退税。各级税务机关与财政、人民银行国库部门密切协作，紧紧依托政府牵头建立的协调机制，加强信息共享、强化资金保障，有序办理退税，确保退税红利快速直达纳税人。

（三）大规模留抵退税落实落细，2022年以来已有10 371亿元退税款退到纳税人账户——助企纾困效应显现

2022年5月12日报道：国家税务总局最新发布的数据显示，4月1日至5月10日，已有9 138亿元留抵退税款退至149.5万户纳税人账户，再加上一季度继续实施此前出台的留抵退税老政策退税1 233亿元，1月1日至5月10日，共有10 371亿元退税款退到纳税人账户，助企纾困的政策效应已经开始显现。

据悉，为确保大规模增值税留抵退税政策落实落地，经报国务院批准，财政部、税务总局、中国人民银行成立了三部门会商机制。目前，留抵退税政策落实情况如何？三部门为高效推进政策落实主要采取了哪些具体措施？三部门近日联合举行留抵退税新闻发布会回应了普遍关注的问题。

1. 中小微企业是受益主体，制造业等行业受益明显

实施增值税大规模留抵退税，是新的组合式税费支持政策的主要内容，是2022年稳定宏观经济大盘的关键性举措，全年新增留抵退税约1.5万亿元。

"今年实施的留抵退税政策安排有以下特点：一是优先安排小微企业，加大小微企业增值税留抵退税政策力度；二是重点支持制造业等行业，全面解决制造业等行业留抵税额问题；三是加快退税工作进度，让企业更早受益。"财政部税政司司长贾荣鄂表示，财政部密切跟踪经济运行情况，及时优化政策落实举措，推动政策尽快落地生效。在狠抓小微企业留抵退税落实进度方面，要求各级财政部门建立健全工作机制，与税务等部门密切配合，上下协同，强化资金保障，简化退税审核程序，

加快留抵退税办理进度。在提前中型企业退税实施时间方面，此前已发通知将中型企业存量留抵退税实施时间由2022年三季度，提前至5月1日实施、6月30日前集中退还。

税务总局货物和劳务税司司长谢文表示，税务部门积极作为，建好机制抓落实、科学统筹提进度，建立纳税人留抵退税情况动态台账，逐户摸清退税底数，按日跟踪分析各地退税数据，按旬评估分析退税进度，抓牢4月份集中退还微型企业存量留抵税额这一关键节点，及时提示提醒纳税人尽快申请享受留抵退税。

数据显示，4月1日至5月10日，已到纳税人账户的9 138亿元留抵税款中，中小微企业户数占比99.3%，退税金额占比72.7%。享受存量和增量留抵退税的"制造业""电力、热力、燃气及水生产和供应业""交通运输、仓储和邮政业""科研和技术服务业""软件和信息技术服务业""生态保护和环境治理业"6个行业受益明显。

2. 主动作为、多措并举，确保退税款及时退付

据介绍，为保障财政支出强度，支持税务部门加快办理留抵退税，人民银行靠前发力，根据退税进度，加快向中央财政上缴利润的节奏，2022年以来，已累计上缴结存利润8 000亿元，全年上缴利润将超1.1万亿元，为退税资金保障打下坚实基础，直接增强财政可用财力，进一步激发微观主体活力。

中国人民银行国库局局长董化杰介绍，4月18日，中国人民银行、国家外汇管理局出台了加强金融服务、加大支持实体经济力度的23条政策举措，其中专门强调要落实好增值税留抵退税政策，畅通退税资金拨付、退付通道。同时，中国人民银行充分利用国库信息化系统，实现

退税业务全链条无纸化办理。各级国库及时拨付留抵退税专项转移支付补助资金,有效增强了基层退税资金保障能力;提高国库审核监督效率,做到退税业务"即来、即审、即办",确保退税资金账目清晰、流向准确,安全、快速退到申请人账户。

为保障基层应退税款及时退付、财政运行不受影响,2022年以来,财政部通过特定国有金融机构和专营机构近年结存利润,安排支持基层落实减税降费和重点民生等转移支付1.2万亿元,包括新出台留抵退税政策专项资金6 200亿元、其他退税减税降费专项资金3 000亿元、补充县区财力专项资金2 800亿元。中央财政将专项资金纳入直达资金范围,实行单独调拨。其中,列入2022年预算的8 000亿元转移支付资金已分别于3月21日、4月14日分批下达。

财政部预算司司长王建凡说,预算下达后,财政部督促指导各省级财政部门对退税规模较大、财政相对困难的县区制定针对性财力保障方案,特别是退税额度超过自身财力水平的重点县区,要予以密切关注,开展一对一辅导,确保这些县区在做好退税资金保障的同时,实现财政平稳运行,"三保"保障不出问题。比如,辽宁等地统筹中央补助和自有财力,对退税规模较大、财政运行较为困难的县区留抵退税给予100%补助。

为确保退税资金及时拨付,各级财政部门切实采取有效措施加大库款调拨力度。江苏依托预算管理一体化系统创建增值税留抵退税预警模块,对库款动态保障倍数低、申报退税计划大于库款余额、实际退税金额大于专项资金调拨的情况及时预警,并在1天内快速精准调度库款确保基层退税资金需求;陕西调整完善增值税留抵退税省以下分担机制,省级财政统一垫付留抵退税地方分担50%部分,确保及时足额退付。

3.既推动政策直达快享,也从严打击骗税违法行为

自大规模增值税留抵退税政策公布以来,税务总局充分利用各类渠道,对纳税人进行宣传辅导,推动"政策找人"、直达快享。以"税收优惠促发展 惠企利民向未来"为主题,开展第三十一个全国税收宣传月活动,并将宣传月活动延长至5月底,重点宣传留抵退税政策。打造全国统一的宣传辅导标签体系,通过电子税务局直接将留抵退税优惠政策精准推送至纳税人,2022年以来已惠及纳税人1 059万户次。5月,还将重点指导各省份主管税务机关,根据最新的企业清册,完成企业法人、财务人员、办税人员等的分类辅导。

税务总局纳税服务司司长韩国荣介绍,为了让纳税人更快更便利地享受留抵退税政策,税务部门大力推进"非接触式"办税方式,通过不断优化电子税务局功能,让纳税人"足不出户"即可享受优惠政策。税务总局还建立了快速反应机制,设立100个留抵退税工作直联点,畅通问题反映渠道,确保纳税人便利、快捷享受留抵退税红利。

留抵退税是给企业真金白银的支持,既应便捷高效为守法纳税人办理退税,又要精准严密防范骗取留抵退税行为,确保退税资金精准直达符合条件的企业。

税务总局督察内审司司长邓勇表示,税务部门一方面在公安等部门大力支持下,从严从重打击骗取留抵退税违法行为,快速选案、从严检查、分类处理、加强曝光,建立税务总局、驻各地特派办和省市区税务局多层次、立体化的案源管理体系,力求对骗取退税的企业早分析、早发现、早立案、早查处。另一方面,严肃查处税务人员不作为、慢作为、

乱作为甚至内外勾结、通同作弊等违法违纪行为,释放从严监督、依法惩处的强烈信号。下一步,将持续保持高压严打态势,加大税务稽查打击力度,对骗取留抵退税等各类违法行为做到"露头就打",全力确保留抵退税政策落实落细、落准落稳。

(四)六部门联合打击骗取增值税留抵退税——4月1日至5月10日立案检查涉嫌骗取留抵退税企业1 800余户

2022年5月13日报道:国家税务总局、公安部、最高人民检察院、海关总署、中国人民银行、国家外汇管理局日前在北京召开全国六部门联合打击骗取增值税留抵退税工作推进会。会议指出,留抵退税政策实施以来,六部门协同联动,对骗取留抵退税违法犯罪行为坚持露头就打、打早打小、打准打狠,取得初步成效。4月1日至5月10日,已立案检查涉嫌骗取留抵退税企业1 800余户,已查实448户企业存在骗取或违规取得留抵退税,涉及留抵退税款8.22亿元,已公开曝光骗取留抵退税案件74起,释放严查重处骗取增值税留抵退税违法行为的强烈信号。

会议强调,要认清严峻形势,充分认识严厉打击骗取留抵退税工作的紧迫性。要精诚合作共治,不断增强严厉打击骗取留抵退税工作的协同性。要紧紧依靠地方党委政府,认真落实六部门《关于做好常态化打击虚开骗税违法犯罪工作的指导意见》,坚持不懈把打击"假企业""假出口""假申报"工作引向深入,持续扩大战果。要把打击骗取留抵退税作为六部门当前常态化打击工作的重中之重,提升打击精度,加快打击速度,拓展打击维度,加大处罚力度,护航留抵退税政策落准、落好。要加强组织领导,着力健全六部门联合推送案源、联合查办案件、联合督办大案、联合专项行动等工作机制,形成更强劲的工作合力。要聚焦团伙式、跨区域、虚开发票虚增进项骗取留抵退税等违法犯罪行为，加强联合研判和情报导侦，以零容忍的态度坚决予以打击，形成打击骗取留抵退税的压倒性态势。要强化协同联动，积极推动六部门逐步实现常态化、制度化数据共享，加大信息整合和情报分析力度，努力实现对骗取留抵退税违法犯罪行为的全链条、一体化打击。要分类分级开展典型案件曝光，不断强化对不法分子的警示震慑。

（五）2022年新的组合式税费支持政策实施以来为企业减负担增现金流超1.6万亿元

2022年5月18日报道：2022年，我国实施新的组合式税费支持政策。国家税务总局数据显示，截至5月16日，已累计为企业减轻税费负担和增加现金流超1.6万亿元，特别是为中小微企业和个体工商户纾困解难，提振了市场主体信心。

——留抵退税稳步推进。从4月1日开始办理微型企业存量和其他行业增量留抵退税以来，截至5月16日已办理退税9 796亿元；加上一季度继续实施老的留抵退税政策退税1 233亿元，2022年共有11 029亿元留抵退税款退到了纳税人账户。"能提前拿到1 300多万元留抵退税款，不仅缓解了我们的现金流压力，也让公司有更多资金投入生产研发。一步快、步步快，我们有信心更快研发出更优质的产品。"重庆沃特智成新材料科技有限公司负责人张亮说。

——减税降费持续发力。2022年，我国坚持阶段性措施和制度性安排相结合，一方面，延续实施扶持制造业、小微企业和个体工商户的减税降费政策，提高减免幅度、扩大适用范围，并对小规模纳税人阶段性免征增值税；另一方面，对小微企业年应纳税所得额100万元至300万元部分，再减半征收企业所得税。

——缓缴税费增强信心。2022年以来,税务部门共办理制造业中小微企业缓缴税费3 778亿元。"去年第四季度,我们缓缴了16万元税款,今年缓税政策继续延长6个月,我们计划增加收购2万余吨水果,解决周边农户的农产品销路问题,为乡村振兴添份力。"河南汇源富民果业有限公司财务负责人黎彩红说。

为确保新的组合式税费支持政策落实落细,国家税务总局充分利用各类渠道,对纳税人进行宣传辅导,推动"政策找人"、直达快享,及时发布"一揽子""清单式""可视化"政策解读产品,打造全国统一的宣传辅导标签体系,通过电子税务局直接将留抵退税优惠政策精准推送至纳税人,2022年以来已惠及纳税人1 059万户次。

(六)留抵退税政策稳经济效应显现

2022年6月14日报道:日前,国家税务总局举行"落实留抵退税政策 助力稳住经济大盘"专题新闻发布会,介绍了留抵退税相关政策的最新进展。数据显示,截至6月9日,已累计新增退税减税降费及缓税缓费超2万亿元。

1."真金白银"直达企业

近段时间来,全国税务系统积极落准、落好新的组合式税费支持政策特别是大规模增值税留抵退税政策,让"真金白银"以最快速度直达企业。

国家税务总局新闻发言人荣海楼表示,累计超2万亿元的新增退税减税降费及缓税缓费主要包括三个部分:

一是4月1日至6月9日,已有14 250亿元退税款退到纳税人账上,再加上一季度继续实施此前出台的留抵退税政策1 233亿元,已累计有15 483亿元退税款退到纳税人账户,超过上年全年办理退税规模的两倍。

二是1—4月全国新增减税降费2 440亿元，包括小规模纳税人享受增值税优惠政策新增减税335亿元，"六税两费"减半征收政策新增减税降费476亿元，将小型微利企业年应纳税所得额100万元至300万元部分再减半征收政策新增减税164亿元等。三是继续实施制造业中小微企业缓缴政策累计缓缴税费4 289亿元。

具体到大规模增值税留抵退税政策落实方面，4月1日至6月9日，微型、小型、中型企业存量留抵税额集中退还基本完成，小微企业依然是受益主体。

"一系列税费支持政策红利逐步释放、成效日渐显现，为市场主体纾困解难、提振发展信心发挥了积极作用。近日，国家税务总局开展了新的组合式税费支持政策落实情况专项评估，共收到1.5万户纳税人意见反馈，98.05%的纳税人对税务部门落实税费支持政策工作表示满意，96.06%的纳税人认为办理相关业务便利度高，92.75%的纳税人认为享受政策获得感明显。"荣海楼说。

2. 有力支撑经济稳定

留抵退税政策起到了哪些作用？国家税务总局货物和劳务税司司长谢文介绍，5月份，全国享受退税企业采购支出同比增长10.9%，较留抵退税前的一季度加快3个百分点，增幅比无退税企业高7.5个百分点。从对企业的抽样调查情况看，退税资金主要用于扩大生产、技术研发、支付薪酬等方面，改善了企业现金流。

助力小微企业纾困加快发展。中小微企业（含个体工商户）是留抵退税政策的主要受益群体，5月份，小微企业中的退税企业销售收入同比增长12.7%，较一季度加快16个百分点，增幅比无退税企业高17.8个百分点。

助力困难地区、困难行业渡过难关。批发零售、民航、旅游、文化艺术等服务业是受疫情影响较大的行业。其中，有 81.4 万户困难行业企业享受退税 2 593 亿元，其 5 月份销售收入同比增长 8%，较一季度加快 6.9 个百分点，增幅比无退税企业高 14.3 个百分点；上海纳税人享受退税 526 亿元，5 月份销售收入达到去年同期的 75.9%，较 4 月份提升 24.8 个百分点，增幅比无退税企业高出 2.4 个百分点。

助力重点行业高质量发展。5 月份，六大行业退税企业采购支出同比增长 14.7%，较一季度加快 1.5 个百分点，增幅比无退税企业高 6.3 个百分点；推动六大行业退税企业销售收入同比增长 14.3%，较一季度加快 2.9 个百分点，提升幅度比无退税企业高 8.3 个百分点，增强了重点领域高质量发展的内生动力。

谢文表示，面对疫情冲击和经济下行压力，退税企业经营投入稳中有升。

3. 强化监督优化服务

国家税务总局纳税服务司司长韩国荣表示，为进一步落实好留抵退税等新的组合式税费支持政策，2022 年以来税务部门在全力推进优惠政策落地的基础上，积极主动听取纳税人缴费人等各方意见建议，不断完善和改进服务举措。

自 2022 年 4 月起，国家税务总局在全国建立 100 个基层税务局直联点、100 个办税服务厅直联点、每省 100 个纳税人直联点，直接听取来自第一线的声音。在优化体验方面，税务部门主动邀请各级人大代表、政协委员、特约监督员、企业代表担任税费服务体验师，作为税费服务、政策落实的"监督员""质检员"，利用线上、线下等不同办理渠道，体验申请、审核等不同业务环节。目前，税费服务体验师达 3.7 万余名。

"国家税务总局建立稽查、督审、纪检等部门参与的工作协调机制,加强留抵退税内督外查统筹协调。紧盯税务机关和税务人员履职尽责情况,持续推进督察工作,有针对性地部署开展专项督察,确保问题查深查透查到位。加大对骗取留抵退税案件'一案双查'的力度,严肃查处各类违纪违法行为,切实有效发挥监督合力。"国家税务总局督察内审司司长邓勇说。

荣海楼说,未来,国家税务总局将从落细政策促快享、升级系统增便利、精准辅导广覆盖、广聚众智促改进、内外并重防风险5个方面持续加大力度,不折不扣抓好政策落实。

(七)留抵退税:见实效 增信心

2022年7月4日报道:2022年我国实施大规模增值税留抵退税政策,力度不断加大、覆盖面不断扩围,正按时间表有序推进。目前,留抵退税政策落实情况如何?市场主体感受如何?记者进行了采访。

1.助力市场主体纾困解难,留抵退税政策效应凸显

"留抵退税好比及时雨,帮我们挺过了最难的日子。"重庆美沣秦安汽车驱动系统有限公司办税人员安爽爽坦言,2022年年初,公司正加紧研发新的混动系统,由于成果还没出来,无法产生收益,现金流十分紧张。"作为一家小微企业,我们恨不得每分钱都掰成两半用。在这一关键时刻,我们收到了18万元退税款,解了燃眉之急。"安爽爽说。

2022年,我国实行更大规模留抵退税政策,为很多企业尤其是小微企业缓解了资金压力。4月1日至6月25日,已有17 033亿元退税款退到纳税人账上,加上第一季度继续实施此前出台的留抵退税政策,累计已有18 266亿元退税款退到纳税人账户。其中,小微企业是受益主体。

留抵退税政策，为受疫情影响较大的旅游、民航等困难行业"雪中送炭"，助其渡过难关。

"今年以来，我们受疫情影响闭园几个月，这期间没有门票收入，而维护、人工成本等支出不少，多亏有了1 632万元留抵退税款，帮我们挺了过来。"河南爱思嘉农业旅游开发有限公司财务负责人许静说，"这笔资金保证了300多名职工工资的发放，又支付了工程款和借款利息。4月开园前，公司还开辟了恐龙乐园、儿童乐园、农产品采摘等农旅观光项目。"

助力市场主体纾困解难，留抵退税的政策效应凸显。近期，国务院部署实施扎实稳住经济的一揽子政策措施，在更多行业实施存量和增量全额留抵退税，预计新增留抵退税1 400亿元，将直接为市场主体提供现金流，有效缓解困难企业资金压力。

"留抵退税政策扩围，我们预计能申请400多万元存量留抵退税。"云南昭通超越农业有限公司财务负责人先明楼说，"农业企业投资周期长，资金压力较大，上半年又是种植关键期，使用资金量大。有了这笔钱，下半年的农业生产、研究院建设都可以顺利推进。"

甘肃白银兴顺源商贸有限公司负责人王守恩说："政策扩围后我们准备立刻申请退税。等7月份留抵退税款到账，我们要补充企业现金流，让公司加快运转起来。"

"扩大留抵退税政策行业范围，将进一步释放政策红利，解决更多行业、更多市场主体的资金困难问题。此次新增的7个行业与民生息息相关，给予其全额留抵退税，缓解企业现金流压力，也有助于更好地稳就业、保民生。"北京国家会计学院教授李旭红说。

2. 为市场主体降成本，更有助于激发活力、增添动力

税务部门近期开展的抽样调查显示，企业主要将退税资金用于扩大生产、技术研发、支付薪酬等方面。专家表示，我国大力改进留抵退税制度，不仅有利于降低企业资金占用成本，也有助于释放市场主体活力、增添发展动力。

——扩大生产有底气。"7 029万元退税款很快就到账了，大大缓解了公司资金压力。"新疆乌鲁木齐地下综合管廊投资管理有限公司财务负责人张煊说，公司承建的电力廊道建设项目，前期投入大、运营周期长，资金压力不小。有了这笔退税款，公司将加快推进地下综合管廊项目建设，为重点项目供电基础设施建设提供保障。

——坚定创新信心足。"前期研发花了大量资金，贷款进度又缓慢，可我们只差四支拱架焊接就能研制成功了。"涪特智能装备（重庆）有限公司负责人龚岗说，因为资金问题，研发一直断断续续。

留抵退税政策实施后，公司第一时间申请退还了53万余元的留抵税。"我们用退税款买了2台测试设备、10余吨生产材料，重新启动了停摆的研发项目，下一步就是集中力量攻关了，我们对项目很有信心。"退税资金到手让龚岗重拾信心。

——转型发展闯新路。"受疫情影响，公司近两年的营业收入比2019年减少了近五成。"广东广垦热带农业公园有限公司负责人许先生坦言压力，但他坚信主动转型才有出路。

"我们要用好100多万元留抵退税款，拓宽多元化发展之路，相信一切都会好起来的。"许先生说，今后景区将以发展热带特色农业为抓手，种植有机番石榴、红杨桃等特色水果，还将建设农耕文化园、滨水公园、游乐广场等多个文旅项目，实现科技、旅游与农垦元素的深度融合。

税务部门数据显示，5月，全国获得退税的企业采购支出同比增长10.9%，较一季度加快3个百分点，增幅比无退税企业高7.5个百分点。退税企业经营投入稳中有升，5月销售收入同比增长10.6%。

中国社会科学院财经战略研究院副研究员蒋震认为，实施留抵退税有助于解决大规模固定资产购置、产品周转期长等带来的企业资金占用问题，增强重点领域高质量发展的内生动力，对于稳定我国产业链供应链、增强经济发展韧性具有重要意义。

3. 创新方式、提升服务、跟踪问效，退税政策直达快享

汇总数据，实时监控各环节办理情况，督促各区县税务局开具收入退还书……更大规模留抵退税政策出台后，这套流程成了重庆市税务局收入规划核算处副处长陈超每天的必修课，"我们要确保每笔退税款退得既快又好"。

退税直达快享，离不开各部门高效协作。在重庆，渝中区税务局成立"留抵退税工作专班"，与区财政局、金融部门密切配合，为特殊困难企业开通绿色通道，指定专人受理；奉节县税务局与县财政局、人民银行奉节支行通过"三张清单"制度加强信息共享，提升退税质效……

2022年以来，税务部门坚持"快退税款、狠打骗退、严查内错、欢迎外督、持续宣传"五措并举，落实落细新的组合式税费支持政策特别是大规模增值税留抵退税政策，让"真金白银"以最快速度直达企业，助力稳住宏观经济大盘。

留抵退税政策好不好，市场主体最有发言权。

——察实情、听真话，从纳税人视角了解政策效应。厦门税务部门采用"随机挑选＋定向选取"方式，对不同行业、规模、注册类型的

150余家企业开展问卷调查和走访调研。各区税务局分别建立起"听取诉求—完善举措—提升质效"工作机制，通过"组团"上门、电话回访等形式，问计问需问效于企。"税务干部讲的政策都很适合我们，看得出下了功夫。"福建厦门建发集团财务部总经理李默澜在参加税务部门组织的政策宣讲会后说。

——提建议、谋点子，税务体验师做税费服务的"质检员"。近期，四川多地邀请人大代表、政协委员、媒体人员、市民代表等担任税务体验师，从政策宣传到接收退税资料、退税金额到达纳税人账户，全流程、近距离体验便捷退税。"留抵退税政策出台及时，办税人员服务贴心、业务扎实，相信能为市场主体提供更高效便利规范的税费服务。"被乐山市税务局聘为税务体验师的乐山市太阳能研究院院长姜希猛说。

国家税务总局相关负责人表示，下一步，税务部门将持续做好跟踪问效，推动税费服务工作质效持续提升，确保留抵退税等新的组合式税费支持政策落准、落好，不断提振市场主体信心，更好促进经济社会高质量发展。

三、光明日报相关报道

（一）新的组合式税费支持政策效果显现——已为企业减轻税费负担和增加现金流超1万亿元

2022年4月28日报道：记者27日从国家税务总局获悉，2022年以来，全国税务系统采取一系列措施，实施新的组合式税费支持政策特别是大规模留抵退税政策。截至4月20日，已累计为企业减轻税费负担和增加现金流1万亿元以上。

国家税务总局有关负责人介绍，为企业减轻税费负担和增加现金流主要包括三个部分：一是4月1日至20日，留抵退税到企业账户金额已达4 552亿元，加上一季度继续实施老的留抵退税政策退税1 233亿元，2022年1月1日至4月20日累计办理留抵退税5 785亿元。二是一季度全国新增减税降费1 980亿元。三是一季度继续实施的制造业中小微企业缓缴税费3 335亿元。这些红利为企业特别是小微企业及个体工商户纾困解难、提振市场主体信心发挥了积极作用。

（二）税费红包"落"到位 企业信心提上来

2022年6月2日报道：2022年，我国实施新的组合式税费支持政策，预计全年退减税2.64万亿元，其中，增值税留抵退税1.64万亿元。据统计，截至5月16日，减税退税今年已为企业减轻税费负担和增加现金流超过1.6万亿元。

在享受这些真金白银的政策红利过程中，企业有哪些获得感？日前，税务总局在全国范围内开展新的组合式税费支持政策落实情况专项调查评估，对涵盖不同行业、规模、注册类型的15 160户纳税人缴费人，开展线上问卷调查和"面对面"访谈。结果显示，98.1%的纳税人缴费人对税务部门落实新的组合式税费支持政策的举措表示满意。

1. 便利——96.06%的纳税人缴费人认为享受政策便利

"享受政策很便利，比如报表填写简单，很多数据不用自己填，系统会自动带出来；比如很多优惠政策申报了就能享受，不用额外提交资料，遇到问题还能线上接受远程辅导；业务办结也很迅速，很多优惠政策申报后办理效率非常高。"谈及享受新的组合式税费支持政策的便利之处，湖南机油泵股份有限公司法定代表人许仲秋说。

和许仲秋有同样感受的人不在少数。税务总局的调查显示，96.06%的纳税人缴费人认为享受政策"非常便利"或"比较便利"，在政策享受便利度上较为满意。

记者了解到，随着全国"智慧税务"建设步伐不断加快，电子税务局已成为纳税人缴费人办理涉税涉费业务的首选渠道。在本次调查评估中，有97.48%的纳税人缴费人通过电子税务局全程自主办理新的组合式税费支持政策相关业务。

北京大学法学院教授、中国法学会财税法学研究会会长刘剑文表示，近年来不断加快的"智慧税务"建设，以及税务系统持续提升的精细服务能力，为新的组合式税费支持政策精准落地、靠前发力奠定了良好基础。各级税务部门不断完善电子税务局、手机办税App等线上办税平台功能，对符合条件的纳税人进行政策精准推送，让减税降费政策真正变成"看得见、摸得着"的幸福感、获得感。

2. 快享——超98%符合条件的企业已享受优惠政策

江苏金昇实业股份有限公司是以高端装备制造为主的企业，受疫情反复的影响，公司业务受到一定程度冲击，面临较大的资金周转压力，幸而大规模增值税留抵退税政策化解了企业的资金难题。

"从政策辅导、退税申请到业务受理、审批，再到流程跟踪、到账提醒，税务部门全程跟踪辅导，帮我们在短时间内及时拿到'真金白银'，解了燃眉之急。"公司法定代表人潘雪平告诉记者，目前，公司已收到留抵退税款1 600余万元。

据了解，新的组合式税费支持政策包括退税、减税、免税、缓税、降费、缓费，政策生效和截止时间节点不尽一致。税务总局在政策落实推进过程中，迅速准备、紧密排期，把握节奏、科学统筹，按照既定时间表、路线图有序推进实施，迅速落地兑现。调查显示，超过98%的符合条件的企业已享受税费优惠政策。

"在新冠肺炎疫情影响较大的情况下，税务部门在短短几个月的时间内，就将大量资金'活水'直达企业，进一步增强了企业发展的底气、勇气和信心，为经济社会发展添注了强劲动力。"中山大学教授杨小强指出。

3. 信心——超九成纳税人缴费人认为税费支持政策将产生积极影响

信心比黄金更重要。当前，我国经济发展面临较大下行压力，为1.5亿户市场主体添信心增底气，是实施新的组合式税费支持政策的重要目的之一。

位于河南郑州的起初共享生态科技产业有限公司，因产业链周期长、收益慢，反复的疫情让公司投资的项目近乎夭折。大规模增值税留抵退税政策实施后，公司利用取得的358万元留抵退税款实现转型，孵化了新的项目，公司经营者吴颜男也对未来充满了信心。

放眼全国，税费支持政策，让很多企业焕发生机，让很多纳税人缴税人重拾信心。调查显示，92.82%的纳税人缴费人认为新的组合式税费支持政策对企业生产经营有"非常积极"或"比较积极"的影响，92.75%的纳税人缴费人表示对于新的组合式税费支持政策"获得感很强"或"获得感较强"。

全国政协常委、中国税务学会副会长张连起表示，新的组合式税费支持政策实现退税、减税、免税、缓税、降费、缓费等政策叠加发力，多种形式为纳税人缴费人减负增效。一方面，继续支持制造业和中小微企业发展，缓解企业现金流压力，提升企业经营信心；另一方面，加大企业创新激励力度，有利于加速推进制造业高质量发展，巩固壮大实体经济根基,增强创新发展潜力。

(三)电影企业如何享受留抵退税政策红利

2022年6月21日报道:近日,《扎实稳住经济的一揽子政策措施》《财政部 税务总局关于扩大全额退还增值税留抵税额政策行业范围的公告》等陆续发布,明确"进一步加大增值税留抵退税政策力度",提出将文化、体育和娱乐业等7个行业企业纳入相关政策范围。哪些电影企业可享受全额留抵退税?政策具体纾困效果如何?围绕有关问题,中宣部电影局、税务总局货物和劳务税司相关负责人进行了解答。

哪些电影企业可享受增值税全额留抵退税政策?税务总局货物和劳务税司相关负责人介绍,按照2022年3月21日出台的小微企业留抵退税政策相关规定,电影企业中的小微企业可以享受全额留抵退税政策,即小微企业自4月1日起可按月申请退还增量留抵税额;微型企业自4月1日起可一次性申请退还存量留抵税额,小型企业自5月1日起可一次性申请退还存量留抵税额。同时,为进一步加大对文化等行业企业政策支持,着力稳市场主体稳就业,自2022年7月起,包括"文化、体育和娱乐业"等行业的纳税人,无论小微企业或是大中型企业,均可享受上述全额退税政策。电影企业属于文化行业的范畴,符合退税条件的电影企业在自愿申请的基础上,可以按规定向主管税务机关申请留抵退税。

电影企业申请留抵退税有哪些注意事项?税务总局货物和劳务税司相关负责人介绍,按照《财政部 税务总局关于扩大全额退还增值税留抵税额政策行业范围的公告》的规定,此次留抵退税政策行业扩围后,从事《国民经济行业分类》中的"文化、体育和娱乐业"以及"制造业"等13个行业业务发生的增值税销售额合计占全部增值税销售额的比重超过50%的企业，均属于全额留抵退税行业的覆盖范围。如果电影企业符合这一条件，且同时满足留抵退税的基本条件，即可按规定申请全额留抵退税。对于经审核符合条件且无风险的纳税人，税务机关将加快办理退税，确保合规经营纳税人尽早享受政策红利。

谈及留抵退税政策对电影企业支持效果如何这一问题，中宣部电影局相关负责人表示，增值税留抵退税政策对于电影放映企业，特别是近年来新建电影院的扶持作用非常显著。例如浙江横店院线自有影院已享受退税7 500万元，中影股份公司投资控股的影院已享受退税4 200万元，江苏幸福蓝海院线自有影城预计可享受退税3 300万元。留抵退税对于增加电影企业现金流，缓解经营压力真正发挥了"及时雨"的作用。该负责人介绍，各级电影主管部门将与税务部门加强沟通联系、密切配合，认真落实让市场主体应知尽知、应享尽享要求，通过全国电影院线、各大影投公司、电影行业协会，把留抵退税政策要点传达至电影放映全行业，确保没有一家电影院因为信息遗漏错过政策红利。同时，将积极协助税务部门细化实化、精准施策，为广大电影企业办理退税业务提供便利。

四、中国税务报相关报道

（一）多部门联动 协同配合保退税

2022年5月20日报道：近来，税务总局在自觉接受中央巡视中，进一步落实落细新的组合式税费支持政策特别是大规模增值税留抵退税政策。最新数据显示，4月1日至5月16日，全国已有9 796亿元留抵退税款退到企业账户，再加上2022年第一季度继续实施此前已经出台的增值税留抵退税老政策退税1 233亿元，2022年共有11 029亿元退税款退到了纳税人账户。

一笔笔留抵退税款，顺畅地从"纸上"落到企业"账上"，离不开税务、财政、人民银行国库三部门的齐心协力、密切配合。

1. 加强联动，三部门"无缝隙"合作

党中央、国务院部署实施大规模增值税留抵退税政策以来，各地税务部门按照税务总局统一部署，迅速成立留抵退税工作专班，积极向地方党政领导汇报留抵退税工作情况，广泛争取地方党委政府支持。同时，加强与财政、人民银行国库等多个部门的联动合作，建立自上而下、协同贯通的退税工作机制，形成协同推进留抵退税工作有力有序有效开展的良好局面。

——事前部署注重联动，扎实做好准备。

一方面，税务总局会同财政部细化实施方案，梳理难点问题，就有关政策适用、优化服务、风险管理等重点问题进行详细论证，确保退税方案科学合理、易于操作，并及时制发一系列退税文件。

另一方面，在省、市、县（区）层面，为确保大规模增值税留抵退税政策如期落地，各地结合实际采取了一系列举措。

内蒙古自治区税务局与区财政厅、人民银行呼和浩特中心支行先后召开5次协商会议，共同部署全区退税减税工作；河北省税务局与省财政厅开展政策影响测算工作，联合财政、人民银行国库及时调整预算科目和级次配置；广西壮族自治区税务局、自治区财政厅、人民银行南宁中心支行联合召开广西落实税费支持政策座谈会，研究探讨退税减税相关措施；石家庄市税务局联合石家庄市财政局举办企业恳谈会，了解企业的实际困难、意见建议，并形成解决问题清单……

在充分沟通的基础上，各地财政、税务、人民银行三方陆续建立了明晰的工作机制。

贵州省税务局联合省财政厅、人民银行贵阳中心支行制定《增值税留抵退税工作实施方案》，建立三部门横向协作机制和省市县三级纵向联动机制，确保增值税留抵退税资金及时退到企业账户。

云南省税务局联合财政、人民银行等部门，共同建立退税额度动态管理、资金分配直达、重点支持困难行业、退税资金滚动管理等机制，确保补助资金与地区留抵退税规模相匹配。

——事中执行增强互动，为退税提供保障。

按照税务总局的部署安排，各地税务部门在办理退税过程中，与财政部门、人民银行国库部门及时沟通、密切互动，通报退税进程和信息，相互做到心中有数。

长沙市岳麓区税务局与区财政局、交通银行长沙高新支行组建专项工作小组，坚持每日监控退税户数和金额进度，逐日逐户督促核实，层层压实退税责任；辽源市龙山区税务局与国库建立起"一单一连线"工作机制，在办结增值税留抵退税业务后，税务局主动联系国库，介绍退税详情，让退税业务更加透明；新余市税务部门与当地财政、国库部门定期召开联席会议，全面梳理衔接退税流程，财政部门将留抵退税等专项资金纳入财政资金直达机制，密切跟踪资金下达使用情况。

2. 信息共享，难事"有技巧地办"

税务总局要求，大规模增值税留抵退税要做到"快准稳好"。要落实好这一要求，税务、财政、人民银行国库部门实现信息和数据共享是关键。

作为留抵退税政策落实工作中的主要责任部门，税务部门主动作为，推动三部门充分发挥信息化技术优势和财税金融大数据作用，有力有效推进留抵退税政策"快准稳好"落地。

一方面，及时和财政部门共享信息，保障退税资金精准到位。

在青海，省税务局与省财政厅建立退税减税降费工作协调机制，及时向省财政厅提供留抵退税测算数据，确保在退税减税降费工作中财税双方协同共进。

在辽宁，鞍山市高新技术产业开发区税务局加强与财政部门沟通协调，利用大数据及时开展退税规模测算和组织税费收入的影响分析，制定应急预案，全方位保障地方财政平稳运行。

另一方面，及时和人民银行国库部门共享数据，确保退税款项迅速到账。

在江西，九江市税务局创建"企税银电子退税中心"，打通了税务"金三"系统与人民银行国库信息处理系统之间的数据传输，在九江市范围内实现了网上办理，让数据"跑网路"，代替了纳税人"跑马路"。

在广东，阳江市税务局开发了退库监控功能模块，"通过全流程监控，可第一时间与人民银行就数据交换处理、优先审核退库等事项进行沟通，全力保障退库税款及时到账。"阳江市税务局收入核算科有关负责人介绍，"尽心"的服务换来了纳税人"舒心"的办税体验。

不久前，湖南省中建材（株洲）光电材料有限公司负责人彭先生享受了一次这样的"舒心"。

针对该公司前期建设投入资金大、留抵税额多的实际情况，醴陵市税务局不仅组织专家团队一对一辅导企业提交退税申请，还与财政、人民银行等部门召开联席会议，为企业制定退税办理方案，确保3 000多万元的退税款快速直达企业账上。"太及时了！有了这笔钱为企业资金'解渴'，公司项目能提前至今年底完工。"彭先生说。

彭先生的经历，只是税务、财政、人民银行国库部门加强合作、确保留抵退税直达快享的一个缩影。

连日来，各地税务部门充分发挥大数据优势，大力推进与财政、人民银行的合作，用技术的"巧劲儿"增强落实好留抵退税政策的"韧劲儿"，用三方合作的"加法"换取留抵退税效果的"乘法"。

3.众力致远 特殊问题"特殊办"

近期，受疫情影响，安徽省芜湖市运达轨道交通建设运营有限公司财务负责人蒋峰一度担心无法跨区提交申请资料，影响企业办理留抵退税。

得知蒋峰的困扰，芜湖市税务部门主动联系协助其办理退税。从财政库款资金补充到税务退库开票，从税务"跑腿"到人民银行"办退"，税务、财政和人民银行国库三方工作人员通过"接力"传递资料的方式，让蒋峰足不出户就享受到红利落袋的惊喜。

和芜湖市运达轨道交通建设运营有限公司一样，贵州黔南州荔波机场有限责任公司也是税务、财政、人民银行国库部门三方联动的受益者。

受疫情影响，贵州黔南州荔波机场有限责任公司营业收入降到了近两年来的最低值。谈及公司遇到的困难，会计蒙国梅十分苦恼："每月要支付大笔员工工资及基础设施维修、业务费用，账上资金已入不敷出。"

荔波县税务局了解情况后，第一时间联合财政、人民银行等部门，成立县域民航业专项服务队，安排税务专岗人员分析测算公司可申请的留抵退税金额，由财政专岗人员对接做好资金调度准备，人民银行专岗人员协调处理退税业务。在各部门的接力合作下，1 200余万元退税款顺利到达公司账户。"有国家政策的大力支持和税务等部门的贴心服务，我们不仅有信心活下来，更有信心发展好！"蒙国梅说。

一个"好"字，蕴含无限暖意，也折射出更多企业对未来发展的美好期待和憧憬。

攥指成拳，众力致远。税务、财政、人民银行国库部门三方联动、协同配合，确保增值税留抵退税政策落准、落稳，是包括税务部门在内的各方深入落实中办、国办《关于进一步深化税收征管改革的意见》，推进税收精诚共治的具体体现。税务部门将继续强化跨部门协同联动机制，优化退税审核流程，提升留抵退税政策落实质效，让留抵退税的"真金白银"尽快落到企业的口袋，成为市场主体的"及时雨"、经济发展的"助推器"。

（二）1.5万户纳税人缴费人调查显示——超98%的纳税人缴费人对新的组合式税费支持政策落实举措表示满意

2022年6月1日报道：2022年实施新的组合式税费支持政策，是党中央、国务院在复杂严峻国内外形势下，应对经济下行压力、稳住宏观经济大盘的关键性举措。全国税务系统坚决扛起抓牢贯彻落实的政治责任，以实打实的举措、硬碰硬的作风，全力以赴打赢打好落实新的组合式税费支持政策主动仗攻坚战，以实际行动体现接受中央巡视的成效。

日前，税务总局在全国范围内开展了新的组合式税费支持政策落实情况专项调查评估，对全国涵盖不同行业、规模、注册类型的15 160户纳税人缴费人，开展线上问卷调查和"面对面"访谈。调查结果显示，98.1%的纳税人缴费人对税务部门落实新的组合式税费支持政策的举措表示满意。

满意点一：便利！超过96%的纳税人缴费人认为政策享受便利。

调查结果显示，96.06%的纳税人缴费人认为享受政策"非常便利"或"比较便利"，反映出政策所惠及的纳税人缴费人在政策享受便利度上较为满意。

湖南机油泵股份有限公司就是享受到这种便利的企业之一。全国人大代表、公司法定代表人许仲秋说："便利体现在很多方面，比如，报表填写简单，很多数据不需要自己填，系统会自动带出来；很多优惠政策是申报即享受，不需要额外提交资料，遇到问题还可以得到线上远程辅导；业务办结迅速，很多优惠申报后税务部门办理效率非常高。"

随着全国"智慧税务"建设步伐的不断加快，电子税务局已成为纳税人缴费人办理涉税涉费业务的首选渠道。在本次调查评估中，有97.48%的纳税人缴费人通过电子税务局全程自主办理新的组合式税费支持政策相关业务。

重庆市政协委员、重庆海通机械制造有限公司法定代表人唐俊聪表示，电子税务局的推广使用，让企业更直观地感受到了智能办税的便捷。"我们在办理税收优惠减免时，自行判定符合条件后，通过电子税务局就可以办理，方便快捷。"唐俊聪说。

对于税务部门在落实新的组合式税费支持政策中推出的便利化办税缴费举措，北京大学法学院教授、中国法学会财税法学研究会会长刘剑文认为，减税降费的直达快享，充分体现了税务部门"以人民为中心"的税收治理理念。"智慧税务"建设步伐的不断加快，精确执法、精细服务、精准监管、精诚共治能力的持续提升，为新的组合式税费支持政策精准落地、靠前发力奠定了良好基础。各级税务部门扛牢责任，迎难而上，攻坚克难，通过不断完善电子税务局、手机办税App等线上办税平台功能，对符合条件的纳税人缴费人，做到政策精准推送，优惠直达快享，让退税减税降费政策真正变成市场主体和人民群众"看得见、摸得着"的幸福感、获得感。

满意点二：快享！超过98%的符合条件的企业已享受税费优惠政策。

以高端装备制造为主的江苏金昇实业股份有限公司,受疫情反复的影响,销售订单受到一定程度的冲击,面临较大资金周转压力。大规模增值税留抵退税政策化解了企业的资金难题,目前金昇实业已收到留抵退税款1 600余万元。"从政策辅导、退税申请到业务受理、审批,再到流程跟踪、到账提醒,税务部门全程跟踪辅导,每个环节都提供贴心服务,帮助我们及时拿到'真金白银',解了企业的燃眉之急。"全国人大代表、公司法定代表人潘雪平说。

这种贴心服务,贵州省政协委员郭毅也感受明显。郭毅经营的黔灵女家政服务有限公司是一家小微企业。小型微利企业所得税优惠政策出台后,当地税务部门第一时间推送政策、跟进辅导、帮助企业速享尽享,每个环节都不缺位。企业最终少缴了30余万元的企业所得税,缓解了资金压力。

据了解,新的组合式税费支持政策包括退税、减税、免税、缓税、降费、缓费,政策生效和截止时间节点不尽一致。税务总局在政策落实推进过程中,根据政策要求迅速准备、紧密排期,把握节奏、科学统筹,按照既定时间表、路线图有序推进实施,迅速落地兑现。调查结果显示,超过98%的符合条件的企业已享受税费优惠政策。

中央财经大学财政税务学院院长白彦锋指出,在国际环境复杂多变、疫情冲击较大的背景下,在时间紧、任务重的情况下,我国税务部门有力有序落实落细一揽子组合式税费支持政策,表现出较强的税收治理能力,将对我国优化税收营商环境,保持在国际竞争中的有利地位产生积极影响。

满意点三:有感!超过90%的纳税人缴费人认为新的组合式税费支

持政策对生产经营已产生积极影响。

当前,我国经济发展面临较大下行压力。"信心比黄金更重要。"目前我国市场主体已达到1.5亿户。为市场主体添信心增底气,是国家实施新的组合式税费支持政策的重要目的之一。

调查结果显示,92.82%的纳税人缴费人认为新的组合式税费支持政策对企业生产经营有着"非常积极"或"比较积极"的影响。

吴颜男经营的起初共享生态科技产业有限公司,产业链具有周期长、收益慢的特点,新冠肺炎疫情更是让公司投资的项目近乎夭折。大规模增值税留抵退税政策实施后,企业发展迎来转机,利用取得的358万元留抵退税款,公司成功实现转型,投资了防疫物资生产项目,并孵化了社区电商项目。这让吴颜男对未来的发展充满了信心。

作为一家科技型企业,云南天腾化工有限公司2021年共享受研发费用加计扣除380多万元。"今年加计扣除比例提高到100%,而且能按月申请增量留抵退税,国家对企业的支持力度可以说是持续加强,保障了企业的长远发展。"公司相关负责人表示。

看得见的政策"红利",让纳税人缴费人的获得感更强。

调查结果显示,92.75%的纳税人缴费人表示对于新的组合式税费支持政策"获得感很强"或"获得感较强"。

全国政协常委、中国税务学会副会长张连起在受访中表示,新的组合式税费支持政策实现了退税、减税、免税、缓税、降费、缓费等政策叠加发力,多种形式为纳税人缴费人减负增效。一方面,继续支持制造业和中小微企业发展,缓解企业现金流压力,提升企业经营信心;另一方面,加大企业创新激励力度,有利于加速推进制造业高质量发展,巩固壮大实体经济根基，增强创新发展潜力。

中山大学教授杨小强认为，在新冠肺炎疫情影响较大的情况下，税务部门在短短几个月的时间内，就将大量资金"活水"直达企业，进一步增强企业发展的底气、勇气和信心，也为经济社会发展添注强劲动力。

（三）"专精特新"企业：留抵退税纾解"成长烦恼"

2022年6月6日报道：中小企业是国民经济和社会发展的生力军，是扩大就业、改善民生、促进创业创新的重要力量，而"专精特新"中小企业是这一群体的领头羊。2022年政府工作报告提出，着力培育"专精特新"企业，在资金、人才、孵化平台搭建等方面给予大力支持。2022年以来，党中央、国务院作出实施大规模增值税留抵退税重大决策部署，税务部门坚决贯彻落实，为正处在扩张期、急需资金支持的"专精特新"企业送去了资金"活水"，有效纾解了企业"成长的烦恼"。

1.遭遇"钱紧" 退税送来"真金白银"

"专精特新"企业，是指具有专业化、精细化、特色化、新颖化四大特征的中小企业。创新是这类企业的灵魂，足够的研发费用投入则是开展创新的重要保障。许多尚处在成长期的"专精特新"企业近期普遍遭遇"钱紧"难题。如何集聚更多的资金投入研发、保持创新领先地位是这些企业近来面临的最大烦恼。

"作为一家新材料研发公司，创新是我们发展的重要驱动力，只有研发投入的不断加码，企业创新发展的步伐才不会降速。"浙江省"专精特新"企业、宁波刨润新材料有限公司董事长吴景晖说，过去3年，企业在研发投入方面不遗余力，累计投入2 500万元，这对企业来说不是个小数目。

"今年新兴市场的研发需求十分迫切，我们一直想加快'超高纯钛及钛合金中试生产线项目'的研发进度,但苦于资金不足。令人高兴的是,今年4月340万元存量增值税留抵税额的到账,有效缓解了企业的资金压力,加快了企业的研发进度。"吴景晖说,目前,"超高纯钛及钛合金中试生产线项目"正在有序推进,一旦投产将缓解半导体产业的高纯钛原材料供应不足问题,提升国产溅射靶材的市场竞争力。

近年来,随着我国不断对中小企业走"专精特新"发展道路加大支持和培育力度,各类"专精特新"企业如雨后春笋般迅速涌现。目前,我国已认定发布了三批国家级"专精特新"企业 4 762 家,带动省级"专精特新"中小企业 4 万多家。2022 年 5 月,第四批"专精特新"企业培育认定工作启动,计划再培育国家级"专精特新"企业 3 000 家左右,带动培育省级"专精特新"中小企业 5 万家左右。

"只挖一米宽,掘一千米深"——深耕专业领域、聚焦关键技术是"专精特新"企业的突出特点。因此,加大研发投入确保"一招鲜",是众多"专精特新"企业的追求。"近两年来,受疫情和国内市场的影响,我们普遍遇到的烦恼就是缺钱,现金流紧张。大规模增值税留抵退税政策对我们来说,就是'及时雨'。"一飞智控(天津)科技有限公司负责人说。

据了解,一飞智控(天津)科技有限公司是一家拥有飞控、整机、智能操作系统、基站群组网等核心单元的全球智能工业级无人机领军企业,受疫情影响,近期资金流转存在较大压力。"就在企业深受资金不足困扰的时候,国家实施了增值税留抵退税政策。在税务部门的辅导下,前不久我们顺利申请增值税留抵退税 176 万元。这笔钱我们已经投入企业的科研团队建设和重要项目的研发。"公司负责人告诉记者。

有了创新成果,伴随而来的是加快投产——扩建新厂房、升级新设备、扩充生产线……这些意味着企业要加大固定资产投入;而固定资产投入增加后,初期销售跟不上又导致企业产生不少的增值税留抵税额。"国家实施大规模增值税留抵退税政策,让留抵税额提前释放,把钱直接退到企业账上,是当前缓解企业现金流压力的最优解。"广东省佛山市粤海信通讯有限公司董事长李静说。

李静告诉记者,作为佛山市"专精特新"企业,粤海信刚刚完成新厂房的建设,但由于资金缺口较大,后期扩大产能动力不足。"新厂房建设让我们产生了一些留抵税额。按照以往的政策,要等到7月才能申请留抵退税,现在依据新政策,我们4月就拿到了50万元的退税款,时间足足提前了3个月。"李静说,这让企业有资金提前购买新设备,提前开工。"时间就是金钱,提前3个月能抢占不少市场份额,帮助企业抓住更多机会。"她说。

2. 站稳"节点" 联动产业链供应链

各类"专精特新"企业凭着在各个领域的领先技术、特色产品,逐渐成为行业产业链条上的重要"节点"企业,在维护产业链供应链稳定方面发挥了重要作用。在当前的稳链补链工作中,这些企业的作用更加突出。

"超1 000万元的留抵退税到账,让我们又能多采购几批原材料。这样一来,处于我们企业上游的供货商也能渡过难关了。"江苏省常州市宏发纵横新材料科技股份有限公司财务经理吴燕娟说。

宏发纵横新材料公司是一家研发、生产高性能纤维经编增强复合材料的企业,2021年年底被评为江苏省"专精特新"企业。近年来,企业发展势头良好,先后投资10亿元,建设2个车间4条生产线。该企业在准备"大展拳脚"之际,却遭遇原材料涨价压力。"原丝价格从2019年的 26.7 元/千克上涨到 2022 年 3 月的 45 元/千克，考虑到价格可能还会上涨，我们准备大批量购买。但之前建设生产线占用了大量资金，捉襟见肘的现金流限制了采购规模。"吴燕娟说，"大规模增值税留抵退税政策实施后，税务部门迅速辅导我们办理了留抵退税申请手续，并把税款退到了企业账上，让我们有了充足的资金完成原材料采购，保障了生产，也让我们的供货客户得以开工生产。"

专家表示，"专精特新"企业虽然体量不大，但大多处于产业链中游，对上下游企业起到重要的连接作用。留抵退税政策为"专精特新"企业送来退税"活水"，让企业更有底气稳定生产、提高产能，进而为下游企业提供充足货源。

在宁波"专精特新"企业、格瑞塑业有限公司的注塑车间内，注塑机配合着机械手高速运转，正在生产的是即将发往江苏的扫地机器人配件。"随着'618'购物节的临近，来自下游企业的订单激增了 50%。"格瑞塑业财务负责人夏未泽说。

面对热火朝天的生产景象，夏未泽很难想象一个多月前，他还在为企业的资金发愁："今年，运输成本增加、物流时效受限、货款资金回笼慢……多方面的影响导致我们的账面流动资金减少，尤其是前段时间，原油采购价格直接翻了一倍，让本就紧张的资金链更加脆弱。"

在关键时刻，税务部门送来了留抵退税政策红利。"81 万元的退税刚好在我们最难的时候退到了账上，这让我们有了接下订单的底气。"夏未泽说，"现在，我们的车间已经处于满产状态，估计'618'订单完成后，企业的资金流将更加充裕。"

3. 服务专享 助力"以专注铸专长"

在实施大规模增值税留抵退税过程中，为了让"专精特新"企业退得快、退得准、退得稳，各地税务部门聚焦企业遇到的办税缴费难题，有针对性地做实做优服务工作。专有专享的退税服务，支持"专精特新"企业"以专注铸专长"，干事有劲，后顾无忧。

重庆市税务部门将"专精特新"企业作为政策宣传辅导的重点对象，结合"我为纳税人缴费人办实事暨便民办税春风行动"和"春雨润苗"专项行动，组建党员先锋队、青年突击队等，通过上门问需、连线专访、电话回访、税企座谈等方式，提前了解掌握"专精特新"企业所需所盼，并实施"一户一策"定制服务，帮助"专精特新"企业用足用好留抵退税政策。

在江苏，税务部门根据"专精特新"企业的个性化需求，制定辅导清册，通过短信、公众号、电子税务局政策速递、征纳互动平台定户推送等途径，开展广泛的宣传和一对一、点对点辅导提醒。

"政策出台后，税务人员主动联系我告知政策，还通过视频给我讲明政策，辅导我完成申报，整个过程十分顺利。"国家级专精特新"小巨人"企业、苏州天准科技股份有限公司税务会计朱德阳说。

厦门凌阳华芯科技有限公司是一家"专精特新"企业，也是一家上市后备企业。受疫情及原材料价格上涨等因素的影响，企业第一季度的产品销量同比下降19%。企业正准备以"节流"渡过难关，却收到了税务部门的"开源"大礼包。除了"真金白银"的退税支持，税务部门还为企业定制"税商成长计划"，帮助企业完善涉税事项决策机制和风险防控机制，为上市提供及时的税收服务。

目前，厦门已有66户"专精特新"企业享受到增值税留抵退税1.17亿元。针对"专精特新"企业，厦门税务部门共开展直播培训5场，线下培训辅导7场，并通过税企邮箱、微信、电话等方式进行宣传辅导，覆盖纳税人1万户次。

在落实大规模增值税留抵退税政策的同时，税务部门还针对"专精特新"企业上市融资等个性化需求，持续创新和拓展服务范围。

中小企业好，中国经济才会好。疫情之下，作为中小企业领头羊的"专精特新"企业表现出较强的抗击风险能力和发展韧性。这背后离不开企业自身的努力，也离不开政府部门的支持和培育。税务部门将充分发挥税收职能作用，落实落细包括大规模增值税留抵退税在内的新的组合式税费支持政策，进一步简流程、简材料、简方式，力求政策红利以最快速度直达市场主体，助力"专精特新"企业发展壮大。

（四）当"中国制造"遇上大规模退税减税

2022年6月8日报道：制造业是大国经济的"压舱石"。

从宏观上看，制造业对推动经济增长和提高就业质量至关重要；于微观处说，制造业与老百姓的衣食住行密切相连。地位如此重要，自然备受关照。2021年以来，国家对制造业"宠爱有加"——"减、免、退、缓"各种税费，制造业见者有份，成为受益最多的行业。

各种税费优惠组合式加持下，政策成效如何？制造业企业受益几何？

被称为经济变化"晴雨表"和"风向标"的采购经理指数显示，5月份中国制造业采购经理指数为49.6%，比上月上升2.2个百分点。

制造业景气面呈现积极变化。落到点上，一家家制造业企业悄然变化。变化有哪些？我们走进几家制造企业实地探访。

1. 延缓缴纳税费，让制造业企业"缓了一口气"

位于制造业重镇宁波的福德机器部件有限公司，从小作坊发展到年销售额近1.5亿元的中型企业，20年来积累了不少稳定客源。其中，一家位于苏州的下游企业近 90% 的曲轴、凸轮轴等配件需要从福德公司购入。

但是，前段时间，那家苏州的下游企业一度遭遇了"断供"危机。

出现"断供"，一方面是受疫情影响，物流不畅，福德公司的产品运不过去；另一方面是因为福德公司生产经营面临实际困难，没有足够的产品可运。据福德公司负责人杨明德介绍，他们长期合作的下游企业多为外贸出口企业，在疫情和国际经贸形势双重影响下，出口欧美贸易受阻，连带着福德公司 2022 年的订单同比减少了近 40%。同时，生产成本不断上涨，厂房租金、工人工资等还需要照常支付，资金压力非常大。

"没订单就没有钱，没有钱就开不了工，开不了工，就接不了单，这就是个死循环。打破这个死循环的关键，就是钱。"杨明德坦言。

在这样的关键时刻，国家出台政策明确，制造业中小微企业 2021 年第四季度缓缴的税费再延缓 6 个月缴纳，同时，2022 年第一季度、第二季度部分税费也可延缓 6 个月缴纳。"这项政策无异于'雪中送炭'，给企业创造了'缓一口气'的机会。"杨明德说。

福德公司 2021 年第四季度已享受缓缴税费 185 万元，这部分税费继续缓缴 6 个月，再加上缓缴 2022 年第一季度和第二季度税费约 202 万元，企业一下子增加了近 400 万元的流动资金。

"缓缴的税费对我们来说太及时了，就像一笔'无息贷款'，让我们补上了资金链的缺口，加快了产品的生产运输，下游企业的生产也得到了保障。"杨明德说。

福德公司的经历，只是一家企业的微观视角。中国制造业有很长的产业链，连接农村和城市，连接境内和境外。在广东财经大学校长于海峰看来，缓缴税费政策把企业应缴的税费款项暂时留在企业，帮助一家又一家中小微企业渡过难关的同时，也为企业发展留住了"火种"，为经济大盘留出了对未来的想象空间。

东莞科纯电子有限公司就是这样一家留住了"火种"的企业。为了在不确定中寻找确定性，科纯电子计划在技术上不断创新以更好地争取客源、降低成本。2022年年初，受东莞疫情影响，科纯电子的原材料采购成本和货运成本上涨，同时订单减少销售收入下滑，既定的创新计划遇到了较大的挑战和资金周转压力。

"税费缓缴，及时化解了我们面临的困境。"公司营运负责人贺斌说。截至目前，该企业共办理了超160万元的税费缓缴。"这笔数目不小的'无息贷款'，让我们终于舒了一口气，有足够的钱继续投入技术创新、新产品开发和生产线优化。"贺斌说，公司第一季度不仅扛住了压力稳住了生产，销售收入还实现了同比增长3.9%的突破。

2. 增值税留抵退税，让制造业企业危中求机"有本钱"

走进宁波余姚市宏达喷雾器有限公司厂区，新厂房已经建成，工人们正忙着搬运机器设备，一派忙碌景象。

"目前这个阶段可以说是公司发展压力最大的时候。"企业负责人杨宏说。

宏达喷雾器有限公司主营喷雾器系列产品，疫情发生后，喷雾器等消毒设备成为"风口"，企业迎来销量井喷的同时，也遭遇了市场无序竞争带来的发展危机。

现实面前，杨宏下决心转型升级，自2021年开始陆续投入5 800余万元兴建厂房、进行机器设备更新迭代。原以为2022年能如期建成投产达效，但没想到接踵而来的困难让这位老外贸人感到前所未有的压力：海外客户订单锐减、不能发货、进仓成本增加……"上个月厂房一层建完，建筑公司要我先结清500多万元的材料账。我一看公司的账，钱根本不够，资金链要断了。"杨宏说。

正在杨宏进退维艰的时候，大规模留抵退税政策解了他的燃眉之急。截至5月，在余姚税务部门的辅导之下，该企业已享受增量留抵退税294万元，其他税费减免近300万元。"手中有了这些活钱，在建项目最终得以顺利推进。"杨宏高兴地说。

与宏达公司一样，广州双桥股份有限公司也选择通过转型升级在市场竞争中胜出。

"传统产业要突围，数字化转型是关键。为此，我们升级了企业资源计划系统，还在广州南沙区兴建新工厂，承载未来智能制造的重任，设计年产能将达到100万吨，预计吸纳新员工近百人。"公司财务负责人林妙仪介绍说。

无论是系统的升级、新工厂的筹建还是员工的扩招，都需要大量的资金支持。而受疫情与国际大环境影响，人工、材料、设备成本普遍上涨，新生产基地实际投入比原计划增加近2亿元。"但是，当时公司根本拿不出这么多钱来。"林妙仪说。

一筹莫展之际，大规模留抵退税政策落地，4 100万元留抵退税款快速到账。"这笔钱极大缓解了公司的资金压力，保障了在建项目的顺利进行，也让公司在稳定产能、开拓市场、产品研发和员工扩招方面有了更大的底气。"林妙仪说。

危中求"机"，面对世纪疫情和百年变局影响，许多制造业企业选择逆势而上，进行技术改造、新动能投资。数据显示，2022年1—4月，制造业投资同比增长12.2%，持续升温、彰显韧性。

制造业企业多为重资产企业，尤其是在初创期、扩建期，厂房建设、购买设备等很容易形成规模较大的留抵税额。按月全额退还增量留抵税额，并一次性退还企业存量留抵税额，可以增加企业的现金流，缓解企业的资金压力。中国社会科学院财经战略研究院副研究员蒋震表示，实施留抵退税可解决大规模固定资产购置以及产品周转期限长引发的企业资金占用问题，降低要素和商品流转过程中的成本负担，更好地激发市场活力，进而提高经济的整体活力，对于稳定我国全球价值链、供应链，增强我国经济发展的韧性，都具有现实而深远的意义。

3. 研发费用扣除比例提高，让制造业企业创新"有底气"

2021年12月，德勤有限公司发布的《下一步创新——2021中国制造业创新调查报告》显示，中国制造企业进一步认识到创新的紧迫性。调查发现，企业开展创新活动以提升竞争力（占比43%）和建立驱动创新的组织文化（占比29%）为主要目标。

无论哪种创新活动，持续的投入都必不可少。记者在采访中发现，提到创新投入，企业总会不约而同地提到"研发费用加计扣除"的助力。

在制造业发达的广东佛山，嘉腾机器人自动化有限公司刚刚突破了一项"卡脖子"技术，研发出国内首台"差速20吨AGV（无人搬运车）驱动单元"，在业内引发了不小轰动。

"国家对机器人行业的支持力度很大，给予我们充足的底气投入研发。"提及税收优惠政策，公司副总裁陈洪波赞不绝口，"从2021年起，研发费用加计扣除比例从75%提高到100%，使得我们全年的加计扣除额增加到近3 000万元，进一步减轻企业负担，让我们在研发投入上更大胆，把营业收入的16%拿出来投入研发。"

据了解，嘉腾机器人把节约下来的资金用于引进科研人才，充实研发团队力量,还建造了超过 1 000 平方米的培训基地,创新能力持续增强。

在国内最大的重型卡车制造基地——中国重汽集团济南卡车股份有限公司,车库里一辆辆智能卡车整齐列阵,好不壮观。公司总经理赵和军表示,前不久,完全自主知识产权、走在行业最前列的新能源智能卡车已经在线上与万千观众见面。"从产品设计、装配工艺、生产管理、试验验证到产品释放均实现质的突破,背后都离不开税收政策的支持。"赵和军说。仅 2021 年,重卡公司就享受研发费用加计扣除近 3 亿元、企业所得税减免 7 000 余万元,实实在在的"真金白银",助力企业 2021 年研发投入增幅接近 36%。

新的组合式税费支持政策出台后,国家税务总局济南市市中区税务局又组织税收专家顾问团队深入重卡公司进行专题调研,帮助其获得留抵退税近亿元。"一波一波的税惠红包,为企业研发注入了源头活水,让我们更有底气制造更多'中国好卡车'驶向未来。"赵和军说。

在安徽铜陵经济技术开发区,华创新材料有限公司的锂电池铜箔超高延伸率和抗拉强度提升研发正进入关键阶段,研发投入持续加大使公司面临着较大的资金压力。了解企业经营情况后,铜陵经济技术开发区税务局组织重大项目税务首席管家团队,上门一对一辅导,帮企业快速办理 1 304.29 万元研发费用加计扣除,叠加享受高新技术企业税率优惠政策,企业减免各类税款 1 496.81 万元。"目前我们已经完成延伸率 10% 的目标,抗拉强度也达到 60kg/mm^2 平方毫米,这两项指标均达到行业领先水平,这些成绩的取得都离不开税收政策的扶持和税务部门的支持。"公司董事长周盛夫表示。

......

一家又一家制造企业正在经历的变化,反映出新的组合式税费支持政策效应正在持续显现。我们相信，有了减税降费等一系列惠企纾困政策的支持，中国制造业企业一定能站好立稳，朝着心中的目标"跑起来""强起来"。

（五）狠打！斩断伸向退税资金的黑手

2022年6月15日报道：打开国家税务总局网站"税案通报"栏目，自4月1日大规模增值税留抵退税政策实施以来，各级税务部门公布骗取留抵退税案件的频次空前加快——全国已有36个省级税务部门公布相关案件，截至6月13日各级税务部门累计已公开曝光相关案件350起，5月13日以来每日有相关案件公布……

大规模增值税留抵退税政策实施已有数月，税务部门一手抓快退，一手抓狠打，坚决斩断伸向退税资金的黑手，全力以赴确保留抵退税政策落稳落准。

1. 下定铁的决心：严加防范，露头就打

实施大规模增值税留抵退税，是应对经济下行压力、稳住宏观经济大盘的关键性举措。全年1.64万亿元留抵退税资金，是企业发展的"及时雨""续命钱"，却也可能成为不法分子眼中的"唐僧肉"。

落实留抵退税越是紧迫，打击骗取退税越显必要。3月21日召开的国务院常务会议指出，对偷税、骗税、骗补等行为坚决打击、严惩不贷。

谋划科学，才能在战略上赢得主动。早在留抵退税政策实施之前，税务总局党委已经预判到落实政策中可能出现的风险，并据此做足"防"的功夫、"打"的安排。税务总局党委书记、局长王军指出，在确保规范、高效、快捷地为纳税人办理退税的同时，要坚决防范和打击偷税骗税骗补等行为，一经发现，严惩不贷，切实维护好法治规范的税收秩序，确保党中央、国务院决策部署落得细、落得好。

2019年制造业留抵退税政策出台后，税务部门专门建立了相应的留抵退税风险指标模型，依托税收大数据形成了一套防范虚开骗税的风险管理体系，并联合相关部门构建常态化打击虚开骗税工作机制。针对2022年的大规模增值税留抵退税，税务部门进一步优化系统、加强防范、严阵以待。

3月23日，国务院新闻办公室举行增值税留抵退税国务院政策例行吹风会，税务总局党委委员、副局长王道树介绍，针对2022年更大规模、更大范围的留抵退税政策落实中可能出现的风险，税务部门将进一步聚焦虚增进项、隐瞒收入、虚假申报和其他欺骗手段骗取留抵退税违法行为，持续加大打击力度，做到"露头就打"。

"虚增进项、隐瞒收入、虚假申报"，在近期公布的300余起案例中，这几项成为最为常见的骗税手段，与税务部门的预判高度吻合。

伴随大规模增值税留抵退税正式实施，税务部门以铁的决心，狠打骗取留抵退税违法犯罪，为退税资金快速精准直达符合享受条件的企业保驾护航。

2.拿出硬的手段：运用大数据快查，多部门联合快打

铁的决心，在硬的举措上体现。

4月召开的全国税务系统留抵退税政策落实推进会明确要求，要进一步防好风险，狠打骗取退税。时间紧迫、形势复杂，税务部门坚持早发现、快处置、聚合力，拿出硬的手段，使出硬的功夫，拳拳直击、精准击打骗取留抵退税行为。

——点亮税收大数据"探照灯"。

在各级税务部门公开曝光的300多起骗取留抵退税案件中，不难发现，"经税收大数据发现"是多次被提及的线索由头，占比超过90%。

2022年5月，某市税务机关收到一家信息有限公司提交的增量留抵税额退税申请，涉及金额94万元。

在审核中，税务人员通过增值税进销项监控系统等分析有关税收大数据，发现这家公司的经营存在疑点。开票信息显示，该公司2015年至2022年4月购进大量电脑、服务器，累计购进金额2 067万元，而同期销售金额只有1 020万元。

在进一步实地调查、约谈负责人、调取相关资料分析后，证实该公司存在骗取留抵退税的重大嫌疑。随即，税务机关暂停办理该公司的退税事项，目前稽查部门已联合公安部门依法对企业展开立案检查。

大规模增值税留抵退税工作开展以来，税收大数据的威力显现。在精准发现符合退税条件纳税人的同时，税收大数据通过设置相关参数、计算分析，打通信息屏障，发现各类问题，如同全天候开启的"探照灯""显微镜"，让更多骗取留抵退税行为悄然现形、清晰浮现，被及时阻断。

北京大学法学院教授、中国法学会财税法学研究会会长刘剑文认为，税务部门依托税收大数据，将风险防控嵌入留抵退税办理全流程，有效确保了疑点发现快、风险防得住、管理跟得上。

——行动迅速"快出拳"。

大规模增值税留抵退税政策自4月1日实施18天后，税务总局即公开第一批5起骗取留抵退税典型案件。公布当日，这5起案件中，有的已被处以罚款，有的已被移送公安机关。

兵贵神速。退税早一步到账，企业资金调动就松活一分。不法分子早一天落网，退税资金就多一分安全。

面对留抵退税款的"诱惑"，不法分子的"歪心思"也在"升级"，骗取留抵退税行为呈现手段隐匿化、作案团伙化等趋势——要打赢这场退税资金的守护战，必须以快制胜。

目前，安徽、河北、山西、黑龙江、河南、福建等多省税务部门已累计公布骗取留抵退税案件超过10起。60多天里，各地税务部门发现线索立即行动，实地查看、查询账户、约谈问询，快查、快打、快办、快结，数百件公开曝光的案件成为税务部门高效出击的最佳佐证。

——协同作战布下"一张网"。

在300余起公开曝光的骗取留抵退税案件中，涉案不法分子的快速被抓，离不开多部门协同作战布下的天罗地网。

在深圳税务部门公布的一起案件中，一跨省市犯罪团伙控制多家空壳企业，涉嫌通过取得虚开发票、虚增进项形成留抵税额8 800余万元，并勾结黑中介，骗取留抵退税2 000余万元。税务部门通过税收大数据分析线索，迅速与公安、人民银行等部门展开合作、联手打击，快速依法追缴税款、抓获嫌疑人，并成功阻断其余留抵税额6 800余万元。

早在2021年，税务总局、公安部、最高人民检察院、海关总署、中国人民银行、国家外汇管理局六部门已经建立常态化打击虚开骗税工作机制。2022年5月11日，六部门召开联合打击骗取增值税留抵退税工作推进会，并于5月17日联合印发通知，明确把打击骗取留抵退税违法犯罪行为作为2022年常态化打击虚开骗税工作的重点，充分发挥协作共治合力，努力做到快速发现、快速应对、露头就打。

大规模增值税留抵退税政策实施以来，税务部门集中优势力量，加强与人民银行、财政等多部门信息沟通，加大与公安等部门合作力度，特别是在跨区域、团伙作案中，快速出手、坚决出击。

中国政法大学财税法研究中心主任施正文表示，在落实大规模增值税留抵退税进入决战攻坚的关键时刻，六部门联合作战十分及时和必要，这将有力提升打击精度、力度和速度，形成"打击一批、震慑一片"的效果。

3.加大打的力度：外打内查，有力震慑

出重拳，才能强震慑。

在税务部门6月公布的一起案件中，福建省龙岩市长汀县冠乐食品贸易有限公司因骗取增值税留抵退税94.34万元，被依法处以1倍罚款。

但这并不是稽查的终点。税务稽查部门依法对其近3年各项税收缴纳情况进行全面检查，发现该公司偷税110.73万元。稽查部门对其依法追缴税款，加收滞纳金并处1倍罚款。

与此类似，万合集团邯郸天泰建筑安装有限公司因骗取留抵退税，被依法追缴骗取的留抵退税1.94万元，处1倍罚款。而倒查3年账目，该公司还因偷税需补缴税款213.57万元，并加收滞纳金和处以1倍罚款。

处以罚款、降低信用等级、倒查3年账目、延伸检查上下游企业……在2022年打击骗取留抵退税工作中，对恶意造假骗取留抵退税的企业处罚力度空前。税务总局有关负责人表示，对骗取留抵退税行为，税务部门以零容忍的态度坚决予以打击，形成打击骗取留抵退税的压倒性态势，护航留抵退税政策落准、落好。

"税务部门空前的打击力度将对不法分子形成强大的震慑。"中央财经大学财政税务学院院长白彦锋指出。

留抵退税工作中的"狠"打击，不仅表现在"外打"，还表现在"内查"。

4月1日至6月13日，各级税务部门已曝光35起税务人员失职失责被追究责任和 8 起违规违纪被立案审查的案例。

在税务部门主动公布的"内查"案件中,有税务纪检部门发现税务干部配偶违规在其任职单位管辖范围内从事涉税中介代理业务;有退税审核人员在办理某企业留抵退税时,违规审核通过该企业的留抵退税申请,造成多退税款。

追回退款、纪律处分、立案调查——不包庇、快处置,主动公开、立查立改,税务部门用严查内错、刀刃向内的迅速行动再次彰显了把党中央、国务院决策落稳落准的决心,彰显了务必将退税资金浇到企业发展"根"上的信心。

利剑高悬,内外发力。

"税务部门的外打内查、雷霆出击,释放坚决打击不法行为的有力信号,给一些存有侥幸心理的企业敲响了警钟,有力保障留抵退税政策的落实。"北京智方圆税务师事务所主管合伙人王冬生说。

当前,大规模增值税留抵退税工作正处于关键阶段。中国宏观经济研究院研究员许生认为,唯有持续加大打击骗取留抵退税力度,才能让留抵退税资金真正发挥助企业一臂之力、解企业燃眉之急的关键作用。

税务总局有关负责人表示,税务部门将深入开展对骗税案件的一案双查,对内外勾结、通同作弊骗取留抵退税等违法行为,发现一起、查处一起、依法严惩、绝不姑息,决不让减税降费红包落入不法分子腰包,确保党中央、国务院关于留抵退税政策落到实处、见到实效。

五、人民网相关报道

(一)超 4 200 亿元留抵退税款落入企业"口袋" 护小微促发展

2022 年 4 月 21 日报道:减税降费,是顶住经济下行压力、促进经济平稳健康运行的关键之举，是助力企业应对疫情冲击、促进生产生活稳步复苏的有效保障，是应对困难挑战、复杂多变国际环境的重要抓手，在经济发展中发挥了非常重要的作用。

2022年的政府工作报告提出，实施新的组合式税费支持政策，全年退税减税约2.5万亿元。其中，主要措施是留抵退税，规模约1.5万亿元。

留抵退税就是把增值税期末未抵扣完的税额退还给纳税人。2022年，实施大规模增值税留抵退税相当于为市场主体新增约1.5万亿元现金流，有助于帮助企业在生产经营中轻装上阵。

记者从国家税务总局了解到，4月1日至15日，已有4 202亿元留抵退税款退到52.7万户纳税人的账户。从企业规模看，小微企业是受益主体，已获得退税的纳税人中，小微企业51万户，占比96.8%，涉及退税金额2 422亿元，占比57.6%；大中型企业1.7万户，占比3.2%，涉及退税金额1 780亿元，占比42.4%。

近三成的留抵税款落入企业"口袋"，为小微企业纾困解难，更为市场主体发展注入信心。

在青岛，一家对外集中供热的企业为近9万户居民和118户企事业单位提供供热服务。随着供暖季结束，企业无法继续享受政府提供的供热补贴，日常经营又面临煤炭等原材料价格持续上升和老旧设备升级导致成本和资金压力，经营遭遇困难，亟需资金支持。得知这一情况后，青岛市南区税务局主动登门，辅导企业进行留抵退税申报，让企业在4月当期就享受到了近1 400万元的留抵退税红利。

"税务部门主动上门，手把手辅导我们申报，让我们第一时间享受到了政策红利，极大缓解资金上面的燃眉之急，真是一场及时雨。"公司财务负责人梅超说。

在宁波，受疫情影响，一家主营仪器仪表制造加工的微型企业的生产一度陷入停滞状态，其资金链压力非常大。"大规模留抵退税政策的实施，给企业注入了一针'强心剂'。"公司财务负责人周女士表示，"经过税务部门的辅导，34万元留抵退税很快到账，为我们渡过难关注入了资金'活水'。"

在广东省江门市，一家以运营货运码头为主的企业运输业务受到疫情冲击较大，企业资金链运转面临巨大压力。大规模留抵退税政策实施后，当地税务部门第一时间了解企业情况，通过远程帮办、线上指导等方式辅导企业顺利取得900多万元的留抵退税款。该公司负责人表示，这场税收优惠"及时雨"对缓解疫情影响，维持港口运转，保障海上运力提供了充足的资金预算。

全国政协常委、中国税务学会副会长张连起对人民网记者表示，在当前我国经济整体上呈现需求收缩、供给冲击、预期转弱三重压力叠加态势的情况下，让退税资金"活水"直达企业，减退的是税费，增加的是信心，有效帮助了企业顶住经济下行压力，稳定宏观经济大盘。

山东财经大学教授潘明星表示，小微企业数量多、分布广，是就业的主渠道、发展的生力军。近年来，党中央、国务院部署实施减税降费，小微企业一直是重点支持对象。大规模增值税留抵退税凸显了扶持小微企业这一鲜明导向，是雪中送炭的温暖之举。

（二）加快释放大规模增值税留抵退税政策红利　帮扶市场主体渡难关

2022年4月22日报道：减税降费，是顶住经济下行压力、促进经济平稳健康运行的关键之举，是助力企业应对疫情冲击、促进生产生活稳步复苏的有效保障，也是应对困难挑战、复杂多变国际环境的重要抓手。

近期，受疫情多点散发、大宗商品价格高位运行等影响，市场主体发展面临困境，为此，国务院要求加快2022年1.5万亿元增值税留抵退税进度，为企业纾困。

为尽快释放大规模增值税留抵退税政策红利，在帮扶市场主体渡难关上产生更大政策效应，4月20日，财政部、税务总局发布《关于进一步加快增值税期末留抵退税政策实施进度的公告》（以下简称《公告》）。

《公告》要求，加快小微企业留抵退税政策实施进度，按照上述规定，抓紧办理小微企业留抵退税，在纳税人自愿申请的基础上，加快退税进度，积极落实微型企业、小型企业存量留抵税额分别于2022年4月30日前、6月30日前集中退还的退税政策。

《公告》决定，提前退还中型企业存量留抵税额，即将此前的7月申请存量留抵退税提前至5月。

"保障高效退税是当前解决市场主体资金困难的关键渠道。"北京国家会计学院财税政策与应用研究所所长李旭红在接受人民网记者采访时表示，退税政策除了能保持增值税的中性，更能够使企业资金回流，解决企业的资金困难。2022年退税政策最大的改革在于存量留抵可以退税，从某种意义上看，把历史以来结转的存量留抵退税额一次性退回，企业获得的资金返还额度更大，帮扶的作用也越大。

李旭红指出，根据《公告》，在4月底和6月底前落实微型企业、小型企业存量留抵税额的基础上，将六大行业中型企业的存量留抵退税由此前的7月开始申请提前至5月，有利于加快释放退税政策红利，帮助市场主体尽早缓解资金困难。

2022年增值税留抵退税规模预计高达1.5万亿元，创历史新高。记者从国家税务总局了解到，4月1日至15日，已有4 202亿元留抵退税款退到52.7万户纳税人的账户。从企业规模看，小微企业是受益主体，已获得退税的纳税人中，小微企业51万户，占比96.8%，涉及退税金额2 422亿元，占比57.6%；大中型企业1.7万户，占比3.2%，涉及退税金额1 780亿元，占比42.4%。而随着上述《公告》落地实施，退税进度将进一步加快。

值得注意的是，为保障退税资金的及时到位，财政、税务、金融部门协同联动，出台多项保障措施。

为了支持增值税留抵退税，中央财政将退税资金向县市两级财政倾斜，确保基层财政退税的财力，2022年3月下旬，财政部向地方下达了首批支持小微企业留抵退税的专项转移支付4 000亿元。与此同时，中央财政承担九成以上的实际退税资金，切实缓解地方财政困难，保障退税资金直达企业。

为了支持退税，中国人民银行靠前发力加快向中央财政上缴结存利润，截至4月中旬已上缴6 000亿元，主要用于留抵退税和向地方政府转移支付。

在优化退税服务方面，我国税务部门提高审核效率，加快留抵退税办理进度，对符合条件、低风险的纳税人，要最大程度优化留抵退税办理流程，简化退税审核程序，高效便捷地为纳税人办理留抵退税。

（三）组合式税费支持政策显成效　税务部门曝光4起涉税违法案件

2022年4月28日报道：2022年以来，全国税务系统采取一系列有力措施，认真贯彻党中央、国务院关于实施新的组合式税费支持政策特别是大规模留抵退税政策的决策部署。记者从国家税务总局了解到，截至 4 月 20 日，累计已为企业减轻税费负担和增加现金流 1 万亿元以上。主要包括三个部分：一是 4 月 1 日至 20 日，留抵退税到企业账户金额已达 4 552 亿元，加上一季度继续实施老的留抵退税政策退税 1 233 亿元，2022 年 1 月 1 日至 4 月 20 日累计办理留抵退税 5 785 亿元；二是一季度全国新增减税降费 1 980 亿元；三是一季度继续实施的制造业中小微企业缓缴税费 3 335 亿元。这些红利为企业特别是小微企业及个体工商户纾困解难、提振市场主体信心发挥了积极作用。

为确保新的组合式税费支持政策特别是大规模留抵退税政策落实落地、落准落稳，税务部门担当作为，一手抓精细服务，确保政策红利直达快享；一手抓严防狠打，防范和打击骗取留抵退税行为。全国税务系统在党中央、国务院坚强领导下，紧紧依靠各地党委政府，与财政、人民银行等部门协同配合，挂图作战，成立由主要负责同志任组长的退税减税政策落实工作领导小组，完善退税操作指引，优化升级信息系统，对内开展"一竿子到底"视频培训，对外开展辅导解读。4 月 1 日前开展了一轮全覆盖的宣传辅导，及时向社会发布一揽子、清单式、可视化政策解读产品，依托全国统一宣传辅导标签体系，向纳税人精准推送留抵退税政策。建立健全快速反应机制，建立 100 个留抵退税工作直联点，畅通问题反映渠道，并编制退税减税降费政策即问即答 100 问，明确政策口径 200 余条。以"税收优惠促发展 惠企利民向未来"为主题，开展第 31 个全国税收宣传月活动，升级推出"我为纳税人缴费人办实事暨便民办税春风行动 2.0 版"，累计推出 121 条便民办税缴费措施，更好便利企业享受政策。

记者了解到，下一步，税务部门将继续落实好新的组合式税费支持政策，坚持"精细服务、直达快享、科技防范、狠打骗退、快准稳好"

的工作要求，确保留抵退税政策落实落细、落准落稳。深入落实各项便民办税缴费措施，并适时再推出新的服务举措。持续优化电子税务局功能，"五一"假期提供退税办理服务。将全国第31个税收宣传月延长至5月底，重点宣传留抵退税政策，有针对性开展宣传辅导。

与此同时，税务部门将继续依托税收大数据，科学设置审核退税风险指标，切实防范骗取留抵退税风险，重拳出击、严查重处虚开发票、隐匿销项、虚增进项、虚假申报等骗取留抵退税违法行为，特别是对恶意造假、团伙式虚开骗取留抵退税的违法行为，会同公安等部门依法予以严厉打击，并在近期已经曝光18起骗取留抵退税典型案例基础上，持续加大曝光力度，释放严厉打击恶意骗税、维护税法权威的强烈信号。

近日，税务部门还公开曝光2起骗取留抵退税案件、1起骗取税费优惠案件和1起"黑中介"协助虚开发票案件，切实维护正常税收秩序，优化税收营商环境。

贵州查处一物流运输企业骗取留抵退税案。贵州省黔西南州税务局稽查局运用税收大数据分析，依法查处贵州重卡物流运输有限公司骗取留抵退税案件。经查，该公司通过个人收款方式隐匿机动车融资租赁收入等手段，骗取留抵退税315.5万元。税务稽查部门依法追缴该企业骗取的留抵退税款，并依据《行政处罚法》《税收征收管理法》相关规定，拟处1倍罚款。

河南查处一商贸企业骗取留抵退税案。河南省郑州市税务局稽查局根据税收大数据分析线索，依法查处郑州开为商贸有限公司骗取留抵退税案件。经查，该公司通过隐匿销售收入、虚假申报等手段，减少销项税额，骗取留抵退税34.9万元。税务稽查部门依法追缴该企业骗取的留抵退税款，并依据《行政处罚法》《税收征收管理法》相关规定，拟处1倍罚款。

云南查处一电子科技企业骗取税收优惠案。云南省税务局稽查局联合公安等部门运用税收大数据分析，依法查处云龙县偶然电子科技有限公司骗取增值税即征即退税款案。经查，该企业通过编造虚假研发信息、报送虚假备案资料、进行虚假纳税申报等手段，违规享受增值税即征即退政策骗取税款645.1万元。此外，涉案企业还虚构经营业务活动，虚开增值税专用发票60份，价税合计金额5 559.2万元。云南省税务局稽查局依法追缴该企业骗取的增值税即征即退税款，并处2倍罚款。涉案企业法定代表人陈燕军已被公安机关以涉嫌逃避缴纳税款罪逮捕。

安徽查处一起"黑中介"协助虚开发票案。安徽省合肥市税务局稽查局在查处某重大虚开增值税发票案件时，发现合肥天振财务咨询有限公司涉嫌协助其他企业虚开增值税发票，与公安部门联合依法进行了查处。经查，该财务公司实际负责人陈丽丽及其他员工，利用他人身份信息，长期为不法分子违规设立空壳公司，在没有发生实际经营业务的情况下大量虚开发票，并帮助不法分子伪造财务数据，从中牟取非法利益。陈丽丽等5名犯罪嫌疑人分别被判处有期徒刑5年6个月及其他刑罚。该财务公司被纳入涉税服务失信名录，税务机关不予受理其所代理的涉税业务。

（四）大规模留抵退税从"纸上"落到"账上" 为市场主体纾困解难

2022年5月6日报道：2022年，面对更趋复杂严峻和不确定的国际环境，为应对国内经济新的下行压力，我国实施新的组合式税费支持政策。其中，增值税留抵退税实施力度进一步加大，成为减税降费政策中的"重头戏"。

2022年，我国增值税留抵退税总规模将达到1.5万亿元，这是我国坚持"两个毫不动摇"、对各类市场主体直接高效的纾困措施，是稳增长稳市场主体保就业的关键举措，也是涵养税源、大力改进增值税制度的改革。

留抵退税就是把增值税期末未抵扣完的税额退还给纳税人。增值税实行链条抵扣机制，以纳税人当期销项税额抵扣进项税额后的余额为应纳税额。其中，销项税额是指按照销售额和适用税率计算的增值税额；进项税额是指购进原材料等所负担的增值税额。当进项税额大于销项税额时，未抵扣完的进项税额会形成留抵税额。

据国家税务总局相关负责人介绍，2022年留抵退税新政将为市场主体新增约1.5万亿元现金流，将税款以"真金白银"的形式实实在在地退还给企业，直接增加企业即期收入，对于正处在扩张期、急需资金支持的企业，能够起到帮一把、渡难关、扶一程的作用，助力企业在生产经营中轻装上阵。

数据显示，仅4月1日至15日，已有4 202亿元留抵退税款退到52.7万户纳税人的账户。不少市场主体在收到政策"红包"后纷纷表示，留抵退税新政策让企业感受到国家支持市场主体发展的坚强决心，为企业未来发展注入信心。

在山东莱阳鲁花集团有限公司的仓库内，一座座"油山""粮山"排放有序。"储量充足、保障供应是降低市民购粮成本的关键，受疫情影响，公司增加产量、储量，运营成本也相应提升了。"企业财务负责人闫升欣表示，不断加码的税费优惠政策给企业发展提供了助力，在一定程度上保障了粮油的稳定供给。

据介绍，该集团近几年享受农产品初加工企业所得税减免、小微企业普惠性税收减免、增值税留抵退税、企业所得税研发费用加计扣除等多项优惠政策。2022年，大规模留抵退税政策出台，增量留抵税额退税比例由原来的60%提高至100%，在优惠政策加持下，2022年鲁花集团仅莱阳辖区企业就享受到增值税增量留抵退税1975万元，比60%比例下多退980万元。

"我们总共收到了3000多万元的退税款，此笔款项将用于支付我公司扩大建设、再投资，对项目整体进度来说有很大的推动作用，真正缓解企业的经营压力。"在河北，同福集团股份有限公司财务总监张嘉表示，大规模增值税留抵退税政策对企业来说无疑是纾困解难的"及时雨"。

"我们申请的留抵退税款迅速到账，这在抗疫的关键时刻，为我们建设方舱解决了资金难题。"长春城投建设投资（集团）有限公司董事长曹文生表示。

据悉，在疫情期间，该公司承担了当地方舱医院建设及运维保障等紧急任务，积累了一些留抵税款。国家税务总局长春净月高新技术产业开发区税务局为企业开通了业务办理审批"绿色通道"，并与国库提前沟通对接，用时不到一天便将留抵税额退至企业银行账户。

"留抵退税把'趴'在账上的钱变成了'真金白银'，我们创新发展的信心更足了。"湖南省矽茂半导体有限责任公司财务负责人蒋美玲收到520万元的增值税留抵退税款后说。

据了解，该公司是衡阳市专精特新"小巨人"企业，主要聚焦大功率、工业级电源系统芯片的开发、生产。"对于创新型企业来说，足够的资金流就是底气和支撑，到账的留抵退税有利于稳定企业现金流，推动企业创新发展、行稳致远。"蒋美玲表示。

多位专家在接受人民网记者采访时表示,从政策效力看,约1.5万亿元留抵退税形成的巨大现金流,有助于保障稳增长、稳市场主体和保就业。

北京国家会计学院财税政策与应用研究所所长李旭红在接受人民网记者采访时表示,进一步加大增值税期末留抵退税制度的实施,不仅有利于优化增值税制度,体现增值税中性的特征,符合国际惯例,也反映了我国现代税收制度改革的成效。

"增值税留抵退税新政策,对小微企业、制造业等六个行业的存量留抵税额一次性退还,极大提振了市场信心。"西南政法大学经济法学院副教授、中国财税法治研究院研究员王婷婷对人民网记者表示,这项政策叠加减税降费新政策、缓税新措施等,体现了2022年新的组合式减税降费的精准性、导向性和连续性。

(五)留抵退税"蛋糕"不容不法分子觊觎

2022年5月20日报道:2022年,面对更趋复杂严峻和不确定的国际环境,为应对国内经济新的下行压力,我国实施新的组合式税费支持政策,其中,总规模将达到1.5万亿元的增值税留抵退税成为"重头戏"。

4月1日至5月16日,已有9 796亿元留抵退税款退到企业账户,再加上一季度继续实施此前已经出台的增值税留抵退税老政策1 233亿元,2022年共有11 029亿元退税款退到了纳税人账户,助企纾困的政策效应已经开始显现。

然而,1.5万亿元的留抵退税"蛋糕"却引来不法分子觊觎。

在云南,一公司通过隐匿销售收入、减少销项税额、进行虚假申报等手段,骗取留抵退税122.32万元;在贵州,一虚开团伙采取"票货分离"等手段虚开增值税专用发票价税合计3.5亿元,为其他企业骗取留抵退税提供便利;广东省珠海市某区税务局税源管理一股副股长,涉嫌勾结不法分子，通过其违规实际控制的某中介服务企业取得虚开发票虚增进项税额，骗取留抵退税……

实施大规模增值税留抵退税新政，是我国对各类市场主体直接高效的纾困措施，也是涵养税源、稳增长、稳市场主体、保就业的关键举措。政策红利一旦被不法分子利用，不仅扰乱我国税收秩序，更会影响助企纾困政策的落实成效。

2022年3月召开的国务院常务会议要求加强资金监管，确保退税资金直达市场主体、对地方的补助直达市县基层，坚决打击偷税、骗税、骗补行为。

为确保留抵退税政策落准、落好，自政策实施以来，国家税务总局、公安部、最高人民检察院、海关总署、中国人民银行、国家外汇管理局六部门协同联动，对骗取留抵退税违法犯罪行为露头就打，打早、打小、打准、打狠，取得明显成效。5月11日、5月17日六部门相继联合召开会议、印发文件进行专门部署。

各级税务部门加强审核把关，完善内控机制，着力防范骗税风险，与此同时，加强对税务人员落实留抵退税政策的监督检查，对内外勾结、通同作弊骗取留抵退税等行为依法严惩。

数据显示，4月1日至5月16日，已立案检查涉嫌骗取留抵退税企业2 880余户，全国已公开曝光留抵骗税案件118起，释放了"骗税必严打""违法必严惩"的强烈信号，坚决不让减税降费的"红包"落入不法分子的腰包。同时，公布极少数内外勾结被立案审查的案例，表明"零容忍"的坚定态度，坚决做到"打铁必须自身硬"。

大规模增值税留抵退税是市场主体的"及时雨"、经济发展的"助推器"。严厉打击骗取留抵退税是坚决贯彻落实党中央、国务院重大决策部署的政治要求，是充分发挥六部门职能、营造公平公正市场竞争环境的法治要求，也是确保最大限度发挥留抵退税政策红利正效应的必然要求。

留抵退税"蛋糕"不容不法分子觊觎。作为市场主体，享受政策红利的前提是依法纳税、遵守税法，骗取留抵退税最终会被严惩。

当前，打击骗税形势依然严峻，六部门需要更加务实协作，发挥各自优势，以零容忍的态度形成打击合力，进一步织密、筑牢严厉打击骗取留抵退税的法治之网。让留抵退税政策红利切实助企纾困，护航我国经济发展大盘。

（六）大规模留抵退税见成效 广大市场主体增底气添信心

2022年5月20日报道：5月，以新一代信息技术为主导产业的青岛高新区内一片繁忙景象，20余家半导体上下游企业在这里聚集，一条半导体全产业链已初步形成。2月底，总投资7亿元的华芯晶元第三代半导体化合物晶体衬片项目在这里开工，可加工生产的新一代晶片衬底产品将助力我国突破芯片制约性难题。

近期，青岛华芯晶元半导体科技有限公司收到了987万元的留抵退税。"留抵退税政策对我们来说，既是'雪中送炭'，也是'添砖加瓦'，为我们及时缓解了现金流运转的压力，有更多资金投入研发，增强了我们发展的信心和动力。"公司财务负责人徐硕表示。

2022年以来，国内外环境复杂性不确定性加剧，市场主体面临的压力增多。此时，在逆周期及跨周期调节中，发挥宏观政策调节作用，对广大市场主体生存及发展意义重大。

制造业上下游关联度高，对服务业和就业的带动能力强，是国家发展的基石和基础，也是推进供给侧结构性改革、经济转型升级、新旧动能转换的关键和重点。大规模留抵退税政策助企纾困，不只是为"救急"，更为激发企业内生动力，助力经济发展稳中有进。

据国家税务总局货物和劳务税司相关负责人介绍，大规模增值税留抵退税政策实施以来，截至5月16日共有9 796亿元退税款退到企业账户上。享受存量和增量留抵退税的"制造业""电力、热力、燃气及水生产和供应业""交通运输、仓储和邮政业""科研和技术服务业""软件和信息技术服务业""生态保护和环境治理业"六个行业受益明显。

大规模留抵退税政策见成效，不断为市场主体添信心、增底气。

在内蒙古，扎鲁特旗鲁投洁太电力有限公司主要经营业务包括能源项目技术开发、光伏发电、风电发电储能等项目。扎鲁特旗税务局发现该企业属于制造业等六大行业中的电力、热力生产和供应业，符合2022年新出台的更大力度的增量留抵退税政策。4月初，该局工作人员辅助纳税人办理了增量留抵退税，退税金额达1 134.23万元。

"公司2018年在扎鲁特旗投资建设光伏发电站，投资金额达1.5亿元，投产后因国补资金尚未收回，资金压力非常大，退税减轻了公司资金周转压力，缓解了企业项目运转困难问题。"该公司财务负责人卢海迪表示。

在吉林，主要经营钢管、钢塑复合管制造的吉林京华制管有限公司将收到的1 038万元留抵退税款用于螺旋焊管第九条生产线新项目建设上。"留抵退税不仅缓解了企业资金链压力，更增强了企业的发展信心。"公司总经理李洪达表示，退税"红包"让企业少了后顾之忧，创新发展的信心更足了。

北京星宇车科技有限公司是北京现代整车一级配套商。该企业近年来受到韩系车型销售整体低迷影响，近几年销售收入下降明显，企业急需资金转型升级。近期，企业收到留抵退税税款1 032万元。

"收到退税后主要用于两个方面：一是继续支持新车型生产线研发投入，引进NU2和OE两条生产线；二是用于企业稳定经营。收到留抵退税后，有效缓解了企业资金压力，补充了企业的现金流，降低了资金成本，为企业的资金周转提供了便利，增强了企业走出困境的决心和信心。"北京星宇车科技有限公司相关负责人说。

在河北省晋州市经济开发区循环化工园区，亿利洁能科技（晋州）有限公司是园区唯一热源。公司建设初期，资金投入大，产生了大量留抵税额，加之疫情冲击，工程建设进度延缓，企业经营面临一定困难。

2022年4月，大规模增值税留抵退税新政实施，按照政策，企业一次性收到存量留抵退税款338万元。"政策支持下，企业一期项目已经投入运行，新的光伏项目也已开工建设，预计至2022年年底，居民供热项目也将投入运行。"该企业财务负责人高丽表示。

财税专家在接受人民记者采访时表示，留抵退税政策精准惠及市场主体，企业的生存、发展能力和信心得到明显增强，成为顶住经济下行压力、促进经济平稳健康运行的关键之举。

北京国家会计学院财税政策与应用研究所所长李旭红在接受人民网记者采访时表示，大规模留抵退税是我国创新宏观经济调控方式的关键举措之一，它不仅在一定程度上解决了我国积累多年的存量留抵退税问题，实现了增值税现代税制的中性原则，更解决了不同规模企业的资金困难，成为经济发展的"助推器"，精准施策，放水养鱼，助力激发市场活力。

"靠前发力是当前实施宏观政策的突出特点。"广东财经大学教授姚凤民认为，资金"活水"直达企业，对于急需资金支持的企业，能够起到帮一把、渡难关、扶一程的作用,助力企业在生产经营中轻装上阵。

"增值税留抵退税新政策,对小微企业、制造业等六个行业的存量留抵税额一次性退还,极大提振了市场信心。"西南政法大学经济法学院副教授、中国财税法治研究院研究员王婷婷对人民网记者表示。

"值得一提的是,对新增留抵退税中的地方负担部分,中央财政补助平均超过82%,并向中西部倾斜,这体现了国家支持企业恢复发展、稳定宏观经济的决心,将有力保障市场主体及时足额享受到政策红利。"王婷婷说。

(七)税务总局:五措并举确保新的组合式税费支持政策落稳落准

2022年6月10日报道:2022年,面对更趋复杂严峻和不确定的国际环境,为应对国内经济新的下行压力,我国实施包括大规模增值税留抵退税政策在内的新的组合式税费支持政策。国家税务总局最新数据显示,截至6月9日,已累计新增退税减税降费及缓税、缓费超2万亿元。

6月10日,在国家税务总局召开的"落实留抵退税政策 助力稳住经济大盘"新闻发布会上,税务总局相关负责人表示,全国税务系统认真贯彻落实《国务院关于印发扎实稳住经济一揽子政策措施的通知》有关要求,在财政、人民银行、公安等部门的大力支持下,坚持"快退税款、狠打骗退、严查内错、欢迎外督、持续宣传"五措并举,进一步落准、落好新的组合式税费支持政策特别是大规模增值税留抵退税政策,让"真金白银"以最快速度直达企业,更好助力稳住宏观经济大盘。

具体来看,税务部门主要在以下五方面持续加大力度,不折不扣抓好政策落实。

一是落细政策促快享。记者了解到,目前,税务部门已经联合财政部制发了减半征收部分乘用车车辆购置税、增值税留抵退税扩围到批发零售等7个行业等公告,并发布了税收征管的配套公告。同时指导各省(区、市)税务部门联合人社等部门出台地区社保费缓缴扩围政策具体实施办法,促进税费政策红利直达快享。

二是升级系统增便利。税务部门已经完成了金税三期征管系统升级,并同步升级了电子税务局等多个系统,为集中退还大型企业留抵税额、减半征收车辆购置税等政策实施提供有力支撑,其他各项政策实施的系统升级准备也在有条不紊地进行中。税务部门将持续优化功能、完善流程,进一步提升纳税人、缴费人办税缴费体验。

三是精准辅导广覆盖。税务总局指导各级税务机关借助12366纳税缴费服务热线、微课堂、云直播等多种形式,精准开展政策辅导。同时,税务部门将继续依托各大主流媒体和网络平台,持续加大宣传力度,主动发布权威信息,深入开展政策解读,确保广大纳税人、缴费人知政策、会操作、快享受。

四是广聚众智促改进。税务部门通过12366"退税减税意见专线"、局长信箱、"互联网+督查"平台等渠道,以及"一把手"走流程、税费服务体验师现场体验等方式,做好各方意见建议的收集、分析、处理和反馈工作,确保纳税人缴费人意见建议得到及时有效回应。

五是内外并重防风险。一方面,对外坚持"狠打",充分发挥六部门联合打击机制作用,严打骗取留抵退税行为,打早、打小,打准、打狠,曝光震慑,坚决不让退税"红包"落进不法分子"腰包";另一方面,对内坚持"严查",严肃查处税务人员在落实留抵退税等政策中的不作为、慢作为、乱作为等失职失责行为，特别是内外勾结、通同作弊等违法违纪行为。同时，依法依规抓好组织税费收入工作，牢牢守住不收"过头税费"的底线，确保税费优惠政策落准、落好，助力稳住经济大盘。

六、其他媒体的相关报道

（一）20多项税费政策红利加速释放　为市场主体"雪中送炭"

2022年4月25日《证券日报》报道：国务院印发的《关于落实〈政府工作报告〉重点工作分工的意见》中，对于"实施新的组合式税费支持政策"作了具体要求：由财政部、税务总局牵头，4月底前出台相关政策，年内持续推进。目前，上述政策基本出完，年初以来已经出台了20多项税费支持政策。政策红利直达市场主体，让企业发展的信心和底气更足了。

1. 给企业吃颗"定心丸"

中国财政学会绩效管理专委会副主任委员张依群对《证券日报》记者表示，年初以来，国家密集出台多项减税降费优惠政策，力度明显加大，减税涉及的税种、范围、规模、企业户数都明显增加，新的组合式税费支持政策无论是力度还是效果，都超过以往。

"一季度全国一般公共预算收入同比增长8.6%，各主体税种均保持平稳较快增长，从中不难看出，我国减税降费政策正在积极持续发力，对激发市场主体活力和城乡居民消费动能起到了支柱性、关键性作用。"张依群如是说。

2022年出台的一揽子税费支持政策主要包括延续实施扶持制造业、小微企业和个体工商户的减税降费政策，并提高减免幅度、扩大适用范围；实施大规模留抵退税，优先安排小微企业，对小微企业的存量留抵税额于6月底前一次性全部退还，增量留抵税额足额退还；出台支持特殊困难行业纾困发展的税收政策;设立3岁以下婴幼儿照护个人所得税专项附加扣除。

以留抵退税为例,该政策2022年4月1日起正式实施。税务总局最新数据显示,4月1日至4月15日,已有4 202亿元留抵退税款退到52.7万户纳税人的账户。留抵退税资金已经接近全年1.5万亿元退税总量的三分之一。

为加快退税进度,财政部、税务总局联合发布《关于进一步加快增值税期末留抵退税政策实施进度的公告》,提出将尽快释放大规模增值税留抵退税政策红利,在帮扶市场主体渡难关上产生更大政策效应。明确加快小微企业留抵退税政策实施进度,提前退还中型企业存量留抵税额。

对此,张依群表示,国家迅速出台相关政策,明确退税时间表和任务量,释放积极信号,为企业发展注入了一针强心剂。

2. 退税进度加快,也激发了市场活力。

"我们公司总部在上海,受疫情影响,近期物流订单逐渐减少,防疫带来的运输成本却有所增长,资金压力较大。"达州市韵达快递服务有限公司法定代表人张大云表示,税务部门及时为公司办理留抵退税,4月份已到账24.2万元的增量留抵退税,5月份还将享受4 918元的存量留抵退税,缓解了资金困难,给我们吃了颗"定心丸"。

中央财经大学财政税务学院院长白彦锋在接受《证券日报》记者采访时表示,在疫情反复、地缘政治冲突导致原材料价格上涨的大背景下,中小微企业的生产经营不可避免地受到了一些影响。在这种情况下,加快小微企业留抵退税政策实施进度、提前退还中型企业的增值税留抵退税,有助于直接增加这些企业的现金流,助其渡过难关、赢得未来。这体现了国家宏观调控政策根据社会经济形势进行调整,在时间进度上根据微观市场主体的需要"量身定制",确保我国经济发展保持在合理区间。

3.制度红利释放将更持久

为助力企业渡过难关、尽快落实税费支持政策,税务部门狠抓工作落实,确保留抵退税政策落地落细。记者了解到,四川税务部门选派业务骨干组建留抵退税"税务服务专员"团队,依托税收征管大数据分析,筛选符合政策适用条件的纳税人,在线上通过"税务服务专员"团队联动云税直播间开展精准宣传,线下办理实行专窗专岗、预约退税、绿色通道等服务措施,保证退税审批流程畅通,全面推动税收新政落地生根,确保税费优惠政策直达快享。

四川省税务局相关负责人表示,落实好各类税费优惠政策,让税费红利直达市场主体,是稳增长、稳市场主体、保就业的关键举措,税务部门将持续发力宣传辅导、测算分析、纳税服务,确保应享尽享、应退尽退。

张依群认为,接下来退税进度还会进一步加快,使退税为企业带来的巨大红利真正转化为生存、发展能力,形成长效激励机制,有效缓解企业资金压力。

白彦锋表示,需要注意的是,虽然国内外情况较为复杂、多变,但我国宏观调控"工具箱"内"工具"充足,拥有丰富的政策储备,以确保全年社会经济目标如期实现。

"除了这些减税降费政策,关于推进全国统一大市场、加快推进省以下财政体制改革的文件也在陆续发布。政策立足当下,制度着眼长远,制度红利的释放将更加持久,政策与制度的有机结合将确保我国在新发展阶段高质量发展。"白彦锋如是说。

（二）真金白银助企纾困

2022年5月5日经济日报报道：国家税务总局4月27日发布数据显示，截至4月20日，2022年落地的组合式税费支持政策已累计为企业减轻税费负担和增加现金流超1万亿元，为企业特别是小微企业及个体工商户纾困解难、提振市场主体信心发挥了积极作用。数据显示，2022年1月1日至4月20日累计办理留抵退税5 785亿元，一季度全国新增减税降费1 980亿元，一季度继续实施的制造业中小微企业缓缴税费3 335亿元。

"这相当于是国家为制造业中小微企业提供了一笔无息贷款，有利于缓解企业资金压力、改善企业生产经营。"国家税务总局收入规划核算司相关负责人表示。

"缓缴税费政策是延续去年的政策，实施首月能够实现这么大规模地缓缴税费，并且有200多万家企业能够受益于此。"中国社科院财经战略研究院财政研究室主任何代欣表示。

据了解，2022年2月底，国家税务总局联合财政部发布《关于延续实施制造业中小微企业延缓缴纳部分税费有关事项的公告》，明确制造业中小微企业2021年第四季度已缓缴的部分税费再延缓6个月，延缓缴纳2022年第一季度、第二季度部分税费。公告显示，缓税政策涉及企业所得税、个人所得税、国内增值税、国内消费税及附征的城市维护建设税、教育费附加、地方教育附加，不包括代扣代缴、代收代缴以及向税务机关申请代开发票时缴纳的税费。同时，在依法办理纳税申报后，制造业中型企业可以延缓缴纳公告规定的各项税费金额的50%，制造业小微企业可以延缓缴纳公告规定的全部税费，延缓的期限为6个月。

何代欣表示，公告的出台对于中小微企业而言能够有效缓解现金流压力，确保中小微企业在困难时期能持续经营，为等待时机好转和经营恢复提供机会。国家税务总局有关负责人介绍，为推动缓缴税费政策直达快享，国家税务总局及时升级税收征管信息系统，自动延长纳税人在2021年第四季度延缓缴纳的税费，符合条件的纳税人对已缴纳的相关税费可以通过免填单、批量办理等简化手续办理退税，让纳税人方便快捷获得相关支持。

"靠前发力是当前实施宏观政策的突出特点。"广东财经大学教授姚凤民表示，今年税费支持政策规模大、落实效率高，在短短不到4个月的时间内，已有超过1万亿元的资金"活水"直达企业，助力企业在生产经营中轻装上阵。

为确保新的组合式税费支持政策特别是大规模留抵退税政策落实落地、落准落稳，税务部门在确保政策红利直达快享的同时，防范和打击骗取留抵退税行为。国家税务总局相关负责人表示，全国税务系统与财政、人民银行等部门协同配合，完善退税操作指引，优化升级信息系统。

财税专家认为，大规模留抵退税政策，涵盖大中小微四类企业，牵涉总局、省局、市局、县局和税务分局五个层级，资金体量大、覆盖主体多、工作链条长，复杂性艰巨性和政策落实难度前所未有。而税务部门持续加大防范和打击骗取留抵退税力度，主要目的是让退税资金可以精准直达符合享受条件的守法经营企业。

国家税务总局相关负责人表示，大规模留抵退税政策实施已进入攻坚决战期，税务部门将继续落实好新的组合式税费支持政策，坚持"精细服务、直达快享、科技防范、狠打骗退、快准稳好"的工作要求，确保留抵退税政策落实落细、落准落稳。

(三)骗税违规零容忍 守住企业的"保命钱"

2022年5月20日《中国财经报》报道:"对于骗取留抵退税违法犯罪行为,坚持露头就打、打早打小、打准打狠,今年4月1日—5月16日,共立案检查涉嫌骗取留抵退税企业2 880户,全国已公开曝光留抵骗税案件118起,释放了'骗税必严打''违法必严惩'的强烈信号,坚决不让减税降费的'红包'落入不法分子的腰包。同时,累计曝光25起税务人员失职失责受到处理的案件,特别是极少数内外勾结被立案审查的案例,表明'零容忍'的坚定态度,坚决做到'打铁必须自身硬'。"国家税务总局在中共中央宣传部举行的财税改革与发展有关情况发布会上,介绍了税务机关打击骗取留抵退税违法行为及税务人员落实留抵退税政策失职失责受到责任追究的情况。

5月11日,国家税务总局、公安部、最高人民检察院、海关总署、中国人民银行、国家外汇管理局六部门联合召开全国打击骗取增值税留抵退税工作推进会,要求把打击骗取留抵退税作为六部门当前常态化打击工作的重中之重,聚焦团伙式、跨区域、虚开发票虚增进项骗取留抵退税等违法犯罪行为,以零容忍的态度坚决予以打击,形成打击骗取留抵退税的压倒性态势,护航留抵退税政策落准、落好。5月17日,六部门联合印发《国家税务总局等六部门关于严厉打击骗取留抵退税违法犯罪行为的通知》,要求六部门对骗取留抵退税违法犯罪行为快速发现,快速应对,露头就打。在2022年大规模留抵退税政策落实过程中,税务部门对于违法违规行为的"零容忍"不仅有效护航退税政策落地,在维护税收公平、守护法律尊严等方面也发挥了积极作用。

2022年,我国经济发展面临需求收缩、供给冲击、预期转弱三重压力，党中央、国务院部署实施了新的组合式税费支持政策，预计全年退税减税约2.5万亿元，其中留抵退税约1.5万亿元，帮助企业纾困解难。为确保资金顺利直达市场主体，财政部统筹资金调库，加快资金下达速度；税务部门全面优化退税办理流程，提高了退税效率。4月1日—5月16日，全国共有9 796亿元留抵退税款退到企业账户。所谓有光的地方就有影，大量不法分子开始将手伸向了这笔政策红利，所以守住企业的"保命钱"，也是让好政策发挥好作用的重要一环。

震慑违法行为，护航政策落地。实际上，从4月中旬开始，税务部门就陆续曝光了多批打击骗取留抵退税典型案件和税务人员失职失责受到责任追究的典型案例，这表明了税务部门坚决打击涉税违法行为、维护法治公平税收环境的态度，也体现了税务部门利用税收大数据精准监管的能力，让更多想要窃取国家政策红利的人望而却步，从而更好保障财政资金安全，护航政策落地。

维护税收公平，提高纳税遵从度。国家依法征税，纳税人依法纳税，才能保障市场主体充分享受公平的税收环境。税务部门大力打击骗税行为，倡导合法合规办理政策优惠，让更多依法纳税、退税的纳税人在享受政策红利的同时，提高其对税收公平的获得感，进一步促进社会纳税遵从度提高。

守护法律尊严，推进法治建设。从税务部门目前公布的留抵骗税案例来看，不法分子多通过虚开发票虚增进项税额、减少销项税额、进行虚假申报等手段骗取留抵退税。而无论是虚开发票还是做假账，我国的刑法、税收征收管理法、会计法均对这些行为设置了处罚措施。严肃查处骗税行为是维护法律尊严的重要手段。同时，党的十八大以来，法治中国建设加快了步伐，税收法治建设也在不断深化，在推进税收立法的同时，规范税收执法、强化执法监督也是不容忽视的内容。

"打铁还需自身硬。"值得注意的是，此次税务部门曝光了多起在企业办理退税时，对企业退税资格等重要信息未按规定进行核对、对企业相关申报数据应比对未比对等不作为、慢作为、乱作为的税务人员进行追责典型案例；对内外勾结、通同作弊等涉嫌骗取留抵退税的税务人员进行立案审查，并予以曝光，让社会看到了一个不包庇、不袒护，公正执法的税法捍卫者。

法治兴则国兴，法治强则国强。对留抵骗税和内部失职失责、违法违纪行为的"零容忍"不仅维护了国家税收安全、经济秩序和社会公平正义，也为推进法治建设贡献力量。

（四）减了 8.8 万亿元，多了 9 000 万户

2022 年 6 月 10 日《中国青年报》报道：中国政府致力于降低企业税费负担、改善营商环境的政策取得了显著进展——党的十八大以来的 10 年间，我国新增减税降费累计 8.8 万亿元，宏观税负从 2012 年的 18.7% 降至 2021 年的 15.1%。受益于减税降费等政策，全社会创新创业活力持续激发，全国新办涉税市场主体累计达到 9 315 万户，年均增加逾千万户。

这项政策的受益者分布在市场的每一个角落。自 2016 年起，中国财政科学研究院每年都会开展一次企业成本调研。最新的一份调研报告显示，2018 年至 2020 年企业纳税总额占营业收入的比重逐年下降，年均下降 0.87 个百分点，超过 66% 的样本企业的平均税负已低于 5%。中国中小企业协会在 2020 年的一次调查结果同样表明了这项政策的效果：在各项相关政策中，中小企业认为成效最大、反响最好、落实最到位的是减税降费。

"放水养鱼"才能水多鱼多。10年，减了8.8万亿元的税费，中国市场多了超9 000万户企业。中国社会科学院财经战略研究院副院长、研究员杨志勇表示，减税降费政策受到市场主体的普遍欢迎，是因为市场主体对于减税降费政策的获得感更强。

为了解决市场主体的困难问题，可供选择的宏观支持政策包括大规模投资、发放消费券和减税降费。这是一道选择题，经营者多选择减税降费。杨志勇说，减税降费在3个选择项中脱颖而出，并不是政府安排的结果，而是企业的选择，是市场主体的选择。这进一步说明减税降费政策对市场主体是最有利的政策。

1. 大幕拉开

全国工商联曾发布一份调研报告，认为2017年制约民营经济发展的前三大影响因素是用工成本上升、税费负担重、融资难融资贵。由此，降低企业税费负担问题成为社会关注的焦点。

全面推广营改增，降低制造业、交通运输、建筑等行业及农产品等货物增值税税率，实施个人所得税改革，以及制造业等企业研发费用加计扣除比例提升至100%……10年间，一场场"牵一发而动全身"的税制改革深入经济社会"肌体"，也催生了税收征管模式、征管方式的重大变革。在这背后，透露的是一个大国经济由高速增长到高质量发展的转变历程。

这场宏大的税制改革是从增值税拉开帷幕的。2016年5月1日，我国在全国范围全面推开营改增试点。温州商人陈生当日零点在北京民族饭店开具了中国餐饮住宿业首张增值税专用发票。这一天，征收了66年的营业税告别中国税收舞台。

这场被称为"中国税制分水岭"的重大改革，涉及近1 600万户企业纳税人、1 000万自然人纳税人，当年便直接减税超过5 000亿元。英国《经济学人》杂志当年评价，中国全面实施扩大增值税征收范围的政策，完成了20年来规模最大的一次税制改革。

中国在短时间内顺利实现了超过千万户纳税人的税制转换，实现了四大试点行业税负"只减不增"的目标。98%左右的试点纳税人实现税负下降或持平，越来越多的纳税人享受到改革带来的减税红利。数据显示，全面推开营改增试点一年来，营改增实现减税6 800亿元左右，成为2017年之前最大规模的减税措施。

随后，增值税改革不断深化：增值税税率"四档并三档"，降低增值税税率、统一小规模纳税人标准、完善留抵税额退税制度等，在实现以制造业为主的大规模减税的同时，一个更加公正、简明、高效的增值税制度逐渐成型。

奥地利维也纳经济大学全球税收政策研究中心主任杰弗里·欧文斯指出，中国能够在如此短的时间内推出这项改革，应归功于中国政府的战略决策能力，以及中国财税系统高效的执行力。

大幕拉开后，一次次重大税制改革纷至沓来。比如，实施综合与分类相结合的个人所得税改革，税制改革从根植经济治理到嵌入社会治理。

2. 真金白银的获得感

减税减的是真金白银。10年来，税务部门组织税收收入超过110万亿元，而减税降费占比近8%。

不仅如此，与税制改革相适应，借助信息化手段，税务部门持续推动税收征管方式、流程等领域的改革，实现征管效能倍增，为内外资纳税人带来了全新的办税体验。

以"十三五"时期为例，5年间国家税务总局先后取消26种涉税文书报表、60项税务证明事项，对符合规定的增值税纳税人年申报增值税次数由12次简并为4次，税务行政审批事项减少93%，纳税人报税资料压减50%，年度纳税时间压减超过57.5%……

2022年以来，税费申报表在数据共享、表单整合、税种联动等方面继续优化。在2022年举办的"我为纳税人缴费人办实事暨便民办税春风行动"中，税务部门又推出减少资料报送等121条便民措施。

这实实在在提升了纳税人缴费人的获得感。2014—2021年，税务总局委托第三方机构连续开展了8次纳税人满意度调查，共计调查全国34个省（区、市）40万户纳税人，综合得分由2014年的82.06分提升至2021年的87.2分。世界银行《2020年营商环境报告》显示，中国纳税指标排名在前两年提升的基础上，再度提升9位。

企业最早感受到税改带来的利好。宁波旭升汽车技术股份有限公司（以下简称"旭升股份"）主要合作方为美国特斯拉，销售占比近四成，出口产品为新能源汽车变速系统、传动系统、悬挂系统、电池系统等核心零部件。旭升股份董事长徐旭东说，出口退税对于出口制造企业来说至关重要，可以说关乎企业的生存运转。"近两年，我们累计收到了2.65亿元的出口退税款。今年以来，我们已经收到4 200多万元。"

不单单是税费优惠政策给力，对税务部门的执行效率，徐旭东也是赞赏有加。

徐旭东说，旭升股份取得的一切成绩都得益于国家出台的系列帮扶举措和利好政策，特别是税费优惠政策，让企业大大提升了抵御风险、应对挑战的勇气与底气。

对于减税降费的作用，杨志勇是这么评价的：减税覆盖面广，任何一个市场主体只要在经营，基本上都可以享受到减税降费的好处。此外，减税降费的力度总体上在加大，不少阶段性减税降费政策到期后延续且得到优化。这样，减税效果总体上是值得充分肯定的。

3. 减税降费的"与时俱进"

减税降费有三种效应：一是扩内需、刺激经济增长，二是降成本，三是引导和稳定预期。但任何政策都需要不断优化，否则政策效力难免递减，减税降费同样如此。

近年来，着眼于经济发展的具体特点，减税降费也在"与时俱进"，比如2021年，"减税降费＋缓税缓费"就是涉税政策的新特点。

与减税降费的直接效果比起来，缓税缓费的作用往往易被人忽视。但事实上在财政紧平衡的状态下，这更有长远的意义，既减轻了市场主体负担，总体上也不会对财政造成太大压力。国家税务总局收入规划核算司司长蔡自力表示，这相当于国家给制造业中小微企业一笔无息贷款，有利于缓解企业的资金压力，改善企业的生产经营。

走进四川金洋康宁硅业有限责任公司的生产冶炼车间，一台台高速运转的硅石冶炼电机映入眼帘，工人们正在切割硅石，将一袋袋金属硅装车销往全国各地。如今的忙碌场景总是让该公司财务负责人徐联霞回想起去年那段艰难的日子。

受疫情影响，四川金洋康宁硅业有限责任公司一度面临原材料成本上升、运输费用上涨、产品销售量减少的困境，紧巴巴的现金流让公司经营捉襟见肘。后来，当地税务部门送去了税费缓缴"大礼包"。徐联霞说，截至2022年5月，公司已经享受缓缴税费726万元，这笔缓缴的税费大大缓解了企业的资金压力。

2022年，为了松解企业"绷紧"的现金流，除了缓税，从4月1日起，我国实施大规模增值税留抵退税政策。这被业内不少专家认为是值得"大书特书的政策"。

增值税留抵退税是实施大规模减税降费政策的重要举措，这项政策可以直接减轻企业现金流压力。

内蒙古绿晟新材料科技有限公司的负责人智钢说，目前企业正处在生产配套设施建设期间，资金需求量非常大，兴安盟税务局在了解企业的情况后，根据企业的信用评级和经营状况，梳理出可以享受的税收优惠政策，第一时间上门辅导。该企业通过电子税务局提交留抵退税申请，112万元退税迅速到账，由此加快了项目落地的步伐。

建投热力河北清洁供热有限公司是一家从事热力生产和供应的企业。受疫情等因素的影响，该企业资金严重短缺，经营面临困难。在了解该企业面临的困难后，河北高邑县税务局迅速落实政策将"真金白银"退还给纳税人。134.85万元退税款不仅解决了企业员工工资问题，也为企业购买原材料充实了资金，有力促进了公司平稳运行。

根据国家税务总局的数据，4月1日至5月31日，已有13 391亿元留抵退税款退到企业账户，加上一季度实施原有留抵退税政策退税1 233亿元，累计退税14 624亿元。这些政策红利为企业特别是中小微企业及个体工商户纾困解难、提振信心发挥了重要作用。

在减税降费等宏观政策综合作用下，全社会创新创业活力持续激发，2020年全国共有5.3万户企业享受高新技术企业所得税优惠，户数较2013年增长82.8%，减免企业所得税2 596亿元。2020年，共有42.7万户企业享受研发费用加计扣除优惠，减免税额4 295亿元，是2013年的1.9倍。企业创新活力进一步激发，企业研发投入强度从2013年的2.08%提高到2021年的2.44%。

税制改革巧在改制，重在赋能。10年减税降费最终换来了市场主体的成长，换来了税源的更加丰富。风物长宜放眼量，在全球新冠肺炎疫情持续肆虐的情况下，政府继续选择用自己的"紧日子"换人民群众的"好日子"，在壮阔汹涌的大海中，中国这艘巨轮将乘风破浪，行稳致远。

（五）"快退税款、狠打骗退、严查内错、欢迎外督、持续宣传"五措并举落实留抵退税政策　助力稳住经济大盘

2022年6月10日中国经济网报道：6月10日，国家税务总局召开"落实留抵退税政策　助力稳住经济大盘"专题新闻发布会，介绍新的组合式税费支持政策特别是大规模增值税留抵退税政策落实情况。税务部门坚持"快退税款、狠打骗退、严查内错、欢迎外督、持续宣传"五措并举，进一步落准、落好新的组合式税费支持政策特别是大规模增值税留抵退税政策，让"真金白银"以最快速度直达企业，更好助力稳住宏观经济大盘。

快退税款——已累计有15 483亿元退税款退到纳税人账户

实施大规模增值税留抵退税政策等新的组合式税费支持政策是以习近平同志为核心的党中央统筹国内国际两个大局、因时应势强化跨周期和逆周期调节作出的重大决策。

税务总局最新数据显示，截至6月9日，已累计新增退税减税降费及缓税缓费超2万亿元。主要包括三个部分：一是4月1日至6月9日，已有14 250亿元退税款退到纳税人账上，再加上一季度继续实施此前出台的留抵退税老政策1 233亿元，已累计有15 483亿元退税款退到纳税人账户，超过去年全年办理退税规模的两倍。二是1—4月全国新增减税降费2 440亿元，包括小规模纳税人享受增值税优惠政策新增减税335亿元，"六税两费"减半征收政策新增减税降费476亿元，将小型微利企业年应

纳税所得额100万元至300万元部分再减半征收政策新增减税164亿元，等等。三是继续实施制造业中小微企业缓缴政策累计缓缴税费4 289亿元。

税务总局新闻发言人荣海楼介绍，具体到大规模增值税留抵退税政策落实方面，4月1日至6月9日，从企业看，微型、小型、中型企业存量留抵税额集中退还基本完成，小微企业依然是受益主体。已获得退税的纳税人中，小微企业占比94.9%，共计退税7 039亿元，占比49.4%；中型企业占比4.4%，共计退税3 412亿元，占比23.9%。从行业看，享受存量和增量全额留抵退税的制造业等六个行业受益明显，纳税人获得退税7 736亿元，户均退税115.2万元。从区域看，与地区经济体量相对应，东部地区留抵退税总量较大，共获得退税7 391亿元。

一系列税费支持政策红利逐步释放、成效日渐显现，为市场主体纾困解难、提振发展信心发挥了积极作用。近日，税务总局开展了新的组合式税费支持政策落实情况专项评估，共收到1.5万户纳税人意见反馈，98.05%的纳税人对税务部门落实税费支持政策工作表示满意，96.06%的纳税人认为办理相关业务便利度高，92.75%的纳税人认为享受政策获得感明显。

1. 狠打骗退——全国已公开曝光314起骗取留抵退税案件

2021年10月，税务总局、公安部、最高人民检察院、海关总署、中国人民银行、国家外汇管理局建立了常态化打击虚开骗税违法犯罪工作机制，致力于打击"假企业""假出口""假申报"等涉税违法犯罪行为，并取得阶段性战果。

税务总局稽查局副局长江武峰介绍，2022年4月份以来，为进一步护航留抵退税政策落准、落好，六部门联合召开了打击骗取增值税留抵退税工作推进会，并联合下发了《关于严厉打击骗取留抵退税违法犯罪行为的通知》，把打击骗取留抵退税作为六部门当前常态化打击工作的重中之重，不断增强严厉打击骗取留抵退税工作的协同性。

各地六部门充分发挥职能作用，研究制定联合打击工作方案、细化工作措施，联合开展精准选案，做到"早发现"，联合开展协同打击，凸显"严查处"，联合曝光骗取留抵退税案件，实现"强震慑"，实现对骗取留抵退税等违法犯罪行为全链条、一体化打击，释放了"骗税必严打""违法必严惩"的强烈信号。截至6月9日，全国已公开曝光314起留抵骗税案件。

江武峰介绍，自6月起，大型企业存量留抵退税开始集中退还，更多行业实施存量和增量全额留抵退税也将适时启动，打击骗取留抵退税形势更加严峻复杂，任务更为艰巨。税务部门将进一步深化部门协同共治，加强数据共享，加大力度查办团伙式、跨区域、虚开发票虚增进项等恶意骗取留抵退税案件，持续加大典型案件曝光力度，确保不发生区域性、行业性、系统性骗税风险，为大规模留抵退税政策落实落地保驾护航。

2. 严查内错——严肃查处税务人员失职失责和违纪违法行为

税务总局督察内审司司长邓勇介绍，税务总局党委高度重视留抵退税风险防范工作，在"狠打骗退"的同时，充分发扬自我革命精神，坚持刀刃向内，将"严查内错"贯穿政策落实全过程、各环节，严肃查处税务人员失职失责特别是内外勾结骗取留抵退税等行为，深入开展"一案双查"，从严从快查办。

税务总局建立稽查、督审、纪检等部门参与的工作协调机制，加强留抵退税内督外查统筹协调。紧盯税务机关和税务人员履职尽责情况，持续推进督察工作，有针对性地部署开展专项督察，确保问题查深查透查到位。坚持分类处置，区分问题情形，对一般性工作失误，及时提示纠正；对轻微失职失责的，追究执法过错责任；严重失职失责涉嫌违纪，尤其是内外勾结、通同作弊骗取留抵退税的，依纪依法严肃处理。

截至6月9日，各级税务部门主动自觉查处了一批税务人员该审核不审核、该把关不把关等失职失责的案件，目前已经公布35起；查处了一批税务人员借退税吃拿卡要报、刁难纳税人的案件，目前已经公布3起；查处了一批税务人员内外勾结、通同作弊骗取留抵退税谋取私利的案件，目前已经公布4起，既挽回了税款，又教育了干部，起到了有效的警示震慑作用。

发布会上，还曝光广东1名税务人员内外勾结涉嫌骗取留抵退税被立案审查案件。近日，广东省税务局按照税务总局工作部署，加强对落实大规模留抵退税政策的监督执纪工作，对1名内外勾结涉嫌骗取留抵退税的税务人员予以立案审查。经查，广东省揭阳市某区税务局干部李某某，涉嫌内外勾结，与其配偶利用实际控制的企业虚开增值税专用发票和普通发票，从中牟利，下游受票企业虚增进项税额涉嫌骗取留抵退税。目前，当地税务部门纪检机构已对李某某立案审查，将依规依纪依法严肃追究其责任。

3. 欢迎外督——邀请各方代表当政策落实的"监督员"

纳税人缴费人所盼就是税务人所向，帮助企业应享尽享优惠政策，渡过难关更好发展，是税务部门的应尽之责。税收工作做得好不好，广大纳税人缴费人最有发言权。

税务总局纳税服务司司长韩国荣介绍，为进一步落实好留抵退税等新的组合式税费支持政策，2022年以来，税务部门在全力推进优惠政策落地的基础上，积极主动听取纳税人缴费人等各方意见建议，不断完善和改进服务举措。

近日，税务总局专门印发《关于自觉接受社会监督主动听取意见建议助力新的组合式税费支持政策落准、落好工作的通知》，真诚接受社会监督，主动听取多方意见，聚智落好优惠政策，助力稳住经济大盘。为切实做到意见建议听得见、服务举措做得实、优惠政策落得好，税务部门重点开展了"联一线、亲体验、开专线、走流程"等工作。

税务总局早在2021年就在全国推广开展"税费服务产品体验"工作，2022年结合新的组合式税费支持政策落实，进一步主动邀请各级人大代表、政协委员、特约监督员、企业代表担任税费服务体验师，作为税费服务、政策落实的"监督员""质检员"，利用线上、线下等不同办理渠道，体验申请、审核等不同业务环节，并提出意见建议。目前税费服务体验师达3.7万余名，对税务部门提升服务质量、助力政策落实发挥了十分重要的作用。

5月31日，税务总局党委书记、局长王军主持召开税费服务体验师及企业代表视频座谈会，与5个省的10名税费服务体验师和5名企业代表座谈，其中不少是人大代表、政协委员和政府特约监督员，进一步听取意见、问需问计，同时要求各级税务部门通过多种形式，广泛邀请税费服务体验师帮助查找和改进政策落实等方面存在的问题。

6月初，税务部门开展了增值税留抵退税"走流程"活动，主动邀请人大代表、政协委员、特约监督员以及与留抵退税政策落实密切相关的财政、人民银行、市场监管等部门人员，通过"操作系统亲自办""走进大厅陪同办""深入一线体验办"等方式，进一步加强意见建议收集响应。在这里，也真诚欢迎包括新闻媒体在内的社会各界进一步监督税收工作，多提宝贵意见建议，促进税收工作持续改进。

邓勇介绍，下一步，税务部门将持续做好跟踪问效，确保纳税人缴费人等各方意见建议得到及时有效回应，推动税费服务工作质效持续提升，确保留抵退税等新的组合式税费支持政策落准、落好，不断提振市场主体信心，更好促进经济社会发展。

4. 持续宣传——努力让广大纳税人缴费人应知尽知、应享尽享

荣海楼介绍，在大规模增值税留抵退税政策落实过程中，税务部门坚持精准辅导广覆盖，指导各级税务机关借助12366纳税缴费服务热线、微课堂、云直播等多种形式，精准开展政策辅导。同时，将继续依托各大主流媒体和网络平台，持续加大宣传力度，主动发布权威信息，深入开展政策解读，确保广大纳税人缴费人知政策、会操作、快享受。

国务院部署实施扎实稳住经济的一揽子政策措施，决定在更多行业实施存量和增量全额留抵退税，新增的1 400多亿元退税款要在7月份基本退到位。

税务总局货物和劳务税司司长谢文介绍，税务部门充分依托税收大数据，系统筛查扩围行业符合条件的纳税人清册，摸清退税资源底数，指导各地税务机关精准开展宣传工作，确保政策出台后第一时间辅导纳税人办理退税手续。

下一步，税务部门将认真贯彻党中央、国务院决策部署，进一步扛起政策落实的政治责任，以更扎实的举措落实好7个行业扩围政策，加强内部业务培训，采取多种形式再开展一轮覆盖面广、精准性强的宣传辅导，积极引导纳税人申请办理退税，确保广大纳税人和一线税务干部懂政策、会操作，让市场主体有实实在在的获得感。

（六）上半年全国一般公共预算收入增长 3.3%——财政收入企稳回升　留抵退税效应显现

2022 年 7 月 15 日《经济日报》报道：7 月 14 日，财政部发布数据显示，6 月份全国一般公共预算收入增长 5.3%，增幅由负转正。上半年，全国一般公共预算收入 105 221 亿元，其中，留抵退税冲减收入 18 408 亿元。扣除留抵退税因素后，上半年累计增长 3.3%。随着国内疫情防控形势总体向好，加快推动稳经济一揽子政策措施落地见效，6 月份全国一般公共预算收入企稳回升。上半年，实施大规模留抵退税政策效应集中释放，用于项目建设的新增专项债券额度基本发行完毕。

"相较于 5 月份的负增长，6 月份全国一般公共预算收入增幅已由负转正。财政收入是反映经济运行的重要指标之一，透过数据可以看出，我国经济运行正在重回正常增长轨道。"国务院发展研究中心宏观部副部长冯俏彬说。

北京国家会计学院财税政策与应用研究所所长李旭红认为，随着疫情防控形势逐渐好转，6 月份复工复产成效显现，我国经济逐步恢复，财政收入随之企稳回升，下半年经济形势具有良好的社会预期。

从税收收入看，上半年，扣除留抵退税因素后，全国税收收入增长 0.9%，按自然口径下降 14.8%。从税种看，国内增值税扣除留抵退税因素后下降 0.7%，其中，6 月份下降 1.1%，降幅比 4 月份、5 月份明显收窄，主要是工业增加值、服务业生产指数等相关经济指标逐步改善。企业所得税增长 3.2%，其中，煤炭、原油等行业利润增长带动相关企业所得税较快增长。进口货物增值税、消费税增长 14.9%，主要受一般贸易进口增长等因素带动。出口退税比上年同期多退 1 913 亿元，增长 21.2%，有力促进出口平稳发展。

从财政支出看，上半年，全国一般公共预算支出 128 887 亿元，比上年同期增长 5.9%，高于财政收入增幅。民生等重点领域支出得到有力保障，其中，科学技术、农林水、卫生健康、教育、社会保障和就业支出，分别增长 17.3%、11%、7.7%、4.2%、3.6%。

中国财政科学研究院副院长邢丽认为，上半年的财政支出保持稳定增长，重点领域支出得到有效保障，表明在财政收入压力较大的情况下，各级财政部门聚焦"六稳""六保"要求，加强支出预算执行管理，积极盘活财政存量，保障民生等重点支出需要。

"从后期走势看，随着国务院稳经济一揽子政策措施落地见效，高效统筹疫情防控和经济社会发展成效持续显现，下半年经济有望持续回升向好，在此基础上，预计财政收入将逐步回升。"财政部国库支付中心副主任薛虓乾表示。

实施大规模增值税留抵退税，是 2022 年稳定宏观经济大盘的关键举措。统计显示，4 月 1 日至 6 月 30 日，全国共为 186.5 万户纳税人办理留抵退税 17 222 亿元，加上一季度继续实施此前出台的留抵退税政策 1 233 亿元，上半年共有 18 455 亿元退税款退付到纳税人账户，已达上年全年办理退税规模的 2.9 倍。

"总体看，4 月份以来留抵退税政策实施有力，助企纾困成效显现。"财政部税政司副司长魏岩说，通过落实落细大规模留抵退税政策，有效缓解了企业资金压力，为企业设备更新、技术改造注入现金活水，为稳市场主体稳就业提供强劲动力，对提振市场主体信心、扩大消费投资、增强发展内生动力、稳定宏观经济大盘发挥了重要作用。

专项债券是落实积极财政政策的重要抓手，在带动扩大有效投资、稳定宏观经济大盘等方面发挥着重要作用。2022年我国安排新增专项债券额度3.65万亿元，保持较高规模。按照国务院扎实稳住经济一揽子政策措施要求，各地加快发行使用节奏。

统计显示，截至6月末，各地发行新增专项债券3.41万亿元。"2022年用于项目建设的新增专项债券额度基本发行完毕，比以往年度大幅提前，体现了积极财政政策靠前发力的要求。"财政部预算司一级巡视员兼政府债务研究和评估中心主任宋其超说，已发行的新增专项债券共支持超过2.38万个项目。

冯俏彬认为，2022年以来，积极财政政策持续发力，全力稳增长、保抗疫，"展望下半年，稳定宏观经济大盘仍然需要财政政策助力"。

"总体而言，留抵退税、中小微企业减免税费、专项债券等一揽子稳经济政策的效应逐渐显现。财政税收与经济发展密切相关，政策措施将带动下半年经济持续恢复。"李旭红说。

（七）财政政策稳经济保民生效应显现

2022年7月15日《经济参考报》报道：7月14日，我国财政收支半年报出炉：上半年，全国一般公共预算收入105 221亿元，其中，留抵退税冲减收入18 408亿元。全国一般公共预算支出128 887亿元，增长5.9%。

一收一支之间，彰显出2022年积极财政政策靠前发力、精准发力的成效。

退税减税、转移支付等加大力度，专项债发行与使用、留抵退税等加快进度，惠企利民突出精度体现温度。财政政策稳经济保民生效应愈加显现。

1.大规模留抵退税为企业注入现金活水

18 455亿元——这是上半年退付到纳税人账户的留抵退税款总额，

已达上年全年税务部门办理退税规模的 2.9 倍。

同比增长 10.6%——这是 2022 今年 5 月全国已退税企业销售收入的增速。

554.7 万户——这是 2022 年前 5 个月，全国新办涉税市场主体数。

这几组数据充分印证，作为我国新的组合式税费支持政策的"重头戏"，大规模留抵退税实施力度大、惠企效果好。

加大受益范围，将更多行业纳入增值税留抵退税。加快实施进度，小微企业 6 月底前一次性全部退还，中型企业大型企业退税提前……一揽子政策为更多市场主体送上"及时雨"，确保政策效应在上半年集中释放。

在原计划 1.5 万亿元留抵退税的规模上再新增 1 420 亿元；扩大阶段性缓缴社会保险费政策实施范围、延长缓缴期限；阶段性减征部分乘用车购置税 600 亿元，进一步提振汽车消费……2022 年 3 月以来，面对新的经济形势，增量政策工具密集落地。

"通过落实落细大规模留抵退税政策，有效缓解了企业资金压力，为企业设备更新、技术改造注入现金活水，为稳市场主体稳就业提供强劲动力，对提振市场主体信心、扩大消费投资、增强发展内生动力、稳定宏观经济大盘发挥了重要作用。"财政部税政司副司长魏岩在 14 日财政部举行的发布会上表示。

2.专项债靠前发力撬动有效投资

为应对经济下行压力和疫情影响，2020—2022 年我国分别安排了新增专项债券额度 3.75 万亿元、3.65 万亿元、3.65 万亿元，持续保持较高规模。

相比往年，作为落实积极财政政策的重要抓手，2022 年我国地方政府专项债发行和使用更加体现了财政政策靠前发力的特点，对带动扩大有效投资发挥了重要作用。

财政部预算司一级巡视员兼政府债务研究和评估中心主任宋其超介绍，2022年地方债下达时间早——2021年12月提前下达新增专项债券额度1.46万亿元，2022年3月用于项目建设的新增专项债券额度全部下达完毕，比以前年度平均提早3个月。

发行进度快——截至6月末，各地发行新增专项债券3.41万亿元，2022年用于项目建设的新增专项债券额度基本发行完毕，比以往年度大大提前。

重大项目优先支持——2022年分两批储备专项债券项目7.1万个。1—6月，已发行的新增专项债券共支持超过2.38万个项目。要求各地将资金优先用于支持纳入国家"十四五"规划纲要和重大区域发展战略的重点项目，坚决不"撒胡椒面"。

撬动投资作用明显——1—6月，各地共安排超过2 400亿元专项债券资金用作重大项目资本金，有效发挥政府投资"四两拨千斤"的撬动作用。

3. 兜牢三保底线 切实保障民生

上半年，全国一般公共预算支出128 887亿元，比上年同期增长5.9%。财政部国库支付中心副主任薛虓乾介绍，民生等重点领域支出得到有力保障，其中，科学技术、农林水、卫生健康、教育、社会保障和就业支出，分别增长17.3%、11%、7.7%、4.2%、3.6%。

为切实保障重点支出，确保地方基层在落实大规模退税减税政策的前提下"保基本民生、保工资、保运转"所需基本财力，2022年以来，财政部门多措并举，兜牢兜实民生底线。

加大中央财政对地方转移支付力度，从规模来看，2022年中央对地方转移支付近 9.8 万亿元，规模为历年来最大；从增幅来看，2022 年中央对地方转移支付比上年增加约 1.5 万亿元，增长 18%，增幅为近年来最高。

督促地方将三保支出作为预算支出重点，坚持三保支出在预算安排中的优先顺序。

2022 年，中央财政进一步扩大中央直达资金范围，将符合条件的惠企利民资金全部纳入直达范围，资金总规模约 4 万亿元。初步统计，用于养老、义务教育、基本医疗、基本住房等基本民生方面的支出达 1.17 万亿元。

中国财政科学研究院副院长、研究员邢丽表示，上半年的财政支出保持稳定增长。民生等重点领域支出得到有效保障。这表明在财政收入下降的情况下，各级财政部门聚焦"六稳""六保"要求，加强支出预算执行管理，积极盘活财政存量，保障民生等重点支出需要。

"今年以来，财政政策充分发挥畅通经济循环、扩大总需求、提振预期的作用。"粤开证券首席经济学家、研究院院长罗志恒表示，2022 年上半年我国经济持续面临"三重压力"，积极财政政策主动作为，通过大规模减税降费退税、加快专项债发行和使用进度、加大对地方转移支付力度等方式推动抗疫纾困、缓解市场主体经营压力、对冲总需求不足、打通供给渠道，为稳定经济大盘作出了较大贡献。

罗志恒说，下半年积极的财政政策要继续服务于"稳字当头、稳中求进"的总要求，提升效能、更加精准和可持续，加大宏观政策调控力度，落实财政增量工具，平衡稳增长、防风险、落实基层三保和支持国家重大战略等多重目标。

第三节

各地财政部门实施留抵退税政策具体经验

一、贵州省黔南州"五个确保"推动留抵退税政策精准纾困

为贯彻落实好国家2022年4月1日起实施新的组合式减税降费政策，重点聚集支持小微企业及六大行业留抵退税政策实施，切实减轻市场主体负担、提振市场主体信心、激发市场主体活力，助推经济运行在合理区间。黔南州财政局、州税务局和人民银行黔南中心支行三部门主动作为、联动发力，以"五个确保"高效推动留抵退税政策在黔南州落实落细。

（一）建立协同工作机制，确保责任落实到位

围绕新的组合式税费政策涉及面广、政策性强、时效性高、情况复

杂的实际情况，黔南州及时制定《黔南州2022年增值税留抵退税工作实施方案》，成立领导小组，建立联席会商机制和快速响应机制，强化财政、税务、人民银行等部门的联动协作，明确职责、压实责任、细化措施，围绕重点任务、重要节点倒排工期，确保各项任务有序推进。

（二）建立信息共享机制，确保基础支撑到位

为确保退税业务各环节、各流程顺利实施，州税务局组织各县（市）税务机关全面摸清留抵退税底数，制定全年退税计划清册，向各级财政、人行等部门共享推送，确保退税底数清、情况明。对于符合条件的企业，坚决做到应退尽退。经梳理，截至2022年2月底，全州符合条件的退税企业户数达2 700余户，退税政策实现了全覆盖，涵盖采矿业、制造业、建筑业、房地产业等18个行业（包括所有小微企业和六大重点支持行业）。

（三）建立财力保障机制，确保资金支持到位

为支持市县落实好小微企业退税减税政策，中央和省级专门安排一次性转移支付资金，对市县应承担的小微企业留抵退税财力减收部分进行100%全额补助。黔南州各级财政部门强化资金保障和监管，确保退税资金直达市场主体。一是及时下达专项资金。黔南州第一批留抵退税专项补助资金8.8亿元已全部到位，州县财政部门将专项资金纳入直达资金监管范围，第一时间做好资金接收、分配和下达，防止闲置挪用，直接惠及企业。二是建立资金保障预警机制，对预计出现的大额退税或库款保障不到位导致不能及时退税的情况，要求税务部门及时向财政部门反馈，州财政按照"一事一议"原则及时向省财政厅争取资金调度支持，保障市县国库动态存有半个月的退税所需资金。

（四）建立宣传辅导机制，确保政策直达到位

全州税务部门上下联动，加强内部沟通和外部协调，推动政策"红利"更快转化为企业发展动力。一是做好系统保障，及时完成核心征管系统及配套系统开发、全面升级、联调测试等工作，确保所有应用系统4月1日正式对外服务。二是统筹把握工作节点，紧盯2022年4月30日、6月30日、9月30日、12月31日四个关键节点，通过线上、线下方式多渠道开展政策宣传，引导纳税人在自愿申请基础上有序办理退税，按期集中退还微型、小型、中型、大型企业留抵税额。三是聚焦退税新政变化、办税流程、系统升级等内容，多渠道广泛宣传政策背景、内容和效应，全方位阐释政策积极意义，提高社会公众对政策的认同度。

（五）建立风险防控机制，确保政策执行到位

全州财政、税务、人民银行等部门各司其职，紧盯退税风险、收入减收风险，建立健全留抵退税风险防控机制，确保政策执行准确可靠、基层财政平稳运行。一是聚焦虚增进项、虚假申报和其他欺骗手段骗取留抵退税违法行为，对骗取留抵退税违法行为做到"露头就打、打早打小"，防范骗取留抵退税风险。二是强化收入影响分析，全面摸清退税减税政策对全州财政收入带来的减收影响，加强政策执行影响分析，重要情况及时向州委、州政府报告；同步加强重点行业、重点税源、重点企业的收入征管工作，充分挖潜增收，做到依法征收，应收尽收，全力确保基层财政年度预算平稳运行，避免基层"三保"保障不足的风险。

二、财政部云南监管局多措并举扎实开展增值税留抵退税监管工作

增值税留抵退税是支持实体经济高质量发展,推动产业转型升级和结构优化,激发市场主体活力的关键之举。云南监管局认真贯彻党中央、国务院决策部署,进一步提高政治站位,结合职能转型要求,发挥就地就近优势,通过聚焦制度内涵、坚持联动协作、强化执行监管、细化涉企服务,多措并举推动增值税留抵退税在属地落实落细落地。

(一)聚焦制度内涵,尽快掌握政策要领

增值税留抵退税是稳定宏观经济大盘、助企纾困减负的关键性举措。云南监管局深刻认识此项政策的重大意义,进一步提高思想认识,认真研学政策要求。特别是2022年4月《关于进一步加大增值税期末留抵退税政策实施力度的公告》发布后,局领导带领有关处室第一时间开展专题学习,重点围绕政策出台的背景意义、支持对象、操作办法等开展研讨,为后续更好开展相关监管奠定扎实基础。

(二)坚持联动协作,提升监管工作成效

一是加强协作配合。进一步加强与省级财政部门、税务部门协作联动,完善沟通协调机制和信息共享,全面掌握留抵退税执行情况。二是加强跟踪联系。与省级财政部门和国库部门保持密切联系,根据文件要求做好调库流程、报送资料等方面的对接协调工作,严格落实留抵退税调库要求,指派专人跟进。政策实施以来已严格按程序办理3笔中央至地方调库,维护了地方利益,确保财政分担机制落实到位。三是积极反

映困难。针对部分地方提出的政策执行中相关问题，通过座谈形式深入了解情况，积极向上反映基层困难。

（三）强化执行监管，保障政策有效实施

一是加强过程监督。对政策执行情况定期抽审，了解掌握全省执行增值税留抵退税政策执行总体情况。每月按财政部有关要求，督促地方按规定尽快调库，同时加强报表核对，确保政策执行无差错。二是建立监管台账，动态监控退税情况。针对日常监管情况建立台账，及时登记监管工作方式、工作内容、发现的问题以及整改落实情况等事项，对发现问题逐项督促整改。三是加强风险防控。结合有关案例通报，提醒税务部门重点关注企业是否存在骗取留抵退税等问题，以及其他可能存在的税务风险，确保留抵退税政策高效、规范落实到位。四是强化退税资金动态监管。强化资金动态监管，定期监控留抵退税资金使用情况，防止专项资金闲置挪用，实现早退、快退、退准的目标。

（四）细化涉企服务，提升企业获得感

积极发挥"探头"作用，加强政策执行调研，及时跟踪新一轮减税和退税政策落实。结合近期监管工作，实地赴昆明市县区开展走访，同时书面调研云南省及部分重点地区政策执行情况，主动征求意见建议，为政策进一步优化提供参考。在全面了解基层税务部门开展增值税留抵退税的工作机制、办理流程、审核操作等环节相关情况的同时，调研部分代表性企业，主动宣讲政策，详细了解企业留抵退税的真实性和企业在享受政策中遇到的难点。重点关注是否存在虚报留抵税额、未按规定审核、未按规定调（退）库、未及时保障退库资金到位等重大问题，确

保留抵退税政策扎根落地。调研企业纷纷表示增值税留抵退税政策帮助企业纾困解难、转型发展，是一项"雪中送炭"的好政策。

下一步，云南监管局将深入贯彻中央经济工作会议以及全国财政工作会议、全国监管局工作会议精神，聚焦增值税留抵退税政策执行效果扎实开展监管服务，以坚实的成效贯彻"积极的财政政策要提升效能，更加注重精准、可持续"要求，助力地方经济社会高质量发展。

三、财政部湖南监管局四个强化做好增值税留抵退税政策执行情况跟踪调研

退税减税是2022年稳定宏观经济大盘的关键性举措。2022年年初，国务院常务会议决定实施新的组合式税费支持政策，其主要措施就是大规模开展增值税留抵退税，全年留抵退税约1.5万亿元。财政部湖南监管局强化政治引领，加强协同联动，深化对企交流，注重成果运用，动态跟踪调研增值税留抵退税政策属地落实情况。

（一）强化政治引领，高位部署推动

全面贯彻落实中央经济工作会议精神和国务院常务会议决策部署，坚持稳字当头、稳中求进，扎实做好增值税留抵退税政策执行情况跟踪调研。一是提高思想认识。深入学习领会中央经济工作会议、国务院有关增值税留抵退税政策专题会议和全国财政工作会议精神，充分认识增值税留抵退税政策对稳定宏观经济大盘，支持小微企业和制造业等行业发展，提振市场主体信心、激发市场主体活力的重要意义。二是强化组织领导。将开展增值税留抵退税政策执行情况调研作为年度工作重点，成立由分管副局长牵头，监管一处负责的专项工作组，全面整理有关增

值税留抵退税的各项政策,组织集中学习,夯实调研基础。三是突出属地特色。立足湖南经济结构特点,将装备制造业、"专精特新"小巨人企业和部分小微企业作为调研的主要对象,聚焦湖南"三高四新"战略定位和使命任务,持续跟踪增值税留抵退税政策落实情况、政策效果、存在的困难问题和意见建议。

（二）强化协同联动,注重共商共享

积极发挥部门协同联动作用,强化与全省各级财税部门和行业主管部门的沟通配合,推动部门间信息共商共享,确保调研成果准确客观。一是加强与省级财税部门的协同。与省级财税部门签订备忘录,建立定期会商、共享、沟通机制。联合省财政厅、省税务局,聚焦装备制造业、"专精特新"小巨人企业和中小微企业,了解政策实施情况,分析增值税留抵退税政策执行效果和存在的难点堵点。二是加强与基层财税部门的沟通。选取具有代表性的市县,组织开展实地调研,深入剖析市县财政经济运行和增值税留抵退税政策执行情况,了解市县在落实增值税留抵退税政策中好的经验做法和面临的实际困难。三是加强与行业主管部门的交流。加强与人行国库、省工信厅、省发展改革委等行业主管部门的沟通,及时掌握增值税留抵退税政策对地方财政库款以及在支持企业纾困发展方面的具体影响、详细数据和典型案例。

（三）强化对企沟通,注重调研实效

通过多种方式,强化对企沟通,了解掌握政策的实施效果。一是畅通对企直接沟通渠道。区分不同企业类型,通过建立微信群、QQ群,下发调查问卷等方式,搭建对企直接交流平台,企业可以通过平台不定期反馈政策执行中遇到的困难问题，确保监管部门可以持续了解企业诉求意见。二是组织专题调研座谈。4月以来，深入衡阳市等8个市县，组织装备制造、"专精特新"以及30人以下规模等方面具有代表性的企业，召开专题座谈会，面对面进行交流，掌握企业基本信息、生产经营情况、面临的主要困难、退税资金使用情况等，分析增值税留抵退税政策在提振企业信心、缓解资金压力、稳岗就业、促进创新发展方面的效果，梳理政策堵点，收集政策建议，研究解决方案。三是与服务"两会"代表委员工作协同推进。将增值税留抵退税政策执行情况调研作为年度服务代表委员工作的重要内容之一，借走访企业之机，拜访部分企业界代表委员，广泛收集代表委员对增值税留抵退税政策的意见建议，多渠道了解相关政策对企业生产经营的影响。

（四）强化日常监管，注重成果运用

通过强化日常监管，开展多层次、全方位、多角度的跟踪调研，不断提升增值税留抵退税政策执行情况跟踪调研的深度，并注重调研成果的实际应用。一是融入日常监管持续发力。嵌入地方财政运行分析评估工作，关注增值税留抵退税政策执行对地方财政库款和"三保"的影响；融入整饬财经秩序相关工作，坚决防止出现违规收费罚款、乱摊派、征收"过头税费"等情况。二是注重反馈汇报。及时将调研了解的情况反馈省级财税部门，并将一些突出问题上报财政部，同时向湖南省委、省政府反映，高位推动问题解决。近日，湖南省委书记张庆伟等多位省领导即对我局反映的减税降费政策执行面临困难有关情况的报告作出批示，并转省税务局等相关部门阅研。三是做好动态跟踪。持续跟踪装备制造业和"专精特新"企业发展情况，对前期实地调研中企业提出的问题建立台账、跟踪分析，推动问题逐个销号解决。近期，湖南省税务局积极落实湖南省委、省政府主要领导批示要求，针对我局调研反映的问题制定了详细的改进方案，破除政策落实中的堵点难点，进一步助力政策落地落实，增强市场主体的获得感。

第四章

打击骗取留抵退税违法行为政策与理论分析

第一节
打击骗取留抵退税违法行为政策

一、严厉打击骗取留抵退税违法犯罪行为

2022年5月17日,国家税务总局等六部门联合发布《关于严厉打击骗取留抵退税违法犯罪行为的通知》(税总稽查发〔2022〕42号),规定:为深入贯彻落实党中央、国务院关于实施大规模增值税留抵退税政策的重大决策部署,国家税务总局、公安部、最高人民检察院、海关总署、中国人民银行、国家外汇管理局研究决定,把打击骗取留抵退税违法犯罪行为作为2022年常态化打击虚开骗税工作的重点,集中力量开展联合打击。现将有关要求通知如下:

(一)统一思想,深刻认识做好留抵退税工作的重大意义

实施大规模增值税留抵退税是稳定宏观经济大盘、为各类市场主体纾困减负的关键性举措,也是进一步优化增值税制度的重要措施,意义重大。各地税务、公安、检察、海关、人民银行、外汇管理等部门要深刻领会"两个确立"的决定性意义,增强"四个意识"、坚定"四个自

信"、做到"两个维护",不断提升政治判断力、政治领悟力、政治执行力,以强烈的政治担当、使命担当、责任担当,从讲政治的高度深刻认识做好留抵退税工作的重要意义,将严厉打击骗取留抵退税违法行为作为一项重大政治任务,充分认识"严打"与"快退"间相辅相成、相互促进的关系,高标准高质量履行好打击虚开、偷税、骗税、骗补等违法犯罪行为的职能责任,为留抵退税政策落快落准落稳保驾护航。

(二)周密部署,切实加强对联合打击工作的组织领导

根据国务院关于留抵退税工作的整体部署和阶段性工作重点,国家税务总局、公安部、最高人民检察院、海关总署、中国人民银行、国家外汇管理局联合选取骗取留抵退税重点案源,部署各地六部门开展联合查处。各地根据工作需要和具体案件情况,采取联合执法、共同办案等方式组织开展案件查处工作,联合调查取证,积极推动涉税违法犯罪及相关犯罪活动的联合检查调查。

(三)突出重点,严厉打击骗取留抵退税违法犯罪行为

各地税务、公安、海关、人民银行、外汇管理等部门要结合各自工作职责,高度关注增值税留抵退税落实中的各类风险,对骗取留抵退税违法犯罪行为快速发现,快速应对,露头就打。要聚焦团伙式、跨区域、虚开发票虚增进项骗取留抵退税,恶意造假骗取留抵退税,有涉税违法行为前科、曾被税务部门行政处罚又发生偷税或骗取留抵退税等违法犯罪行为,以零容忍的态度,加大联合打击力度,依法严查重处。

(四)密切配合,充分发挥六部门协作共治合力

各地税务、公安、检察、海关、人民银行、外汇管理等部门要充分

发挥六部门常态化打击虚开骗税违法犯罪工作机制，加强协调配合，加强办案指导，加强检察监督，加强信息共享，坚持数据导查、情报导侦理念，开展联合分析研判、联合确定案源、联合推进案件查办。税务部门负责实施案件查办，牵头组织联合专项行动；公安部门负责涉税刑事案件侦办；检察机关对于符合逮捕、起诉条件的犯罪嫌疑人，应当及时批准逮捕、提起公诉，对重大疑难复杂案件，可以根据公安机关提请，提前介入或者进行会商；海关部门负责对相关案件研判、查处提供数据信息支持；中国人民银行负责涉税案件资金查询及相关金融机构的协调支持；外汇管理局负责涉案外汇数据查询及违规资金查处，努力实现对骗取留抵退税等违法犯罪行为实施全链条、一体化打击。

（五）依法办案，确保打击涉税犯罪在法治轨道上运行

各地税务、公安部门要用足用好现有法律法规和政策规定，有力有效开展检查调查。要注重分类施策，把握好政策界限，对个别非主观故意违规取得留抵退税的企业，税务部门进行约谈提醒，促其整改；对恶意造假骗取留抵退税的企业，依法从严从重处理，全面延伸检查。要做好行政检查和刑事侦查衔接，税务部门充分运用行政手段尽职调查取证，发现涉嫌犯罪的及时作出认定并移交公安部门，公安部门依法及时办理。税务机关、公安机关和检察机关要准确适用法律，严格把握罪与非罪的界限，加强法律适用研究，严格按照刑法规定的构成要件准确定性，确保不枉、不纵。准确把握宽严相济刑事政策，把打击骗取留抵退税违法犯罪与贯彻少捕慎诉慎押的刑事司法政策、落实认罪认罚从宽制度有机结合。对于骗取留抵退税犯罪数额巨大、情节恶劣、危害严重的行为，坚决从严惩治。对于初犯、偶犯，及时补缴税款、挽回税收损失的实体

企业，可以依法从宽处罚，确保办案政治效果、社会效果、法律效果有机统一。在工作中遇到的政策把握、法律适用等问题，要加强请示报告。

（六）宣传曝光，充分发挥案件查办的震慑作用

各级相关部门要加强舆论正面引导，创新宣传形式，丰富宣传内容，积极宣传联合打击骗取留抵退税等违法犯罪行为的工作成效，大力营造"不敢、不能、不想"偷骗税的社会氛围。一方面要加强政策宣传，通过主流媒体权威发声，释放严查重处骗取留抵退税等违法行为的强烈信号；另一方面要加大案件曝光力度，分类分级开展典型案件曝光，不断强化对不法分子的警示震慑。

二、《税收征收管理法》规定的法律责任

1. 违反税务管理的法律责任

纳税人有下列行为之一的，由税务机关责令限期改正，可以处二千元以下的罚款；情节严重的，处二千元以上一万元以下的罚款：

（1）未按照规定的期限申报办理税务登记、变更或者注销登记的。

（2）未按照规定设置、保管账簿或者保管记账凭证和有关资料的。

（3）未按照规定将财务、会计制度或者财务、会计处理办法和会计核算软件报送税务机关备查的。

（4）未按照规定将其全部银行账号向税务机关报告的。

（5）未按照规定安装、使用税控装置，或者损毁或者擅自改动税控装置的。

纳税人不办理税务登记的，由税务机关责令限期改正；逾期不改正的，经税务机关提请，由工商行政管理机关吊销其营业执照。

纳税人未按照规定使用税务登记证件，或者转借、涂改、损毁、买卖、伪造税务登记证件的，处二千元以上一万元以下的罚款；情节严重的，处一万元以上五万元以下的罚款。

2. 扣缴义务人违反税务管理的法律责任

扣缴义务人未按照规定设置、保管代扣代缴、代收代缴税款账簿或者保管代扣代缴、代收代缴税款记账凭证及有关资料的，由税务机关责令限期改正，可以处二千元以下的罚款；情节严重的，处二千元以上五千元以下的罚款。

3. 纳税人违反资料保管义务的法律责任

纳税人未按照规定的期限办理纳税申报和报送纳税资料的，或者扣缴义务人未按照规定的期限向税务机关报送代扣代缴、代收代缴税款报告表和有关资料的，由税务机关责令限期改正，可以处二千元以下的罚款；情节严重的，可以处二千元以上一万元以下的罚款。

4. 偷税的法律责任

纳税人伪造、变造、隐匿、擅自销毁账簿、记账凭证，或者在账簿上多列支出或者不列、少列收入，或者经税务机关通知申报而拒不申报或者进行虚假的纳税申报，不缴或者少缴应纳税款的，是偷税。对纳税人偷税的，由税务机关追缴其不缴或者少缴的税款、滞纳金，并处不缴或者少缴的税款百分之五十以上五倍以下的罚款；构成犯罪的，依法追究刑事责任。

扣缴义务人采取上述所列手段，不缴或者少缴已扣、已收税款，由税务机关追缴其不缴或者少缴的税款、滞纳金，并处不缴或者少缴的税款百分之五十以上五倍以下的罚款；构成犯罪的，依法追究刑事责任。

5. 编造虚假计税依据以及不进行纳税申报的法律责任

纳税人、扣缴义务人编造虚假计税依据的，由税务机关责令限期改正，并处五万元以下的罚款。

纳税人不进行纳税申报，不缴或者少缴应纳税款的，由税务机关追缴其不缴或者少缴的税款、滞纳金，并处不缴或者少缴的税款百分之五十以上五倍以下的罚款。

6. 逃避缴纳税款的法律责任

纳税人欠缴应纳税款，采取转移或者隐匿财产的手段，妨碍税务机关追缴欠缴的税款的，由税务机关追缴欠缴的税款、滞纳金，并处欠缴税款百分之五十以上五倍以下的罚款；构成犯罪的，依法追究刑事责任。

7. 骗取出口退税的法律责任

以假报出口或者其他欺骗手段，骗取国家出口退税款的，由税务机关追缴其骗取的退税款，并处骗取税款一倍以上五倍以下的罚款；构成犯罪的，依法追究刑事责任。

对骗取国家出口退税款的，税务机关可以在规定期间内停止为其办理出口退税。

8. 抗税的法律责任

以暴力、威胁方法拒不缴纳税款的，是抗税，除由税务机关追缴其拒缴的税款、滞纳金外，依法追究刑事责任。情节轻微，未构成犯罪的，由税务机关追缴其拒缴的税款、滞纳金，并处拒缴税款一倍以上五倍以下的罚款。

9. 扣缴义务人扣缴税款的法律责任

扣缴义务人应扣未扣、应收而不收税款的，由税务机关向纳税人追缴税款，对扣缴义务人处应扣未扣、应收未收税款百分之五十以上三倍以下的罚款。

10. 阻挠税务机关检查的法律责任

纳税人、扣缴义务人逃避、拒绝或者以其他方式阻挠税务机关检查的，由税务机关责令改正，可以处一万元以下的罚款；情节严重的，处一万元以上五万元以下的罚款。

11. 非法印制发票的法律责任

非法印制发票的，由税务机关销毁非法印制的发票，没收违法所得和作案工具，并处一万元以上五万元以下的罚款；构成犯罪的，依法追究刑事责任。

12. 税收救济与强制执行

纳税人、扣缴义务人、纳税担保人同税务机关在纳税上发生争议时，必须先依照税务机关的纳税决定缴纳或者解缴税款及滞纳金或者提供相应的担保，然后可以依法申请行政复议；对行政复议决定不服的，可以依法向人民法院起诉。

当事人对税务机关的处罚决定、强制执行措施或者税收保全措施不服的，可以依法申请行政复议，也可以依法向人民法院起诉。

当事人对税务机关的处罚决定逾期不申请行政复议也不向人民法院起诉、又不履行的，作出处罚决定的税务机关可以采取《税收征收管理法》第四十条规定的强制执行措施，或者申请人民法院强制执行。

三、《中华人民共和国刑法》规定的涉税犯罪

1. 逃税罪

纳税人采取欺骗、隐瞒手段进行虚假纳税申报或者不申报，逃避缴纳税款数额较大并且占应纳税额百分之十以上的，处三年以下有期徒刑

或者拘役，并处罚金；数额巨大并且占应纳税额百分之三十以上的，处三年以上七年以下有期徒刑，并处罚金。

扣缴义务人采取上述所列手段，不缴或者少缴已扣、已收税款，数额较大的，依照前款的规定处罚。

对多次实施上述行为，未经处理的，按照累计数额计算。

纳税人有上述行为，经税务机关依法下达追缴通知后，补缴应纳税款，缴纳滞纳金，已受行政处罚的，不予追究刑事责任；但是，五年内因逃避缴纳税款受过刑事处罚或者被税务机关给予二次以上行政处罚的除外。

2. 抗税罪

以暴力、威胁方法拒不缴纳税款的，处三年以下有期徒刑或者拘役，并处拒缴税款一倍以上五倍以下罚金；情节严重的，处三年以上七年以下有期徒刑，并处拒缴税款一倍以上五倍以下罚金。

3. 逃避追缴欠税罪

纳税人欠缴应纳税款，采取转移或者隐匿财产的手段，致使税务机关无法追缴欠缴的税款，数额在一万元以上不满十万元的，处三年以下有期徒刑或者拘役，并处或者单处欠缴税款一倍以上五倍以下罚金；数额在十万元以上的，处三年以上七年以下有期徒刑，并处欠缴税款一倍以上五倍以下罚金。

4. 骗取出口退税罪

以假报出口或者其他欺骗手段，骗取国家出口退税款，数额较大的，处五年以下有期徒刑或者拘役，并处骗取税款一倍以上五倍以下罚金；数额巨大或者有其他严重情节的，处五年以上十年以下有期徒刑，并处骗取税款一倍以上五倍以下罚金；数额特别巨大或者有其他特别严重情节的，处十年以上有期徒刑或者无期徒刑，并处骗取税款一倍以上五倍以下罚金或者没收财产。

5. 虚开增值税专用发票、用于骗取出口退税、抵扣税款发票罪

虚开增值税专用发票或者虚开用于骗取出口退税、抵扣税款的其他发票的，处三年以下有期徒刑或者拘役，并处二万元以上二十万元以下罚金；虚开的税款数额较大或者有其他严重情节的，处三年以上十年以下有期徒刑，并处五万元以上五十万元以下罚金；虚开的税款数额巨大或者有其他特别严重情节的，处十年以上有期徒刑或者无期徒刑，并处五万元以上五十万元以下罚金或者没收财产。

单位犯本罪的，对单位判处罚金，并对其直接负责的主管人员和其他直接责任人员，处三年以下有期徒刑或者拘役；虚开的税款数额较大或者有其他严重情节的，处三年以上十年以下有期徒刑；虚开的税款数额巨大或者有其他特别严重情节的，处十年以上有期徒刑或者无期徒刑。

虚开增值税专用发票或者虚开用于骗取出口退税、抵扣税款的其他发票，是指有为他人虚开、为自己虚开、让他人为自己虚开、介绍他人虚开行为之一的。

6. 非法出售增值税专用发票罪

非法出售增值税专用发票的，处三年以下有期徒刑、拘役或者管制，并处二万元以上二十万元以下罚金；数量较大的，处三年以上十年以下有期徒刑，并处五万元以上五十万元以下罚金；数量巨大的，处十年以上有期徒刑或者无期徒刑，并处五万元以上五十万元以下罚金或者没收财产。

7. 非法购买增值税专用发票、购买伪造的增值税专用发票罪

非法购买增值税专用发票或者购买伪造的增值税专用发票的，处五年

以下有期徒刑或者拘役，并处或者单处二万元以上二十万元以下罚金。

8. 非法制造、出售非法制造的用于骗取出口退税、抵扣税款发票罪

伪造、擅自制造或者出售伪造、擅自制造的可以用于骗取出口退税、抵扣税款的其他发票的，处三年以下有期徒刑、拘役或者管制，并处二万元以上二十万元以下罚金；数量巨大的，处三年以上七年以下有期徒刑，并处五万元以上五十万元以下罚金；数量特别巨大的，处七年以上有期徒刑，并处五万元以上五十万元以下罚金或者没收财产。

9. 非法制造、出售非法制造的发票罪

伪造、擅自制造或者出售伪造、擅自制造的前款规定以外的其他发票的，处二年以下有期徒刑、拘役或者管制，并处或者单处一万元以上五万元以下罚金；情节严重的，处二年以上七年以下有期徒刑，并处五万元以上五十万元以下罚金。

10. 持有伪造的发票罪

明知是伪造的发票而持有，数量较大的，处二年以下有期徒刑、拘役或者管制，并处罚金；数量巨大的，处二年以上七年以下有期徒刑，并处罚金。

单位犯本罪的，对单位判处罚金，并对其直接负责的主管人员和其他直接责任人员，依照上述规定处罚。

第二节
依法精准打击骗取留抵退税的违法行为

为了稳定宏观经济大盘，帮助各类市场主体渡过难关，我国实施了大规模增值税留抵退税政策。这项全球首创的制度对于进项税额抵扣制度创新的探索以及进一步优化增值税制度具有重要意义。但少数不法分子利用相关制度尚不完善、基层税务人员尚缺乏识别相关违法行为经验的漏洞，大肆骗取留抵退税。目前，由税务部门牵头的六部门已经行动起来，查处了一大批典型的骗取留抵退税案件。

打击骗取留抵退税的关键是依法和精准。依法是指对税收违法行为的查处要严格依照法律规定的程序、违法行为的构成要件以及处罚的标准来进行，不能为了严打而舍弃法律的约束。精准是指仅仅针对极少数违法犯罪嫌疑高的纳税人开展查处行为，避免干扰广大纳税人的生产经营活动，避免开展拉网式的普查行动。为提高依法打击骗取留抵退税违法行为的精准度，建议从以下三个方面入手。

一、总结骗税违法行为的手段,提高税务人员的应对经验

建议国家税务总局组织专家编写骗取留抵退税典型违法犯罪行为的案例分析并组织办理退税审核的税务人员以及相关稽查人员集体学习。案例分析中应详细列举违法分子骗取留抵退税的手段并总结出识别方法以及审核工作的注意事项,避免或者减少类似违法犯罪行为的发生。为防止违法手段被效仿,相关学习资料应当严格保密,对泄密者应给予纪律处分。

我国目前实施的大规模增值税留抵退税政策是特定时期的应急政策,是否会变成一项长期实施的制度还有待进一步深入研究与试点。但无论如何,它是一项减轻纳税人负担、让利于民的优惠政策。如果基层税务机关前期审核把关不严,让一些不法分子钻了空子,不仅会提高政府实施该项政策的成本,还会大大影响该项政策的社会效果。

作为一项税收优惠政策,实施留抵退税的重点是前期把关,为提高时效而降低审核标准的做法不可取。如果企业急需资金,国家还可以运用银行贷款等其他方式支持企业对短期资金的需求。对大多数企业而言,留抵退税的金额毕竟不会太大,因此,其对企业恢复生产所需资金的支持也是有限的。

目前报道出来的很多骗取留抵退税的案子中,隐匿销售收入、推迟确认收入、减少销项税额、虚开发票、未按规定转出进项税额、将不允许抵扣的进项税额予以留抵等是常见的手段。这些手段本身就构成了偷税等违法犯罪行为,也是常见的传统作案手段,并非专门用来骗取留抵退税的新型作案手段。

以上手段虽然是常见的偷逃税方法，但其隐蔽性比较强，仅仅依靠税务机关前期审核中的常规方法是很难识别这些税收违法行为的。而且识别与查处这些违法行为所需要的时间比较长，这不是税务机关前期审核所能胜任的。因此，识别与打击骗取留抵退税的违法行为主要还得依靠稽查人员认真履行职责。为此，加大对税务稽查干部的培训就显得更加重要。

打击骗取留抵退税违法行为的前提是及时发现和识别违法行为，这就需要税务稽查部门充分运用税收大数据，与其他相关政府部门以及金融机构等充分实现信息共享。稽查部门应通过大数据分析锁定具有重大嫌疑的纳税人，通过税法宣传教育争取被查纳税人及其上下游纳税人的配合，通过调取和检查账簿、发票及相关数据等细致的工作迅速固定相关证据，在违法纳税人骗取留抵退税的初期就迅速制止其违法犯罪，避免给国家税款造成更大损失。

如能通过对典型违法犯罪案件的公开处罚与报道，威慑那些准备骗取留抵退税的潜在违法分子，避免其走上违法犯罪之路，督促那些已经骗取了留抵退税的违法分子主动投案补税，以期获得免于处罚或者减轻处罚，我们打击骗取留抵退税的行动就取得了事半功倍之效。

二、准确区分违法行为类型，依法确定相应法律责任

严格区分骗取留抵退税的不同类型并进行不同法律定性是打击骗取留抵退税的重要环节。增值税一般纳税人采取一般计税方法计算增值税时，计算公式为当期增值税销项税额减去允许抵扣的增值税进项税额。通常情况下，通过这种方法计算的结果为正值，也就是纳税人需要实际

缴纳增值税。但在特殊情况下，如当期销售额很小或者为零，而纳税人又大量采购货物，就可能出现当期销项税额小于进项税额的现象，即上述公式计算的结果为负值。此时，纳税人不需要缴纳增值税，但通常情况下，国家也不会退税给纳税人，而是允许纳税人将其作为留抵税额结转至下一个纳税期。因为下一个纳税期（通常为下个月）纳税人还会产生新的销项税额，如果上个月将留抵税额退还给纳税人，下个月纳税人还要实际缴纳增值税，这样一退一征会导致大量的效率损失，不如直接将上个月的税额留待下个月抵扣。这样不仅有利于提高征管效率，同时也有利于减轻纳税人的申报负担。

增值税的留抵税额是纳税人负担的进项税额，其有权从其未来的销项税额中予以抵扣。国家将部分留抵税额退还给纳税人后，纳税人将来就无法从销项税额中抵扣这部分已经退还的税款。留抵退税的实质是纳税人提前抵扣进项税额，或者说是减少进项税额对纳税人资金的占用。由此可见，该项政策给予纳税人的利益仅仅是退税金额的时间价值，而非退税金额本身。

举例说明，如果纳税人本月不符合留抵退税的条件，但通过虚假申报获取了退税，同时三个月之后纳税人就可以抵扣这部分已经退还的税额。对这样的纳税人，我们应该如何定性？该行为显然不是偷税，而仅仅是"偷"了退税金额三个月的时间价值。也就是说，纳税人所获利益仅仅是所退税款的三个月的贷款利息，并非所退税款本身。对于这类纳税人，如果一定要定偷税，偷税金额也只能按退税款三个月的贷款利息来认定。如果不定偷税，可以根据《税收征收管理法实施细则》第九十六条的规定，按照"提供虚假资料，不如实反映情况"予以处罚。纳税人补缴已经退还的税额后，未来仍应当允许纳税人依法抵扣。

三、进一步完善增值税留抵退税政策

在总结打击骗取留抵退税违法行为经验的基础之上,进一步完善留抵退税政策的条件、程序和时限要求也是减少骗取留抵退税行为的重要举措。

首先,该项政策既然是一项优惠政策,就应当由纳税人主动申请享受,同时也应当允许符合条件的纳税人自由放弃,而不能为完成退税任务而强迫符合条件的纳税人申请退税或者主动将税款退还给尚未提出申请的纳税人。

其次,作为一项纾困政策,应当把纳税人是否困难这一条件放在首位。如果企业并无资金困难,或者企业可以在未来一两个月内抵扣完相关税额,就无需纳入留抵退税政策的范围,政府的有限资金应当用在刀刃上。关于企业困难的具体标准,可以参照《税收征收管理法实施细则》第41条规定的标准,因不可抗力,导致纳税人发生较大损失,正常生产经营活动受到较大影响或者当期货币资金在扣除应付职工工资、社会保险费后,不足以缴纳税款。

再次,在确定相关事项办理时限时应当充分考虑申请退税企业的数量、基层税务机关的审核能力等多种因素,既要及时办理,也要防止审核把关不严。目前报道出来的部分骗取留抵退税的案子就有前期审核把关不严的问题。

最后,建议在前期审核环节满足特定条件时邀请稽查局介入,尽量减少先退再追情形的发生。目前,部分地方出现了税务局在前面退税,稽查局在后面追缴的现象。虽然税务局和稽查局都是在正常履行职责,以前也有纳税人在享受优惠政策中弄虚作假被稽查局查处的情形,但在大规模退税的特殊时期，上个月获得退税的纳税人，下个月就被稽查局盯上，这确实会给留抵退税政策的实施效果带来负面影响。税务局在审核过程中，如发现有违法行为的嫌疑，应当先要求纳税人自查自纠。如纳税人拒绝自查自纠或者未能自查出问题，税务局再考虑移交稽查局。

任何全新的制度在执行过程中都会出现各种差错，也会被一些不法分子钻空子，这都是正常现象。只要我们能及时总结经验、完善制度，就能依法精准打击骗取留抵退税的违法行为，也就能充分发挥留抵退税政策纾困减负的积极作用。

第三节
打击骗取留抵退税要"快、狠、准"

大规模留抵退税是我国在特殊历史时期推出的创新性制度，其在支持企业扩大生产、促进经济发展等方面具有不可替代的作用。税务部门一方面要快速办理留抵退税，以使其能够迅速发挥作用，另一方面也要严厉打击骗取留抵退税的违法犯罪行为。唯有如此，才能充分发挥留抵退税政策的积极社会效应，在税收领域实现公平正义。

一、快速打击骗取留抵退税是税收法定原则的要求

税收法定原则是税法的基本原则，也被称为税法的"帝王条款"，其要求税收的开征、减征、免征以及退还均应有明确的法律依据。只有法律以及经过法律授权制定的行政法规才能规定税收的开征、减征、免征以及退还事项。在不满足法律或者行政法规规定的条件时，任何人不能被课税，也不能享受减免税或者退税的优惠。

骗取留抵退税的不法分子在不满足税法规定条件的情形下，通过隐瞒收入、虚开发票、虚假申报等手段骗取国家的留抵退税是对税收法定

原则公开地破坏、公然地挑衅。税务部门必须迅速回应、快速打击，才能抑制不法分子的嚣张气焰，防范少数企图钻法律空子的人以身试法，给广大合法诚信纳税人创造一个公平竞争的环境。

二、严厉打击骗取留抵退税是税收公平原则的要求

税收公平原则是税法的实质性原则，其要求税收负担能力相当的纳税人应当承担相同的税收负担，应当给予相同的税收征管待遇。税收公平原则不仅要求税收实体法在确定纳税人、设定纳税义务的过程中要充分考虑不同纳税人之间税收负担的公平，还要求税务部门在税务管理、纳税服务以及行政处罚的过程中，对相同情形的纳税人给予相同待遇。

留抵退税政策在制定过程中已经充分考虑了纳税人之间的公平待遇：增值税留抵税额占比较大的纳税人退税，占比较小的纳税人不退；短期内无法抵扣完的纳税人退税，能抵扣完的纳税人不退；纳税信用等级较高的纳税人退税，近期曾有偷骗税违法行为的纳税人不退。骗取留抵退税的不法分子在不具备退税条件的情形下，通过隐瞒收入、虚开发票、虚假申报等手段欺骗税务部门，造成其具备退税条件的假象并与其他真正具备条件的纳税人享受相同的退税待遇，这显然是对税收公平原则的公然挑战。

骗取留抵退税所破坏的不仅仅是税收公平原则，还有税务部门执法的公信力，甚至对整个社会的诚信建设也有致命的打击。因此，不严厉打击骗取留抵退税行为不足以弥补其对税收征管秩序所造成的损害，不足以恢复守法诚信纳税人对社会公平正义的信心。鉴于其行为的严重社会危害性，对骗取留抵退税的违法犯罪行为，可以在法律规定的处罚幅度内从重处罚；对极少数性质极其恶劣、情节极其严重的违法犯罪行为，

可以顶格处罚。

三、精准打击骗取留抵退税是税收效率原则的要求

税收效率是税收公平的姊妹原则。没有效率的公平不是真正的公平，没有效率的法定也是无法落地的法定，税收效率在某种意义上也是税收法定原则和税收公平原则所追求的目标之一。正如大规模留抵退税政策，其制度设计得再公平，如果没有税务部门快速退税的保证，其政策设计的公平性也难以发挥，其政策的社会效果也难以完全实现。

税收效率原则强调税务部门要以最低的成本完成税收征管服的任务，强调税收的征收要给纳税人带来最小的经济负担。留抵退税政策所追求的正是最大限度地减轻增值税留抵税额给纳税人造成的经济负担，以便提高税收效率，促进经济稳定增长。

为充分实现留抵退税政策的效率目标，必须精准地区分符合条件的纳税人与不符合条件的纳税人，将退税资金精准地送达符合条件纳税人的手中。骗取留抵退税的不法分子以虚假手段造成其符合条件的假象并欺骗税务机关，增加了税务部门甄别符合条件纳税人的难度，降低了税务部门开展留抵退税工作的效率，延长了符合条件纳税人取得退税款的时间，最终削弱了留抵退税政策积极社会效应的发挥。因此，其对税收效率原则的破坏是最直接的，破坏力度也是最大的。

税收效率原则要求精准打击骗取留抵退税的违法犯罪行为，以便提高查处税收违法行为的效率，减少对合法纳税人的干扰，提高留抵退税工作整体的时效性和准确性。

2022年5月，国家税务总局、公安部、最高人民检察院、海关总署、中国人民银行、国家外汇管理局研究决定，把打击骗取留抵退税违法犯

罪行为作为 2022 年常态化打击虚开骗税工作的重点，集中力量开展联合打击，这是非常及时的科学决策。目前，该项联合打击行动已经取得的成效，遏制了不法分子骗取留抵退税的嚣张气焰，挽回了国家巨额的税款损失，恢复了守法诚信纳税人对税收征管秩序的信心。

为巩固打击骗取留抵退税行动的成果，进一步提高打击骗取留抵退税违法犯罪行为的及时性、严厉性和准确性，建议从以下三个方面入手开展相关工作。

四、继续保持严厉打击骗取留抵退税的高压态势

打击骗取留抵退税并非短期阶段性任务，而是 2022 年常态化打击虚开骗税工作的重点。为此，各级税务机关应当将防范与打击骗取留抵退税作为 2022 年度工作的核心，精心制订详细的工作计划，每周一回顾，每月一总结。及时发现问题，并调整工作计划。

尚未发现一起骗取留抵退税案件的税务机关要认真学习研究其他地区已经查处的骗取留抵退税案件的相关经验，除了书面资料的学习，必要时可以到现场进行交流学习。除了基层税务机关主动交流学习，上级税务机关也可以安排所属税务机关之间进行交流学习与经验分享。

需要注意的是，保持高压态势并非要求各级各地税务机关均必须查处一起以上骗取留抵退税案件，而是要求各地税务机关发现一起就应当及时查处一起，暂时未发现的则予以持续关注。查处骗取留抵退税案件的数量与当地税务机关该项工作的成绩不能直接画等号，实事求是仍然是打击骗取留抵退税行动最基本的工作态度。

五、多部门紧密协作是打击骗取留抵退税的基础

打击骗取留抵退税工作要求快速发现、快速应对、露头就打，而要

做到这一点，仅凭税务部门自身的力量还略显单薄，必须以税务、海关、公安、人民银行、外汇管理以及检察部门的密切协作与配合作为前提与基础。

在没有隶属与领导关系的多部门间实现紧密协作并不是一件容易的事情。为此，税务部门的工作人员就要更加辛苦，需要更加积极主动，争取其他部门的支持与配合。

部门协作的第一步是信息共享。在大数据时代，只要拥有足够的信息，就可以在第一时间发现税收违法行为的线索。在这一阶段，海关、人民银行和外汇管理部门的信息能够发挥重要的作用。

在案件查处阶段，公安和检察部门的作用就显得更加重要了。税务人员在开展调查时，如能有公安人员和检察人员随同查案，其对不法分子的震慑程度和办案效率都会有明显提升。另外，公安机关和检察机关还拥有税务机关不拥有的侦查手段和强制措施等手段。在案件前期调查阶段，如有他们的协助，税务机关办案的效率肯定会大大提高。

需要注意的是，并非只有涉嫌犯罪的案件才能邀请公安和检察部门协助，所有涉嫌骗取留抵退税的案件都可以邀请公安和检察部门协助。因为一件税收违法案件是否涉嫌犯罪受到很多因素的影响，不能仅仅因为其表面看来很轻而武断地认为其不涉嫌犯罪。当然，公安与检察部门提前介入也不意味该案件最终一定是刑事案件。即使最终以税务行政处罚而结案，公安与检察部门也是功不可没的。

六、打防结合骗取留抵退税才能标本兼治

严厉打击骗取留抵退税仅仅是治标，如果要治本，还要从预防骗取留抵退税入手，只有打防结合，骗取留抵退税才能标本兼治。打击骗取

留抵退税的典型案例要通过媒体以及其他渠道送达广大纳税人的手中。广大纳税人要了解骗取留抵退税的严重后果，知道国家打击骗取留抵退税的能力与决心，避免以身试法。同时，要督促那些已经骗取留抵退税的纳税人能够主动向税务机关投案自首，争取减轻处罚或者免于处罚。

打防结合的另一举措就是结合已经查处案件的作案手段，进一步优化和强化留抵退税的前期审核工作。留抵退税的前期审核既要快，也要合规。为此，税务部门内部的不同岗位也需要通力合作，及时交换打击骗取留抵退税工作中取得的经验。可以考虑税务机关在审批留抵退税之前将相关违法犯罪的典型案例发送给申请者，并书面告知其骗取留抵退税所应承担的法律责任，让申请者在告知书上签字。这道告知与签字的程序在税法宣传教育以及税收违法犯罪行为的预防等方面能起到重要的作用。

打击骗取留抵退税是一项系统工程，需要多个部门通力合作才能取得良好的效果。唯有快、狠、准地开展打击骗取留抵退税的行为，才能在最短的时间内、以最小的成本减少骗取留抵退税的违法犯罪行为，也才能最大限度地发挥留抵退税政策的积极社会效应。

第五章

全国各地打击骗取留抵退税
违法行为典型案例

第一节

直辖市骗取留抵退税违法犯罪典型案例

一、北京市骗取留抵退税违法犯罪典型案例

2022年6月11日国家税务总局发布：近期，北京市税务局第四稽查局根据税收大数据分析线索，依法查处了北京中宏顺发商贸有限公司骗取增值税留抵退税案件。

经查，该公司通过隐匿销售收入、减少销项税额、进行虚假申报等手段，骗取留抵退税10.14万元，北京市税务局第四稽查局依法追缴该公司骗取的留抵退税款，并依据《行政处罚法》《税收征收管理法》相关规定，拟处1倍罚款。

北京市税务局第四稽查局有关负责人表示，下一步将认真贯彻落实国家税务总局、公安部、最高人民检察院、海关总署、中国人民银行、国家外汇管理局六部门联合打击骗取增值税留抵退税工作推进会精神，

进一步发挥六部门联合打击机制作用,把打击骗取留抵退税作为当前常态化打击工作的重中之重,聚焦团伙式、跨区域、虚开发票虚增进项骗取留抵退税等违法犯罪行为,以零容忍的态度坚决予以打击,形成打击骗取留抵退税的压倒性态势,护航留抵退税政策落准、落好。

二、上海市骗取留抵退税违法犯罪典型案例

2022年6月15日国家税务总局发布:近期,上海市税务局第四稽查局根据税收大数据分析线索,依法查处了上海屹炫商贸有限公司骗取增值税留抵退税案件。

经查,该公司通过隐匿销售收入、减少销项税额、进行虚假申报等手段,骗取留抵退税12.97万元。上海市税务局第四稽查局依法追缴该公司骗取的留抵退税款,并依据《行政处罚法》《税收征收管理法》相关规定,拟处1倍罚款。

上海市税务局第四稽查局有关负责人表示,下一步将认真贯彻落实国家税务总局、公安部、最高人民检察院、海关总署、中国人民银行、国家外汇管理局六部门联合打击骗取增值税留抵退税工作推进会精神,进一步发挥六部门联合打击机制作用,把打击骗取留抵退税作为当前常态化打击工作的重中之重,聚焦团伙式、跨区域、虚开发票虚增进项骗取留抵退税等违法犯罪行为,以零容忍的态度坚决予以打击,形成打击骗取留抵退税的压倒性态势,护航留抵退税政策落准、落好。

三、天津市骗取留抵退税违法犯罪典型案例

2022年6月11日国家税务总局发布：近期，天津市税务局稽查局根据税收大数据分析线索，依法查处了天津某钢管贸易有限公司骗取增值税留抵退税案件。

经查，该公司通过取得虚开的增值税专用发票虚增进项税款、进行虚假申报等手段，骗取留抵退税5.41万元。天津市税务局稽查局依法追缴该公司骗取的留抵退税款，并依据《行政处罚法》《税收征收管理法》相关规定，拟处1倍罚款。目前，税务部门已将该案虚开线索移送公安机关。

天津市税务局稽查局有关负责人表示，下一步将认真贯彻落实国家税务总局、公安部、最高人民检察院、海关总署、中国人民银行、国家外汇管理局六部门联合打击骗取增值税留抵退税工作推进会精神，进一步发挥六部门联合打击机制作用，把打击骗取留抵退税作为当前常态化打击工作的重中之重，聚焦团伙式、跨区域、虚开发票虚增进项骗取留抵退税等违法犯罪行为，以零容忍的态度坚决予以打击，形成打击骗取留抵退税的压倒性态势，护航留抵退税政策落准、落好。

四、重庆市骗取留抵退税违法犯罪典型案例

2022年5月15日国家税务总局发布：为确保大规模增值税留抵退税政策落准、落好，近期重庆市税务局第六稽查局依法查处了重庆市万州

老窖酒业有限公司骗取留抵退税案件。

经查,该公司通过隐匿销售收入、减少销项税额、进行虚假申报等手段,骗取留抵退税24.09万元。重庆市税务局第六稽查局依法追缴该公司骗取的留抵退税款,并依据《行政处罚法》《税收征收管理法》相关规定,拟处1倍罚款。

重庆市税务局第六稽查局有关负责人表示,将充分发挥税收大数据作用,精准筛选疑点线索,严厉打击骗取留抵退税违法行为。对非主观故意违规取得留抵退税的企业,约谈提醒,促其整改;对恶意造假骗取留抵退税的企业,依法从严查办,按规定将其纳税信用直接降为D级,采取限制发票领用、提高检查频次等措施,同时依法对其近3年各项税收缴纳情况进行全面检查,并延伸检查其上下游企业。涉嫌犯罪的,移交司法机关追究刑事责任。

第二节

东北、华北地区骗取留抵退税违法犯罪典型案例

一、黑龙江省骗取留抵退税违法犯罪典型案例

2022年5月18日国家税务总局发布：近期，黑龙江省鹤岗市税务局稽查局根据税收大数据分析线索，依法查处了鹤岗市德晟霖经贸有限公司骗取增值税留抵退税案件。

经查，该公司通过个人收取销售款隐匿公司销售收入、减少销项税额、进行虚假申报等手段，骗取留抵退税7.64万元。鹤岗市税务局稽查局依法追缴该公司骗取的留抵退税款，并依据《行政处罚法》《税收征收管理法》相关规定，处1倍罚款。

鹤岗市税务局稽查局有关负责人表示，下一步将认真贯彻落实国家税务总局、公安部、最高人民检察院、海关总署、中国人民银行、国家外汇管理局六部门联合打击骗取增值税留抵退税工作推进会精神，进一

步发挥六部门联合打击机制作用，把打击骗取留抵退税作为当前常态化打击工作的重中之重，聚焦团伙式、跨区域、虚开发票虚增进项骗取留抵退税等违法犯罪行为，以零容忍的态度坚决予以打击，形成打击骗取留抵退税的压倒性态势，护航留抵退税政策落准、落好。

二、吉林省骗取留抵退税违法犯罪典型案例

2022年5月30日国家税务总局发布：近日，吉林省税务局稽查局根据税收大数据分析线索，指导延边州税务局稽查局依法查处了敦化市东惠煤炭销售运输有限公司骗取增值税留抵退税案件。

经查，该公司通过隐匿销售收入、减少销项税额、进行虚假申报等方式，骗取留抵退税5.49万元。延边州税务局稽查局依法追缴该公司骗取的留抵退税款，并根据《行政处罚法》《税收征收管理办法》相关规定，处1倍罚款。

吉林省税务局稽查局有关负责人表示，下一步将认真贯彻落实国家税务总局、公安部、最高人民检察院、海关总署、中国人民银行、国家外汇管理局六部门联合打击骗取增值税留抵退税工作推进会精神，进一步发挥六部门联合打击机制作用，把打击骗取留抵退税作为当前常态化打击工作的重中之重，聚焦团伙式、跨区域、虚开发票虚增进项骗取留抵退税等违法犯罪行为，以零容忍的态度坚决予以打击，形成打击骗取留抵退税的压倒性态势，护航留抵退税政策落准、落好。

三、辽宁省骗取留抵退税违法犯罪典型案例

2022年5月19日国家税务总局发布：近期，大连市税务局稽查局根据税收大数据分析线索，依法查处了大连雅潮国际贸易有限公司骗取增值税留抵退税案件。

经查，该公司通过个人收取销售款隐匿公司销售收入、未按规定转出进项税额、进行虚假申报等手段，骗取留抵退税15.48万元。大连市税务局稽查局依法追缴该公司骗取的留抵退税款，并依据《行政处罚法》《税收征收管理法》相关规定，拟处1倍罚款。

大连市税务局稽查局有关负责人表示，下一步将认真贯彻落实国家税务总局、公安部、最高人民检察院、海关总署、中国人民银行、国家外汇管理局六部门联合打击骗取增值税留抵退税工作推进会精神，进一步发挥六部门联合打击机制作用，把打击骗取留抵退税作为当前常态化打击工作的重中之重，聚焦团伙式、跨区域、虚开发票虚增进项骗取留抵退税等违法犯罪行为，以零容忍的态度坚决予以打击，形成打击骗取留抵退税的压倒性态势，护航留抵退税政策落准、落好。

四、内蒙古自治区骗取留抵退税违法犯罪典型案例

2022年5月14日国家税务总局发布：为护航大规模增值税留抵退税政策落准、落好，内蒙古自治区包头市税务局第二稽查局严厉打击骗取留抵退税违法行为，近期依法查处了内蒙古盈泰运输有限责任公司骗取

留抵退税案件。

经查，该公司通过取得与企业经营无关的发票虚增进项税额、进行虚假申报等手段，骗取留抵退税12万元。包头市税务局第二稽查局依法追缴该公司骗取的留抵退税款，并依据《行政处罚法》《税收征收管理法》相关规定，拟处1倍罚款。

包头市税务局第二稽查局有关负责人表示，将坚持露头就打、打早打小、打准打狠，严查重处骗取留抵退税违法行为。对主观故意违规取得留抵退税的企业，约谈提醒，促其整改；对恶意造假骗取留抵退税的企业，依法从严查办，按规定将其纳税信用直接降为D级，采取限制发票领用、提高检查频次等措施，同时依法对其近3年各项税收缴纳情况进行全面检查，并延伸检查其上下游企业。涉嫌犯罪的，移交司法机关追究刑事责任。

第三节

西北地区骗取留抵退税违法犯罪典型案例

一、甘肃省骗取留抵退税违法犯罪典型案例

2022年5月15日国家税务总局发布：为确保大规模增值税留抵退税政策落准、落好，甘肃省兰州市税务局稽查局严厉打击骗取留抵退税违法行为，近期根据税收大数据分析线索，依法查处了甘肃超越材料科技有限公司骗取留抵退税案件。

经查，该公司通过隐匿销售收入、减少销项税额、进行虚假申报等手段，骗取留抵退税5.24万元。兰州市税务局稽查局依法追缴该公司骗取的留抵退税款，并依据《行政处罚法》《税收征收管理法》相关规定，拟处1倍罚款。

兰州市税务局稽查局有关负责人表示，将充分发挥税收大数据作用，对骗取留抵退税案件进行"速立、快查、严办"，严厉打击涉税违法行为。

对非主观故意违规取得留抵退税的企业,约谈提醒,促其整改;对恶意造假骗取留抵退税的企业,依法从严查办,按规定将其纳税信用直接降为 D 级,采取限制发票领用、提高检查频次等措施,同时依法对其近 3 年各项税收缴纳情况进行全面检查,并延伸检查其上下游企业。涉嫌犯罪的,移交司法机关追究刑事责任。

二、新疆维吾尔自治区骗取留抵退税违法犯罪典型案例

2022 年 8 月 19 日国家税务总局发布:近期,新疆维吾尔自治区税务局稽查局根据税收大数据分析线索,指导和田地区税务局稽查局依法查处了新疆名鸟皇鞋业有限公司骗取增值税留抵退税案件。

经查,该公司通过隐匿销售收入、减少销项税额、进行虚假申报等手段,骗取留抵退税 41.59 万元。和田地区税务局稽查局依法追缴该公司骗取的留抵退税款,并依据《行政处罚法》《税收征收管理法》相关规定,拟处 1 倍罚款。

新疆维吾尔自治区税务局稽查局有关负责人表示,下一步将认真贯彻落实国家税务总局、公安部、最高人民检察院、海关总署、中国人民银行、国家外汇管理局六部门联合打击骗取增值税留抵退税工作推进会精神,进一步发挥六部门联合打击机制作用,聚焦团伙式、跨区域、虚开发票虚增进项骗取留抵退税等违法犯罪行为,以零容忍的态度坚决予以打击,进一步形成打击骗取留抵退税的压倒性态势。

三、宁夏回族自治区骗取留抵退税违法犯罪典型案例

2022年5月18日国家税务总局发布：近期，宁夏回族自治区固原市税务局稽查局根据税收大数据分析线索，依法查处了宁夏鸿航汽车销售有限公司骗取增值税留抵退税案件。经查，该公司通过隐匿销售收入、减少销项税额、进行虚假申报等手段，骗取留抵退税22.93万元。固原市税务局稽查局依法追缴该公司骗取的留抵退税款，并依据《行政处罚法》《税收征收管理法》相关规定，拟处1倍罚款。

固原市税务局稽查局有关负责人表示，下一步将认真贯彻落实国家税务总局、公安部、最高人民检察院、海关总署、中国人民银行、国家外汇管理局六部门联合打击骗取增值税留抵退税工作推进会精神，进一步发挥六部门联合打击机制作用，把打击骗取留抵退税作为当前常态化打击工作的重中之重，聚焦团伙式、跨区域、虚开发票虚增进项骗取留抵退税等违法犯罪行为，以零容忍的态度坚决予以打击，形成打击骗取留抵退税的压倒性态势，护航留抵退税政策落准、落好。

四、青海省骗取留抵退税违法犯罪典型案例

2022年5月21日国家税务总局发布：近期，青海省海西蒙古族藏族自治州税务局第一稽查局根据税收大数据分析线索，依法查处了格尔木永庆福商贸有限公司骗取增值税留抵退税案件。

经查，该公司通过未按规定转出进项税额、进行虚假申报等手段，骗取留抵退税 48.19 万元。海西蒙古族藏族自治州税务局第一稽查局依法追缴该公司骗取的留抵退税款，并依据《行政处罚法》《税收征收管理法》相关规定，拟处 1 倍罚款。

海西蒙古族藏族自治州税务局第一稽查局有关负责人表示，下一步将认真贯彻落实国家税务总局、公安部、最高人民检察院、海关总署、中国人民银行、国家外汇管理局六部门联合打击骗取增值税留抵退税工作推进会精神，进一步发挥六部门联合打击机制作用，把打击骗取留抵退税作为当前常态化打击工作的重中之重，聚焦团伙式、跨区域、虚开发票虚增进项骗取留抵退税等违法犯罪行为，以零容忍的态度坚决予以打击，形成打击骗取留抵退税的压倒性态势，护航留抵退税政策落准、落好。

五、陕西省骗取留抵退税违法犯罪典型案例

2022 年 5 月 21 日国家税务总局发布：近期，陕西省税务局稽查局根据税收大数据分析线索，指导榆林市税务局第一稽查局依法查处了神木市恒升煤化工有限责任公司骗取增值税留抵退税案件。

经查，该公司通过隐匿销售收入、减少销项税额、进行虚假申报等手段，骗取留抵退税 56.65 万元。榆林市税务局第一稽查局依法追缴该公司骗取的留抵退税款，并依据《行政处罚法》《税收征收管理法》相关规定，拟处 1 倍罚款。

陕西省税务局稽查局有关负责人表示，下一步将认真贯彻落实国家

税务总局、公安部、最高人民检察院、海关总署、中国人民银行、国家外汇管理局六部门联合打击骗取增值税留抵退税工作推进会精神，进一步发挥六部门联合打击机制作用，把打击骗取留抵退税作为当前常态化打击工作的重中之重，聚焦团伙式、跨区域、虚开发票虚增进项骗取留抵退税等违法犯罪行为，以零容忍的态度坚决予以打击，形成打击骗取留抵退税的压倒性态势，护航留抵退税政策落准、落好。

第四节

华东地区骗取留抵退税违法犯罪典型案例

一、山东省骗取留抵退税违法犯罪典型案例

2022年5月16日国家税务总局发布：近期，青岛市税务局第三稽查局根据税收大数据分析线索，依法查处了青岛伯九电子商贸有限公司骗取增值税留抵退税案件。

经查，该公司通过隐匿销售收入、减少销项税额、进行虚假申报等手段，骗取留抵退税12.18万元。青岛市税务局第三稽查局依法追缴该公司骗取的留抵退税款，并依据《行政处罚法》《税收征收管理法》相关规定，拟处1倍罚款。

青岛市税务局第三稽查局有关负责人表示，下一步将认真贯彻落实国家税务总局、公安部、最高人民检察院、海关总署、中国人民银行、国家外汇管理局六部门联合打击骗取增值税留抵退税工作推进会精神，

进一步发挥六部门联合打击机制作用,把打击骗取留抵退税作为当前常态化打击工作的重中之重,聚焦团伙式、跨区域、虚开发票虚增进项骗取留抵退税等违法犯罪行为,以零容忍的态度坚决予以打击,形成打击骗取留抵退税的压倒性态势,护航留抵退税政策落准、落好。

二、江苏省骗取留抵退税违法犯罪典型案例

2022年5月15日国家税务总局发布：近期,江苏省泰州市税务局稽查局根据税收大数据分析线索,依法查处了泰州市晟峙商贸有限公司骗取留抵退税案件。

经查,该公司通过个人账户收取销售款隐匿公司销售收入、减少销项税额、进行虚假申报等手段,骗取留抵退税21万元。泰州市税务局稽查局依法追缴该公司骗取的留抵退税款,并依据《行政处罚法》《税收征收管理法》相关规定,拟处1倍罚款。

泰州市税务局稽查局有关负责人表示,将充分发挥税收大数据作用,聚焦政策落实中的风险点,严厉打击骗取留抵退税违法行为。对非主观故意违规取得留抵退税的企业,约谈提醒,促其整改；对恶意造假骗取留抵退税的企业,依法从严查办,按规定将其纳税信用直接降为D级,采取限制发票领用、提高检查频次等措施,同时依法对其近3年各项税收缴纳情况进行全面检查,并延伸检查其上下游企业。涉嫌犯罪的,移交司法机关追究刑事责任。

三、安徽省骗取留抵退税违法犯罪典型案例

2022年5月17日国家税务总局发布：近期，安徽省淮北市税务局稽查局根据税收大数据分析线索，依法查处了淮北市皇汉商贸有限公司骗取增值税留抵退税案件。

经查，该公司通过隐匿销售收入、减少销项税额、进行虚假申报等手段，骗取留抵退税16.7万元。淮北市税务局稽查局依法追缴该企业骗取的留抵退税款，并依据《行政处罚法》《税收征收管理法》相关规定，拟处1倍罚款。

淮北市税务局稽查局有关负责人表示，下一步将认真贯彻落实国家税务总局、公安部、最高人民检察院、海关总署、中国人民银行、国家外汇管理局六部门联合打击骗取增值税留抵退税工作推进会精神，进一步发挥六部门联合打击机制作用，把打击骗取留抵退税作为当前常态化打击工作的重中之重，聚焦团伙式、跨区域、虚开发票虚增进项骗取留抵退税等违法犯罪行为，以零容忍的态度坚决予以打击，形成打击骗取留抵退税的压倒性态势，护航留抵退税政策落准、落好。

四、浙江省骗取留抵退税违法犯罪典型案例

2022年8月19日国家税务总局发布：近期，浙江省温州市税务局第三稽查局根据税收大数据分析线索，依法查处了温州吉昌智能设备有限公司骗取增值税留抵退税案件。

经查，该公司通过隐匿销售收入、减少销项税额、进行虚假申报等手段，骗取留抵退税 37.02 万元。温州市税务局第三稽查局依法追缴该公司骗取的留抵退税款，并依据《行政处罚法》《税收征收管理法》相关规定，处 1 倍罚款。

温州市税务局第三稽查局有关负责人表示，下一步将认真贯彻落实国家税务总局、公安部、最高人民检察院、海关总署、中国人民银行、国家外汇管理局六部门联合打击骗取增值税留抵退税工作推进会精神，进一步发挥六部门联合打击机制作用，聚焦团伙式、跨区域、虚开发票虚增进项骗取留抵退税等违法犯罪行为，以零容忍的态度坚决予以打击，进一步形成打击骗取留抵退税的压倒性态势。

五、福建省骗取留抵退税违法犯罪典型案例

2022 年 8 月 19 日国家税务总局发布：近期，厦门市税务局第二稽查局根据税收大数据分析线索，依法查处了厦门盛浔商贸有限公司骗取增值税留抵退税案件。

经查，该公司通过隐匿销售收入、减少销项税额、骗取留抵退税 14.84 万元、偷税 229.59 万元。厦门市税务局第二稽查局依法追缴该公司骗取的留抵退税款，并依据《行政处罚法》《税收征收管理法》相关规定，拟处 1 倍罚款；依法追缴该公司偷税款 229.59 万元，依据《行政处罚法》《税收征收管理法》相关规定，拟处 1 倍罚款、加收滞纳金。

厦门市税务局第二稽查局有关负责人表示，下一步将认真贯彻落实国家税务总局、公安部、最高人民检察院、海关总署、中国人民银行、

国家外汇管理局六部门联合打击骗取增值税留抵退税工作推进会精神，进一步发挥六部门联合打击机制作用，聚焦团伙式、跨区域、虚开发票虚增进项骗取留抵退税等违法犯罪行为，以零容忍的态度坚决予以打击，进一步形成打击骗取留抵退税的压倒性态势。

第五节
中部地区骗取留抵退税违法犯罪典型案例

一、河北省骗取留抵退税违法犯罪典型案例

2022年5月15日国家税务总局发布：近期，河北省衡水市税务局稽查局根据税收大数据分析线索，依法查处了河北和煜药业科技有限公司骗取增值税留抵退税案件。

经查，该公司通过未按规定转出进项税额、进行虚假纳税申报等手段，骗取留抵退税10万元。衡水市税务局稽查局依法追缴该公司骗取的留抵退税款，并依据《行政处罚法》《税收征收管理法》相关规定，拟处1倍罚款。

衡水市税务局稽查局有关负责人表示，将充分发挥税收大数据作用，重拳打击骗取留抵退税违法行为。对非主观故意违规取得留抵退税的企业，约谈提醒，促其整改；对恶意造假骗取留抵退税的企业，依法

从严查办，按规定将其纳税信用直接降为 D 级，采取限制发票领用、提高检查频次等措施，同时依法对其近 3 年各项税收缴纳情况进行全面检查，并延伸检查其上下游企业。涉嫌犯罪的，移交司法机关追究刑事责任。

二、山西省骗取留抵退税违法犯罪典型案例

2022 年 5 月 17 日国家税务总局发布：近期，山西省忻州市税务局稽查局根据税收大数据分析线索，依法查处了代县东秦货物运输有限公司骗取增值税留抵退税案件。

经查，该公司通过个人收取销售款隐匿公司销售收入、减少销项税额、进行虚假申报等手段，骗取留抵退税 15.73 万元。忻州市税务局稽查局依法追缴该公司骗取的留抵退税款，并依据《行政处罚法》《税收征收管理法》相关规定，拟处 1 倍罚款。

忻州市税务局稽查局有关负责人表示，下一步将认真贯彻落实国家税务总局、公安部、最高人民检察院、海关总署、中国人民银行、国家外汇管理局六部门联合打击骗取增值税留抵退税工作推进会精神，进一步发挥六部门联合打击机制作用，把打击骗取留抵退税作为当前常态化打击工作的重中之重，聚焦团伙式、跨区域、虚开发票虚增进项骗取留抵退税等违法犯罪行为，以零容忍的态度坚决予以打击，形成打击骗取留抵退税的压倒性态势，护航留抵退税政策落准、落好。

三、河南省骗取留抵退税违法犯罪典型案例

2022年5月15日国家税务总局发布：近期河南省郑州市税务局第一稽查局根据税收大数据分析线索，依法查处了河南墨烨实业有限公司骗取增值税留抵退税案件。

经查，该公司通过隐匿销售收入、减少销项税额、进行虚假申报等手段，骗取留抵退税45.20万元，郑州市税务局第一稽查局依法追缴该公司骗取的留抵退税款，并依据《行政处罚法》《税收征收管理法》相关规定，拟处1倍罚款。

郑州市税务局第一稽查局有关负责人表示，将充分发挥税收大数据作用，严厉打击骗取留抵退税违法行为。对非主观故意违规取得留抵退税的企业，约谈提醒，促其整改；对恶意造假骗取留抵退税的企业，依法从严查办，按规定将其纳税信用直接降为D级，采取限制发票领用、提高检查频次等措施，同时依法对其近3年各项税收缴纳情况进行全面检查，并延伸检查其上下游企业。涉嫌犯罪的，移交司法机关追究刑事责任。

四、湖北省骗取留抵退税违法犯罪典型案例

2022年5月22日国家税务总局发布：近期，湖北省襄阳市税务局稽查局根据税收大数据分析线索，依法查处了襄阳市呈俊金属材料有限公司骗取增值税留抵退税案件。

经查，该公司通过隐匿销售收入、减少销项税额、进行虚假申报等手段，骗取留抵退税 5.87 万元。襄阳市税务局稽查局依法追缴该公司骗取的留抵退税款，并依据《行政处罚法》《税收征收管理法》相关规定，拟处 1 倍罚款。

襄阳市税务局稽查局有关负责人表示，下一步将认真贯彻落实国家税务总局、公安部、最高人民检察院、海关总署、中国人民银行、国家外汇管理局六部门联合打击骗取增值税留抵退税工作推进会精神，进一步发挥六部门联合打击机制作用，把打击骗取留抵退税作为当前常态化打击工作的重中之重，聚焦团伙式、跨区域、虚开发票虚增进项骗取留抵退税等违法犯罪行为，以零容忍的态度坚决予以打击，形成打击骗取留抵退税的压倒性态势，护航留抵退税政策落准、落好。

五、湖南省骗取留抵退税违法犯罪典型案例

2022 年 5 月 26 日国家税务总局发布：近期，湖南省湘潭市税务局稽查局根据税收大数据分析线索，依法查处了湖南环洲集团有限公司骗取增值税留抵退税案件。

经查，该公司通过隐匿销售收入、减少销项税额、进行虚假申报等手段，骗取留抵退税 31.6 万元。湘潭市税务局稽查局依法追缴该企业骗取的留抵退税款，并依据《行政处罚法》《税收征收管理法》相关规定，拟处 1 倍罚款。

湘潭市税务局稽查局有关负责人表示，下一步将认真贯彻落实国家税务总局、公安部、最高人民检察院、海关总署、中国人民银行、国家

外汇管理局六部门联合打击骗取增值税留抵退税工作推进会精神，进一步发挥六部门联合打击机制作用，把打击骗取留抵退税作为当前常态化打击工作的重中之重，聚焦团伙式、跨区域、虚开发票虚增进项骗取留抵退税等违法犯罪行为，以零容忍的态度坚决予以打击，形成打击骗取留抵退税的压倒性态势，护航留抵退税政策落准、落好。

第六节

华南地区骗取留抵退税违法犯罪典型案例

一、广东省骗取留抵退税违法犯罪典型案例

2022年8月19日国家税务总局发布：近期，深圳市税务局第二稽查局根据税收大数据分析线索，依法查处了深圳市彩之云网络科技有限公司骗取增值税留抵退税案件。

经查，该公司通过隐匿销售收入、减少销项税额、进行虚假申报等手段，骗取留抵退税89.81万元。深圳市税务局第二稽查局依法追缴该公司骗取的留抵退税款，并依据《行政处罚法》《税收征收管理法》相关规定，拟处1倍罚款。

深圳市税务局第二稽查局有关负责人表示，下一步将认真贯彻落实国家税务总局、公安部、最高人民检察院、海关总署、中国人民银行、国家外汇管理局六部门联合打击骗取增值税留抵退税工作推进会精神，

进一步发挥六部门联合打击机制作用，聚焦团伙式、跨区域、虚开发票虚增进项骗取留抵退税等违法犯罪行为，以零容忍的态度坚决予以打击，进一步形成打击骗取留抵退税的压倒性态势。

二、广西壮族自治区骗取留抵退税违法犯罪典型案例

2022年5月23日国家税务总局发布：近期，广西壮族自治区税务局稽查局根据税收大数据分析线索，指导百色市税务局稽查局依法查处了那坡县盛达通讯有限责任公司骗取增值税留抵退税案件。

经查，该公司通过个人收取销售款隐匿公司销售收入、减少销项税额、进行虚假申报等手段，骗取留抵退税140.28万元。百色市税务局稽查局依法追缴该公司骗取的留抵退税款，并依据《行政处罚法》《税收征收管理法》相关规定，拟处1倍罚款。

广西壮族自治区税务局稽查局有关负责人表示，下一步将认真贯彻落实国家税务总局、公安部、最高人民检察院、海关总署、中国人民银行、国家外汇管理局六部门联合打击骗取增值税留抵退税工作推进会精神，进一步发挥六部门联合打击机制作用，把打击骗取留抵退税作为当前常态化打击工作的重中之重，聚焦团伙式、跨区域、虚开发票虚增进项骗取留抵退税等违法犯罪行为，以零容忍的态度坚决予以打击，形成打击骗取留抵退税的压倒性态势，护航留抵退税政策落准、落好。

三、海南省骗取留抵退税违法犯罪典型案例

2022年5月17日国家税务总局发布：近期，海南省税务局稽查局根据税收大数据分析线索，指导海南省税务局第二稽查局依法查处了海南金恒立通信设备有限公司骗取增值税留抵退税案件。

经查，该公司通过隐匿销售收入、减少销项税额、进行虚假申报等手段，骗取留抵退税4.94万元。海南省税务局第二稽查局依法追缴该企业骗取的留抵退税款，并依据《行政处罚法》《税收征收管理法》相关规定，拟处1倍罚款。

海南省税务局稽查局有关负责人表示，下一步将认真贯彻落实国家税务总局、公安部、最高人民检察院、海关总署、中国人民银行、国家外汇管理局六部门联合打击骗取增值税留抵退税工作推进会精神，进一步发挥六部门联合打击机制作用，把打击骗取留抵退税作为当前常态化打击工作的重中之重，聚焦团伙式、跨区域、虚开发票虚增进项骗取留抵退税等违法犯罪行为，以零容忍的态度坚决予以打击，形成打击骗取留抵退税的压倒性态势，护航留抵退税政策落准、落好。

第七节

西南地区骗取留抵退税违法犯罪典型案例

一、四川省骗取留抵退税违法犯罪典型案例

（一）四川省乐山市税务部门依法查处一起骗取留抵退税案件

2022年5月19日国家税务总局发布：近期，四川省乐山市税务局稽查局根据税收大数据分析线索，依法查处了乐山星野商贸有限公司骗取增值税留抵退税案件。

经查，该公司通过隐匿销售收入、减少销项税额、进行虚假申报等手段，骗取留抵退税27.82万元。乐山市税务局稽查局依法追缴该公司骗取的留抵退税款，并依据《行政处罚法》《税收征收管理法》相关规定，拟处1倍罚款。

乐山市税务局稽查局有关负责人表示，下一步将认真贯彻落实国家

税务总局、公安部、最高人民检察院、海关总署、中国人民银行、国家外汇管理局六部门联合打击骗取增值税留抵退税工作推进会精神，进一步发挥六部门联合打击机制作用，把打击骗取留抵退税作为当前常态化打击工作的重中之重，聚焦团伙式、跨区域、虚开发票虚增进项骗取留抵退税等违法犯罪行为，以零容忍的态度坚决予以打击，形成打击骗取留抵退税的压倒性态势，护航留抵退税政策落准、落好。

二、云南省骗取留抵退税违法犯罪典型案例

2022年5月14日国家税务总局发布：为确保大规模增值税留抵退税政策落准、落好，普洱市税务局稽查局严厉打击骗取留抵退税违法行为，近期根据税收大数据分析线索，依法查处了普洱丰辰汽车销售有限公司骗取留抵退税案件。

经查，该公司通过个人收取销售款隐匿公司销售收入、减少销项税额、进行虚假申报等手段，骗取留抵退税10.71万元。普洱市税务局稽查局依法追缴该公司骗取的留抵退税款，并依据《行政处罚法》《税收征收管理法》相关规定，拟处1倍罚款。

普洱市税务局稽查局有关负责人表示，将充分发挥税收大数据作用，严厉打击骗取留抵退税违法行为。对非主观故意违规取得留抵退税的企业，约谈提醒，促其整改；对恶意造假骗取留抵退税的企业，依法从严查办，按规定将其纳税信用直接降为D级，采取限制发票领用、提高检查频次等措施，同时依法对其近3年各项税收缴纳情况进行全面检查，并延伸检查其上下游企业。涉嫌犯罪的，移交司法机关追究刑事责任。

三、西藏自治区骗取留抵退税违法犯罪典型案例

2022年5月17日国家税务总局发布：近期，西藏自治区山南市税务局稽查局根据税收大数据分析线索，依法查处了西藏筑隆商贸有限责任公司骗取增值税留抵退税案件。

经查，该公司通过隐匿销售收入、减少销项税额、进行虚假申报等手段，骗取留抵税款12.65万元。山南市税务局稽查局依法追缴该公司骗取的留抵退税款，并依据《行政处罚法》《税收征收管理法》相关规定，拟处1倍罚款。

山南市税务局稽查局有关负责人表示，下一步将认真贯彻落实国家税务总局、公安部、最高人民检察院、海关总署、中国人民银行、国家外汇管理局六部门联合打击骗取增值税留抵退税工作推进会精神，进一步发挥六部门联合打击机制作用，把打击骗取留抵退税作为当前常态化打击工作的重中之重，聚焦团伙式、跨区域、虚开发票虚增进项骗取留抵退税等违法犯罪行为，以零容忍的态度坚决予以打击，形成打击骗取留抵退税的压倒性态势，护航留抵退税政策落准、落好。

四、贵州省骗取留抵退税违法犯罪典型案例

2022年5月14日国家税务总局发布：近期，贵州省安顺市税务局稽查局根据税收大数据分析线索，依法查处了贵州众信佳品商贸有限公司骗取增值税留抵退税案件。

经查，该公司通过隐匿销售收入、减少销项税额、进行虚假申报等手段，骗取留抵退税 18.76 万元。安顺市税务局稽查局依法追缴该公司骗取的留抵退税款，并依据《行政处罚法》《税收征收管理法》相关规定，拟处 1 倍罚款。

安顺市税务局稽查局有关负责人表示，将严厉打击骗取留抵退税违法行为，全力护航留抵退税政策落准、落好。对非主观故意违规取得留抵退税的企业，约谈提醒，促其整改；对恶意造假骗取留抵退税的企业，依法从严查办，按规定将其纳税信用直接降为 D 级，采取限制发票领用、提高检查频次等措施，同时依法对其近 3 年各项税收缴纳情况进行全面检查，并延伸检查其上下游企业。涉嫌犯罪的，移交司法机关追究刑事责任。

第六章

增值税纳税人与税率政策解读

第一节
增值税纳税人政策解读

一、增值税一般纳税人登记制度

增值税一般纳税人,是指年应税销售额超过财政部、国家税务总局规定的小规模纳税人标准的企业和企业性单位。增值税一般纳税人实行登记制,除另有规定外,应当向税务机关办理登记手续。

根据《增值税一般纳税人登记管理办法》(国家税务总局令第43号)、《国家税务总局关于增值税一般纳税人登记管理若干事项的公告》(国家税务总局公告2018年第6号)的规定,增值税纳税人(以下简称"纳税人"),年应税销售额超过财政部、国家税务总局规定的小规模纳税人标准(以下简称"规定标准")的,除另有规定外,应当向主管税务机关办理增值税一般纳税人(以下简称"一般纳税人")登记。

上述所称年应税销售额,是指纳税人在连续不超过12个月或四个季度的经营期内累计应征增值税销售额,包括纳税申报销售额、稽查查补销售额、纳税评估调整销售额。上述所称"经营期"是指在纳税人存续期内的连续经营期间,含未取得销售收入的月份或季度;"纳税申报销售额"是指纳税人自行申报的全部应征增值税销售额,其中包括免税销售额和税务机关代开发票销售额;"稽查查补销售额"和"纳税评估调整销售额"计入查补税款申报当月(或当季)的销售额,不计入税款所属期销售额。

销售服务、无形资产或者不动产(以下简称"应税行为")有扣除项目的纳税人,其应税行为年应税销售额按未扣除之前的销售额计算。纳税人偶然发生的销售无形资产、转让不动产的销售额,不计入应税行为年应税销售额。

年应税销售额未超过规定标准的纳税人,会计核算健全,能够提供准确税务资料的,可以向主管税务机关办理一般纳税人登记。会计核算健全,是指能够按照国家统一的会计制度规定设置账簿,根据合法、有效凭证进行核算。

下列纳税人不办理一般纳税人登记:

(1)按照政策规定,选择按照小规模纳税人纳税的。

(2)年应税销售额超过规定标准的其他个人。上述所称的"其他个人"是指自然人。

纳税人应当向其机构所在地主管税务机关办理一般纳税人登记手续。

纳税人办理一般纳税人登记的程序如下:

(1)纳税人向主管税务机关填报《增值税一般纳税人登记表》(表6-1),如实填写固定生产经营场所等信息,并提供税务登记证件;上述所称的"固定生产经营场所"信息是指填写在《增值税一般纳税人登记表》"生产经营地址"栏次中的内容;"税务登记证件",包括纳税人领取的由工商行政管理部门或者其他主管部门核发的加载法人和其他组织统一社会信用代码的相关证件。

（2）纳税人填报内容与税务登记信息一致的，主管税务机关当场登记。

（3）纳税人填报内容与税务登记信息不一致，或者不符合填列要求的，税务机关应当场告知纳税人需要补正的内容。

年应税销售额超过规定标准的纳税人，按照政策规定，选择按照小规模纳税人纳税的，应当向主管税务机关提交书面说明。

纳税人在年应税销售额超过规定标准的月份（或季度）的所属申报期结束后15日内按照规定办理相关手续；未按规定时限办理的，主管税务机关应当在规定时限结束后5日内制作《税务事项通知书》，告知纳税人应当在5日内向主管税务机关办理相关手续；逾期仍不办理的，次月起按销售额依照增值税税率计算应纳税额，不得抵扣进项税额，直至纳税人办理相关手续为止。

主管税务机关制作的《税务事项通知书》中，需告知纳税人的内容应当包括：纳税人年应税销售额已超过规定标准，应在收到《税务事项通知书》后5日内向税务机关办理增值税一般纳税人登记手续或者选择按照小规模纳税人纳税的手续；逾期未办理的，自通知时限期满的次月起按销售额依照增值税税率计算应纳税额，不得抵扣进项税额，直至纳税人办理相关手续为止。

纳税人自一般纳税人生效之日起，按照增值税一般计税方法计算应纳税额，并可以按照规定领用增值税专用发票，财政部、国家税务总局另有规定的除外。生效之日，是指纳税人办理登记的当月1日或者次月1日，由纳税人在办理登记手续时自行选择。

纳税人登记为一般纳税人后，不得转为小规模纳税人，国家税务总局另有规定的除外。

主管税务机关应当加强对税收风险的管理。对税收遵从度低的一般纳税人，主管税务机关可以实行纳税辅导期管理，具体办法由国家税务总局另行制定。

经税务机关核对后退还纳税人留存的《增值税一般纳税人登记表》，可以作为证明纳税人成为增值税一般纳税人的凭据。

上述规定期限的最后一日是法定休假日的，以休假日期满的次日为期限的最后一日；在期限内有连续3日以上（含3日）法定休假日的，按休假日天数顺延。

表 6-1 增值税一般纳税人登记表

纳税人名称		社会信用代码（纳税人识别号）	
法定代表人（负责人、业主）	证件名称及号码		联系电话
财务负责人	证件名称及号码		联系电话
办税人员	证件名称及号码		联系电话
税务登记日期			
生产经营地址			
注册地址			
纳税人类别：企业□ 非企业性单位□ 个体工商户□ 其他□			
主营业务类别：工业□ 商业□ 服务业□ 其他□			
会计核算健全：是□			
一般纳税人生效之日：当月1日□　　次月1日□			

（续表）

纳税人(代理人)承诺: 会计核算健全，能够提供准确税务资料，上述各项内容真实、可靠、完整。如有虚假，愿意承担相关法律责任。 经办人：　　　法定代表人：　　　代理人：　　　（签章） 　　　　　　　　　　　　　　　　　　　　　　　年　月　日
以下由税务机关填写
税务机关受理情况	受理人：　　　　　　　　　　　受理税务机关（章） 　　　　　　　　　　　　　　　　年　月　日

填表说明：1. 本表由纳税人如实填写。
　　　　　2. 表中"证件名称及号码"相关栏次，根据纳税人的法定代表人、财务负责人、办税人员的居民身份证、护照等有效身份证件及号码填写。
　　　　　3. 表中"一般纳税人生效之日"由纳税人自行勾选。
　　　　　4. 本表一式二份，主管税务机关和纳税人各留存一份。

二、增值税小规模纳税人制度

增值税小规模纳税人标准为年应征增值税销售额500万元及以下。年应税销售额，是指纳税人在连续不超过12个月或四个季度的经营期内累计应征增值税销售额，包括纳税申报销售额、稽查查补销售额、纳税评估调整销售额。

增值税小规模纳税人会计核算健全，能够提供准确税务资料的，可以向税务机关申请登记为一般纳税人，不再作为小规模纳税人。会计核算健全，是指能够按照国家统一的会计制度规定设置账簿，根据合法、有效凭证核算。

为持续推进放管服（即简政放权、放管结合、优化服务的简称）改革，全面推行小规模纳税人自行开具增值税专用发票。小规模纳税人（其他个人除外）发生增值税应税行为，需要开具增值税专用发票的，可以自愿使用增值税发票管理系统自行开具。

根据《财政部、税务总局关于统一增值税小规模纳税人标准的通知》（财税〔2018〕33号）以及《国家税务总局关于统一小规模纳税人标准等若干增值税问题的公告》（国家税务总局公告2018年第18号）的规定，增值税小规模纳税人标准为年应征增值税销售额500万元及以下。按照《中华人民共和国增值税暂行条例实施细则》第二十八条规定，已登记为增值税一般纳税人的单位和个人，在2018年12月31日前，可转登记为小规模纳税人，其未抵扣的进项税额作转出处理。

同时符合以下条件的一般纳税人，可选择按照《财政部 税务总局关于统一增值税小规模纳税人标准的通知》（财税〔2018〕33号）第二条的规定，转登记为小规模纳税人，或选择继续作为一般纳税人：

（1）根据《中华人民共和国增值税暂行条例》第十三条和《中华人民共和国增值税暂行条例实施细则》第二十八条的有关规定，登记为一般纳税人。

（2）转登记日前连续12个月（以1个月为1个纳税期，下同）或者连续4个季度（以1个季度为1个纳税期，下同）累计应征增值税销售额（以下称"应税销售额"）未超过500万元。

转登记日前经营期不满12个月或者4个季度的，按照月（季度）平均应税销售额估算上款规定的累计应税销售额。

应税销售额的具体范围，按照《增值税一般纳税人登记管理办法》

（国家税务总局令第43号）和《国家税务总局关于增值税一般纳税人登记管理若干事项的公告》（国家税务总局公告2018年第6号）的有关规定执行。

符合本公告第一条规定的纳税人，向主管税务机关填报《一般纳税人转为小规模纳税人登记表》（表6-2），并提供税务登记证件；已实行实名办税的纳税人，无需提供税务登记证件。主管税务机关根据下列情况分别作出处理：

（1）纳税人填报内容与税务登记、纳税申报信息一致的，主管税务机关当场办理。

（2）纳税人填报内容与税务登记、纳税申报信息不一致，或者不符合填列要求的，主管税务机关应当场告知纳税人需要补正的内容。

一般纳税人转登记为小规模纳税人（以下称"转登记纳税人"）后，自转登记日的下期起，按照简易计税方法计算缴纳增值税；转登记日当期仍按照一般纳税人的有关规定计算缴纳增值税。

转登记纳税人尚未申报抵扣的进项税额以及转登记日当期的期末留抵税额，计入"应交税费——待抵扣进项税额"核算。

尚未申报抵扣的进项税额计入"应交税费——待抵扣进项税额"时：

（1）转登记日当期已经取得的增值税专用发票、机动车销售统一发票、收费公路通行费增值税电子普通发票，应当已经通过增值税发票选择确认平台进行选择确认或认证后稽核比对相符；经稽核比对异常的，应当按照现行规定进行核查处理。已经取得的海关进口增值税专用缴款书，经稽核比对相符的，应当自行下载《海关进口增值税专用缴款书稽核结果通知书》；经稽核比对异常的，应当按照现行规定进行核查处理。

（2）转登记日当期尚未取得的增值税专用发票、机动车销售统一发票、收费公路通行费增值税电子普通发票，转登记纳税人在取得上述发票以后，应当持税控设备，由主管税务机关通过增值税发票选择确认平台（税务局端）为其办理选择确认。尚未取得的海关进口增值税专用缴款书，转登记纳税人在取得以后，经稽核比对相符的，应当由主管税务机关通过稽核系统为其下载《海关进口增值税专用缴款书稽核结果通知书》；经稽核比对异常的，应当按照现行规定进行核查处理。

转登记纳税人在一般纳税人期间销售或者购进的货物、劳务、服务、无形资产、不动产，自转登记日的下期起发生销售折让、中止或者退回的，调整转登记日当期的销项税额、进项税额和应纳税额。

（1）调整后的应纳税额小于转登记日当期申报的应纳税额形成的多缴税款，从发生销售折让、中止或者退回当期的应纳税额中抵减；不足抵减的，结转下期继续抵减。

（2）调整后的应纳税额大于转登记日当期申报的应纳税额形成的少缴税款，从"应交税费——待抵扣进项税额"中抵减；抵减后仍有余额的，计入发生销售折让、中止或者退回当期的应纳税额一并申报缴纳。

转登记纳税人因税务稽查、补充申报等原因，需要对一般纳税人期间的销项税额、进项税额和应纳税额进行调整的，按照上述规定处理。

转登记纳税人应准确核算"应交税费——待抵扣进项税额"的变动情况。

转登记纳税人可以继续使用现有税控设备开具增值税发票，不需要缴销税控设备和增值税发票。

转登记纳税人自转登记日的下期起，发生增值税应税销售行为，应当按照征收率开具增值税发票；转登记日前已作增值税专用发票票种核定的，继续通过增值税发票管理系统自行开具增值税专用发票；销售其取得的不动产，需要开具增值税专用发票的，应当按照有关规定向税务机关申请代开。

转登记纳税人在一般纳税人期间发生的增值税应税销售行为，未开具增值税发票需要补开的，应当按照原适用税率或者征收率补开增值税发票；发生销售折让、中止或者退回等情形，需要开具红字发票的，按照原蓝字发票记载的内容开具红字发票；开票有误需要重新开具的，先按照原蓝字发票记载的内容开具红字发票后，再重新开具正确的蓝字发票。

转登记纳税人发生上述行为，需要按照原适用税率开具增值税发票的，应当在互联网连接状态下开具。按照有关规定不使用网络办税的特定纳税人，可以通过离线方式开具增值税发票。

自转登记日的下期起连续不超过12个月或者连续不超过4个季度的经营期内，转登记纳税人应税销售额超过财政部、国家税务总局规定的小规模纳税人标准的，应当按照《增值税一般纳税人登记管理办法》（国家税务总局令第43号）的有关规定，向主管税务机关办理一般纳税人登记。

转登记纳税人按规定再次登记为一般纳税人后，不得再转登记为小规模纳税人。

一般纳税人在增值税税率调整前已按原适用税率开具的增值税发票，发生销售折让、中止或者退回等情形需要开具红字发票的，按照原适用税率开具红字发票；开票有误需要重新开具的，先按照原适用税率开具红字发票后，再重新开具正确的蓝字发票。

一般纳税人在增值税税率调整前未开具增值税发票的增值税应税销售行为，需要补开增值税发票的，应当按照原适用税率补开。

增值税发票税控开票软件税率栏次默认显示调整后税率，一般纳税人发生上述行为可以手工选择原适用税率开具增值税发票。

国家税务总局在增值税发票管理系统中更新了《商品和服务税收分类编码表》，纳税人应当按照更新后的《商品和服务税收分类编码表》开具增值税发票。

转登记纳税人和一般纳税人应当及时完成增值税发票税控开票软件升级、税控设备变更发行和自身业务系统调整。

表6-2　一般纳税人转为小规模纳税人登记表

纳税人名称			纳税人识别号 （统一社会信用代码）	
法定代表人 （负责人、 业主）		身份证件种类		联系 电话
		身份证件号码		
办税人员		身份证件种类		联系 电话
		身份证件号码		
原登记为一般纳税人的生效时间：　　　年　　月　　日				
是否为出口企业：　　是（　）　　否（　）				
经营期超过（含）12个月或者4个季度纳税人填写：				
年应税销售额				
经营期不足12个月或者4个季度纳税人填写：				
累计应税销售额			预估年应税销售额	
转为小规模纳税人生效之日：　　　年　　月1日				
纳税人(代理人)承诺： 　　此登记表所填信息是真实、可靠、完整的，纳税人身份转换为自愿进行，已了解相关税收规定并办理完毕相关事项。				
法定代表人（签字） 　　　　　　　　　　　　　　　　　　　　　　年　月　日				

（续表）

税务机关受理情况	以下由税务机关填写	
:::	受理人：	受理税务机关（章） 年　月　日

填表说明：

1. 经营期超过（含）12个月或者4个季度纳税人的年应税销售额，是指本公告第一条所述转登记纳税人在转登记日前连续12个月或者连续4个季度累计应税销售额。

2. 以1个月为1个纳税期的纳税人，如果转登记日前经营期不足12个月，其预估年应税销售额＝转登记日前累计应税销售额／转登记日前实际经营的月份×12；以1个季度为1个纳税期的纳税人，如果转登记日前经营期不足4个季度，其预估年应税销售额＝转登记日前累计应税销售额／转登记日前实际经营的季度数×4。

3. "转为小规模纳税人生效之日"，是指一般纳税人转为小规模纳税人后，转登记日下期首日。

4. 本表一式二份，主管税务机关和纳税人各留存一份。

第二节

增值税税率政策解读

一、适用 13% 税率的项目

纳税人销售货物、劳务、有形动产租赁服务或者进口货物，除有特殊规定外，税率为 13%。

二、适用 9% 税率的项目

纳税人销售交通运输、邮政、基础电信、建筑、不动产租赁服务，销售不动产，转让土地使用权，销售或者进口下列货物，税率为 9%：

（1）粮食等农产品、食用植物油、食用盐。

（2）自来水、暖气、冷气、热水、煤气、石油液化气、天然气、二甲醚、沼气、居民用煤炭制品。

（3）图书、报纸、杂志、音像制品、电子出版物。

（4）饲料、化肥、农药、农机、农膜。

（5）国务院规定的其他货物。

三、适用6%税率的项目

纳税人销售服务、无形资产,除另有规定外,税率为6%。

四、适用零税率的项目

(1)纳税人出口货物,税率为零;但是,国务院另有规定的除外。

(2)境内单位和个人跨境销售国务院规定范围内的服务、无形资产,税率为零。具体包括:①国际运输服务;②航天运输服务;③向境外单位提供的完全在境外消费的下列服务:研发服务、合同能源管理服务、设计服务、广播影视节目(作品)的制作和发行服务、软件服务、电路设计及测试服务、信息系统服务、业务流程管理服务、离岸服务外包业务、转让技术;④国务院规定的其他服务。

第三节

增值税征收率政策解读

一、征收率的一般规定

小规模纳税人以及一般纳税人选择简易办法计税的，征收率为3%，另有规定除外，具体为：

（1）一般纳税人销售自己使用过的属于《增值税暂行条例》第十条规定，不得抵扣且未抵扣进项税额的固定资产，按简易办法依照3%征收率减按2%征收增值税，可以放弃减免，按照简易办法依照3%征收率缴纳增值税，并可以开具增值税专用发票。

（2）一般纳税人销售自己使用过的其他固定资产应区分不同情形征收增值税：

①销售自己使用过的2009年1月1日以后购进或者自制的固定资产，按照适用税率征收增值税。

②2008年12月31日以前未纳入扩大增值税抵扣范围试点的纳税人，销售自己使用过的2008年12月31日以前购进或者自制的固定资产，按照简易办法依照3%征收率减按2%征收增值税。

③2008年12月31日以前已纳入扩大增值税抵扣范围试点的纳税人，销售自己使用过的在本地区扩大增值税抵扣范围试点以前购进或者自制的固定资产，按照简易办法依照3%征收率减按2%征收增值税；销售自己使用过的在本地区扩大增值税抵扣范围试点以后购进或者自制的固定资产，按照适用税率征收增值税。

（3）一般纳税人销售自己使用过的除固定资产以外的物品，应当按照适用税率征收增值税。

（4）小规模纳税人（除其他个人外，下同）销售自己使用过的固定资产，减按2%征收率征收增值税，可以放弃减免，依照3%征收率缴纳增值税，并可以开具增值税专用发票。小规模纳税人销售自己使用过的除固定资产以外的物品，应按3%的征收率征收增值税。

（5）纳税人销售旧货，按照简易办法依照3%征收率减按2%征收增值税。旧货，是指进入二次流通的具有部分使用价值的货物（含旧汽车、旧摩托车和旧游艇），但不包括自己使用过的物品。

自2020年5月1日至2023年12月31日，从事二手车经销业务的纳税人销售其收购的二手车，由原按照简易办法依3%征收率减按2%征收增值税，改为减按0.5%征收增值税，并按下列公式计算销售额：

$$销售额 = 含税销售额 \div (1 + 0.5\%)$$

（6）一般纳税人销售自产的下列货物，可选择按照简易办法依照3%征收率计算缴纳增值税，选择简易办法计算缴纳增值税后，36个月内不得变更，具体适用范围为：

①县级及县级以下小型水力发电单位生产的电力。小型水力发电单位，是指各类投资主体建设的装机容量为5万千瓦以下（含5万千瓦）的小型水力发电单位。

②建筑用和生产建筑材料所用的砂、土、石料。

③以自己采掘的砂、土、石料或其他矿物连续生产的砖、瓦、石灰（不含黏土实心砖、瓦）。

④用微生物、微生物代谢产物、动物毒素、人或动物的血液或组织制成的生物制品。

⑤自来水（对属于一般纳税人的自来水公司销售自来水按简易办法依照3%的征收率征收增值税，不得抵扣其购进自来水取得增值税扣税凭证上注明的增值税税款）。

⑥商品混凝土（仅限于以水泥为原料生产的水泥混凝土）。

（7）一般纳税人销售货物属于下列情形之一的，暂按简易办法依照3%的征收率计算缴纳增值税：

①寄售商店代销寄售物品（包括居民个人寄售的物品在内）。

②典当业销售死当物品。

（8）建筑企业一般纳税人提供建筑服务属于老项目的，可以选择简易办法依照3%的征收率征收增值税。

（9）自2021年4月1日至2023年12月31日，增值税小规模纳税人适用3%征收率的应税销售收入，减按1%征收率征收增值税；适用3%预征率的预缴增值税项目，减按1%预征率预缴增值税。

二、征收率的特殊规定

增值税征收率的特殊规定如下：

（1）小规模纳税人转让其取得的不动产，按照5%的征收率征收增值税。

（2）一般纳税人转让其2016年4月30日前取得的不动产，选择简易计税方法计税的，按照5%的征收率征收增值税。

（3）小规模纳税人出租其取得的不动产（不含个人出租住房），按照5%的征收率征收增值税。

（4）一般纳税人出租其2016年4月30日前取得的不动产，选择简易计税方法计税的，按照5%的征收率征收增值税。

（5）房地产开发企业（一般纳税人）销售自行开发的房地产老项目，选择简易计税方法计税的，按照5%的征收率征收增值税。

（6）房地产开发企业（小规模纳税人）销售自行开发的房地产项目，按照5%的征收率征收增值税。

（7）一般纳税人提供劳务派遣服务，可以按照《财政部国家税务总局关于全面推开营业税改征增值税试点的通知》（财税〔2016〕36号）的有关规定，以取得的全部价款和价外费用为销售额，按照一般计税方法计算缴纳增值税；也可以选择差额纳税，以取得的全部价款和价外费用，扣除代用工单位支付给劳务派遣员工的工资、福利和为其办理社会保险及住房公积金后的余额为销售额，按照简易计税方法依5%的征收率计算缴纳增值税。

（8）自2021年10月1日起，住房租赁企业中的增值税一般纳税人向个人出租住房取得的全部出租收入，可以选择适用简易计税方法，按照5%的征收率减按1.5%计算缴纳增值税，或适用一般计税方法计算缴纳增值税。住房租赁企业中的增值税小规模纳税人向个人出租住房，按照5%的征收率减按1.5%计算缴纳增值税。

第七章

增值税计算应纳税额政策解读

第一节
一般计税方法应纳税额的计算

一、一般计税方法应纳税额的计算公式

一般纳税人销售货物、劳务、服务、无形资产、不动产（以下简称"应税销售行为"），采取一般计税方法计算应纳增值税额。其计算公式如下：

$$应纳税额＝当期销项税额－当期进项税额$$

当期销项税额小于当期进项税额不足抵扣时，其不足部分可以结转下期继续抵扣。

二、销项税额的计算公式

销项税额是指纳税人发生应税销售行为，按照销售额和适用税率计算并向购买方收取的增值税税款，其计算公式如下：

$$销项税额＝销售额\times 适用税率$$

可见，一般计税方法计算增值税应纳税额时，主要有两个因素：一是销售额，二是进项税额。

三、销售额的确定

（一）销售额的概念

销售额是指纳税人发生应税销售行为向购买方收取的全部价款和价外费用，但是不包括收取的销项税额。

价外费用，包括价外向购买方收取的手续费、补贴、基金、集资费、返还利润、奖励费、违约金、滞纳金、延期付款利息、赔偿金、代收款项、代垫款项、包装费、包装物租金、储备费、优质费、运输装卸费以及其他各种性质的价外收费。上述价外费用无论其会计制度如何核算，均应并入销售额计算销项税额。但下列项目不包括在销售额内：

（1）受托加工应征消费税的消费品所代收代缴的消费税。

（2）同时符合以下条件代为收取的政府性基金或者行政事业性收费：由国务院或者财政部批准设立的政府性基金，由国务院或者省级人民政府及其财政、价格主管部门批准设立的行政事业性收费；收取时开具省级以上财政部门印制的财政票据；所收款项全额上缴财政。

（3）销售货物的同时代办保险等而向购买方收取的保险费，以及向购买方收取的代购买方缴纳的车辆购置税、车辆牌照费。

（4）以委托方名义开具发票代委托方收取的款项。

（二）含税销售额的换算

增值税实行价外税，计算销项税额时，销售额中不应含有增值税款。如果销售额中包含了增值税款即销项税额，则应将含税销售额换算成不含税销售额。其计算公式如下：

不含税销售额＝含税销售额÷（1＋增值税税率）

（三）视同销售销售额的确定

《增值税暂行条例实施细则》规定了8种视同销售货物行为，这8种视同销售行为一般不以资金的形式反映出来，因而会出现无销售额的情况。在此情况下，税务机关有权按照下列顺序核定其销售额：

（1）按纳税人最近时期同类货物的平均销售价格确定。

（2）按其他纳税人最近时期同类货物的平均销售价格确定。

（3）按组成计税价格确定。其计算公式如下：

组成计税价格＝成本×（1＋成本利润率）

征收增值税的货物，同时又征收消费税的，其组成计税价格中应包含消费税税额。其计算公式如下：

组成计税价格＝成本×（1＋成本利润率）＋消费税税额

或：组成计税价格＝成本×（1＋成本利润率）÷（1－消费税税率）

公式中的成本分两种情况：一是销售自产货物的为实际生产成本，二是销售外购货物的为实际采购成本。公式中的成本利润率为10%。但属于应从价定率征收消费税的货物，其组成计税价格公式中的成本利润率为《消费税若干具体问题的规定》中规定的成本利润率。

（四）核定增值税销售额

纳税人销售货物或者劳务的价格明显偏低并无正当理由的，由税务机关按照上述方法核定其销售额。

纳税人销售服务、无形资产或者不动产价格明显偏低或者偏高且不具有合理商业目的的，或者发生无销售额的，税务机关有权按照下列顺序确定销售额：

（1）按照纳税人最近时期销售同类服务、无形资产或者不动产的平均价格确定。

（2）按照其他纳税人最近时期销售同类服务、无形资产或者不动产的平均价格确定。

（3）按照组成计税价格确定。组成计税价格的公式如下：

$$组成计税价格 = 成本 \times (1 + 成本利润率)$$

成本利润率由国家税务总局确定。

不具有合理商业目的，是指以谋取税收利益为主要目的，通过人为安排，减少、免除、推迟缴纳增值税税款，或者增加退还增值税税款。

（五）混合销售与兼营销售额的确定

混合销售的销售额为货物的销售额与服务销售额的合计。

纳税人兼营不同税率的货物、劳务、服务、无形资产或者不动产，应当分别核算不同税率或者征收率的销售额；未分别核算销售额的，从高适用税率。

（六）特殊销售方式下销售额的确定

1. 折扣方式销售

折扣销售是指销货方在销售货物时，因购货方购货数量较大等原因给予购货方的价格优惠。纳税人采取折扣方式销售货物，如果销售额和折扣额在同一张发票上分别注明，可以按折扣后的销售额征收增值税；如果将折扣额另开发票，不论其在财务上如何处理，均不得从销售额中减除折扣额。

2. 以旧换新方式销售

以旧换新销售是指纳税人在销售货物时，折价收回同类旧货物，并以折价款部分冲减新货物价款的一种销售方式。纳税人采取以旧换新方式销售货物的，应按新货物的同期销售价格确定销售额，不得扣减旧货物的收购价格。

但是对金银首饰以旧换新业务，可以按销售方实际收取的不含增值税的全部价款征收增值税。

3. 还本销售方式销售

还本销售是指纳税人在销售货物后，到一定期限将货款一次或分次退还给购货方全部或部分价款的一种销售方式。这种方式实际上是一种筹资，是以货物换取资金的使用价值，到期还本不付息的方法。纳税人采取还本销售方式销售货物，其销售额就是货物的销售价格，不得从销售额中减除还本支出。

4. 以物易物方式销售

以物易物是指购销双方不是以货币结算，而是以同等价款的货物相互结算，实现货物购销的一种方式。以物易物双方都应作购销处理，以各自发出的货物核算销售额并计算销项税额，以各自收到的货物按规定核算购货额并计算进项税额。在以物易物活动中，应分别开具合法的票据，如收到的货物不能取得相应的增值税专用发票或其他合法票据的，不能抵扣进项税额。

5. 直销方式销售

直销企业先将货物销售给直销员，直销员再将货物销售给消费者的，直销企业的销售额为其向直销员收取的全部价款和价外费用。直销员将货物销售给消费者时，应按照现行规定缴纳增值税。

直销企业通过直销员向消费者销售货物，直接向消费者收取货款，直销企业的销售额为其向消费者收取的全部价款和价外费用。

（七）包装物押金的处理

包装物是指纳税人包装本单位货物的各种物品。一般情况下，销货方向购货方收取包装物押金，购货方在规定时间内返还包装物，销货方再将收取的包装物押金返还。纳税人为销售货物而出租、出借包装物收取的押金，单独记账核算的，且时间在1年以内，又未过期的，不并入销售额征税；但对因逾期未收回包装物不再退还的押金，应按所包装货物的适用税率计算增值税款。实践中，应注意以下具体规定：

（1）"逾期"是指按合同约定实际逾期或以1年为期限，对收取1年以上的押金，无论是否退还均并入销售额征税。

（2）包装物押金是含税收入，在并入销售额征税时，需要先将该押金换算为不含税收入，再计算应纳增值税款。

（3）包装物押金不同于包装物租金。包装物租金属于价外费用，在销售货物时随同货款一并计算增值税款。

（4）自1995年6月1日起，对销售除啤酒、黄酒外的其他酒类产品而收取的包装物押金，无论是否返还以及会计上如何核算，均应并入当期销售额征收增值税。

（八）"营改增"行业销售额的规定

1. 贷款服务

贷款服务，以提供贷款服务取得的全部利息及利息性质的收入为销售额。

2. 直接收费金融服务

直接收费金融服务，以提供直接收费金融服务收取的手续费、佣金、酬金、管理费、服务费、经手费、开户费、过户费、结算费、转托管费等各类费用为销售额。

3. 金融商品转让

金融商品转让，按照卖出价扣除买入价后的余额为销售额。

转让金融商品出现的正负差，按盈亏相抵后的余额为销售额。若相抵后出现负差，可结转下一纳税期与下期转让金融商品销售额相抵，但年末时仍出现负差的，不得转入下一个会计年度。

金融商品的买入价，可以选择按照加权平均法或者移动加权平均法进行核算，选择后36个月内不得变更。

纳税人无偿转让股票时，转出方以该股票的买入价为卖出价，按照"金融商品转让"计算缴纳增值税；在转入方将上述股票再转让时，以原转出方的卖出价为买入价，按照"金融商品转让"计算缴纳增值税。

金融商品转让，不得开具增值税专用发票。

4. 经纪代理服务

经纪代理服务，以取得的全部价款和价外费用，扣除向委托方收取并代为支付的政府性基金或者行政事业性收费后的余额为销售额。向委托方收取的政府性基金或者行政事业性收费，不得开具增值税专用发票。

5. 航空运输服务

航空运输企业的销售额，不包括代收的民航发展基金（原机场建设费）和代售其他航空运输企业客票而代收转付的价款。

6. 客运场站服务

试点纳税人中的一般纳税人提供客运场站服务，以其取得的全部价款和价外费用，扣除支付给承运方运费后的余额为销售额。

7. 旅游服务

试点纳税人提供旅游服务，可以选择以取得的全部价款和价外费用，扣除向旅游服务购买方收取并支付给其他单位或者个人的住宿费、餐饮费、交通费、签证费、门票费和支付给其他接团旅游企业的旅游费用后的余额为销售额。

选择上述办法计算销售额的试点纳税人，向旅游服务购买方收取并支付的上述费用，不得开具增值税专用发票，可以开具普通发票。

8. 建筑服务

试点纳税人提供建筑服务适用简易计税方法的，以取得的全部价款和价外费用扣除支付的分包款后的余额为销售额。

9. 销售房地产

房地产开发企业中的一般纳税人销售其开发的房地产项目（选择简易计税方法的房地产老项目除外），以取得的全部价款和价外费用，扣除受让土地时向政府部门支付的土地价款后的余额为销售额。房地产老项目，是指《建筑工程施工许可证》注明的合同开工日期在2016年4月30日前的房地产项目。

（九）销售额确定的特殊规定

1. 纳税人兼营免税、减税项目的，应当分别核算免税、减税项目的销售额；未分别核算的，不得免税、减税。

2. 纳税人发生应税销售行为，开具增值税专用发票后，发生开票有误或者销售折让、中止、退回等情形的，应当按照国家税务总局的规定开具红字增值税专用发票；未按照规定开具红字增值税专用发票的，不得扣减销项税额或者销售额。

（十）外币销售额的折算

纳税人按人民币以外的货币结算销售额的，其销售额的人民币折合率可以选择销售额发生的当天或者当月1日的人民币外汇中间价。纳税人应在事先确定采用何种折合率，确定后在1年内不得变更。

四、进项税额的确定

进项税额，是指纳税人购进货物、劳务、服务、无形资产或者不动产，支付或者负担的增值税额。

（一）准予从销项税额中抵扣的进项税额

（1）从销售方取得的增值税专用发票（含税控机动车销售统一发票）上注明的增值税额。

（2）从海关取得的海关进口增值税专用缴款书上注明的增值税额。

（3）购进农产品，取得一般纳税人开具的增值税专用发票或者海关进口增值税专用缴款书的，以增值税专用发票或海关进口增值税专用缴款书上注明的增值税额为进项税额；从按照简易计税方法依照3%征收率计算缴纳增值税的小规模纳税人取得增值税专用发票的，以增值税专用发票上注明的金额和9%的扣除率计算进项税额；取得（开具）农产品销售发票或收购发票的，以农产品收购发票或销售发票上注明的农产品买价和9%的扣除率计算进项税额；纳税人购进用于生产或者委托加工13%税率货物的农产品，按照10%的扣除率计算进项税额。进项税额计算公式如下：

$$进项税额 = 买价 \times 扣除率$$

购进农产品，按照《农产品增值税进项税额核定扣除试点实施办法》抵扣进项税额的除外。

（4）纳税人购进国内旅客运输服务未取得增值税专用发票的，暂按照以下规定确定进项税额：

取得增值税电子普通发票的，为发票上注明的税额；

取得注明旅客身份信息的航空运输电子客票行程单的，按照下列公式计算进项税额：

航空旅客运输进项税额＝（票价＋燃油附加费）÷（1＋9%）×9%

取得注明旅客身份信息的铁路车票的，按照下列公式计算进项税额：

铁路旅客运输进项税额＝票面金额÷（1＋9%）×9%

取得注明旅客身份信息的公路、水路等其他客票的，按照下列公式计算进项税额：

公路、水路等其他旅客运输进项税额＝票面金额÷（1＋3%）×3%

（5）自境外单位或者个人购进劳务、服务、无形资产或者境内的不动产，从税务机关或者扣缴义务人取得的代扣代缴税款的完税凭证上注明的增值税额。

（6）原增值税一般纳税人购进货物或者接受劳务，用于《销售服务、无形资产或者不动产注释》所列项目的，不属于《增值税暂行条例》第十条规定不得抵扣进项税额的项目，其进项税额准予从销项税额中抵扣。

（7）原增值税一般纳税人购进服务、无形资产或者不动产，取得的增值税专用发票上注明的增值税额为进项税额，准予从销项税额中抵扣。

（8）原增值税一般纳税人自用的应征消费税的摩托车、汽车、游艇，其进项税额准予从销项税额中抵扣。

纳税人购进货物、劳务、服务、无形资产、不动产，取得的增值税扣税凭证不符合法律、行政法规或者国务院税务主管部门有关规定的，其进项税额不得从销项税额中抵扣。

增值税扣税凭证，是指增值税专用发票、海关进口增值税专用缴款书、农产品收购发票、农产品销售发票、完税凭证和符合规定的国内旅客运输发票。

纳税人凭完税凭证抵扣进项税额的，应当具备书面合同、付款证明和境外单位的对账单或者发票。资料不全的，其进项税额不得从销项税额中抵扣。

（二）不得从销项税额中抵扣的进项税额

（1）用于简易计税方法计税项目、免征增值税项目、集体福利或者个人消费的购进货物、劳务、服务、无形资产和不动产。其中涉及的固定资产、无形资产、不动产，仅指专用于上述项目的固定资产、无形资产（不包括其他权益性无形资产）、不动产。

如果是既用于上述不允许抵扣项目又用于抵扣项目的，该进项税额准予全部抵扣。自2018年1月1日起，纳税人租入固定资产、不动产，既用于一般计税方法计税项目，又用于简易计税方法计税项目、免征增值税项目、集体福利或者个人消费的，其进项税额准予从销项税额中全额抵扣。

纳税人的交际应酬消费属于个人消费。

（2）非正常损失的购进货物，以及相关的劳务和交通运输服务。

（3）非正常损失的在产品、产成品所耗用的购进货物（不包括固定资产）、劳务和交通运输服务。

（4）非正常损失的不动产，以及该不动产所耗用的购进货物、设计服务和建筑服务。

（5）非正常损失的不动产在建工程所耗用的购进货物、设计服务和建筑服务。

纳税人新建、改建、扩建、修缮、装饰不动产，均属于不动产在建工程。

（6）购进的贷款服务、餐饮服务、居民日常服务和娱乐服务。

（7）纳税人接受贷款服务向贷款方支付的与该笔贷款直接相关的投融资顾问费、手续费、咨询费等费用，其进项税额不得从销项税额中抵扣。

（8）财政部和国家税务总局规定的其他情形。

上述第4项、第5项所称货物，是指构成不动产实体的材料和设备，包括建筑装饰材料和给排水、采暖、卫生、通风、照明、通信、煤气、消防、中央空调、电梯、电气、智能化楼宇设备及配套设施。

不动产、无形资产的具体范围，按照《销售服务、无形资产或者不动产注释》执行。固定资产，是指使用期限超过12个月的机器、机械、运输工具以及其他与生产经营有关的设备、工具、器具等有形动产。

非正常损失，是指因管理不善造成货物被盗、丢失、霉烂变质，以及因违反法律法规造成货物或者不动产被依法没收、销毁、拆除的情形。

（三）进项税额抵扣的特殊规定

（1）适用一般计税方法的纳税人，兼营简易计税方法计税项目、免征增值税项目而无法划分不得抵扣的进项税额，按照下列公式计算不得抵扣的进项税额：

不得抵扣的进项税额＝当期无法划分的全部进项税额×（当期简易计税方法计税项目销售额＋免征增值税项目销售额）÷当期全部销售额

税务机关可以按照上述公式依据年度数据对不得抵扣的进项税额进行清算。

（2）一般纳税人当期购进的货物或劳务用于生产经营，其进项税额在当期销项税额中予以抵扣。但已抵扣进项税额的购进货物或劳务如果事后改变用途,用于集体福利或者个人消费、购进货物发生非正常损失、在产品或产成品发生非正常损失等,应当将该项购进货物或者劳务的进项税额从当期的进项税额中扣减;无法确定该项进项税额的,按当期外购项目的实际成本计算应扣减的进项税额。

(3)已抵扣进项税额的固定资产,发生不得从销项税额中抵扣情形的,应在当月按下列公式计算不得抵扣的进项税额:

不得抵扣的进项税额＝固定资产净值 × 适用税率

固定资产净值,是指纳税人按照财务会计制度计提折旧后计算的固定资产净值。

(4)已抵扣进项税额的购进服务,发生不得从销项税额中抵扣情形(简易计税方法计税项目、免征增值税项目除外)的,应当将该进项税额从当期进项税额中扣减;无法确定该进项税额的,按照当期实际成本计算应扣减的进项税额。

(5)已抵扣进项税额的无形资产,发生不得从销项税额中抵扣情形的,按照下列公式计算不得抵扣的进项税额:

不得抵扣的进项税额＝无形资产净值 × 适用税率

无形资产净值,是指纳税人根据财务会计制度摊销后的余额。

(6)已抵扣进项税额的不动产,发生非正常损失,或者改变用途,专用于简易计税方法计税项目、免征增值税项目、集体福利或者个人消费的,按照下列公式计算不得抵扣的进项税额,并从当期进项税额中扣减:

不得抵扣的进项税额＝已抵扣进项税额 × 不动产净值率

不动产净值率＝(不动产净值 ÷ 不动产原值)×100%

(7)纳税人适用一般计税方法计税的,因销售折让、中止或者退回而退还给购买方的增值税额,应当从当期的销项税额中扣减;因销售折让、中止或者退回而收回的增值税额,应当从当期的进项税额中扣减。

(8)自2019年4月1日起,增值税一般纳税人取得不动产或者不动产在建工程的进项税额不再分2年抵扣。此前按照规定尚未抵扣完毕的待抵扣进项税额,可自2019年4月税款所属期起从销项税额中抵扣。取得不动产,包括以直接购买、接受捐赠、接受投资入股、自建以及抵债等各种形式取得不动产。

(9)不得抵扣且未抵扣进项税额的固定资产、无形资产,发生用途改变,用于允许抵扣进项税额的应税项目,可在用途改变的次月按照下列公式,计算可以抵扣的进项税额:

可以抵扣的进项税额=固定资产、无形资产净值÷(1+适用税率)×适用税率

上述可以抵扣的进项税额应取得合法有效的增值税扣税凭证。

(10)按照规定不得抵扣进项税额的不动产,发生改变用途,用于允许抵扣进项税额项目的,按照下列公式在改变用途的次月计算可抵扣进项税额:

可抵扣进项税额=增值税扣税凭证注明或计算的进项税额×不动产净值率

五、特殊纳税人应纳税额的计算

有下列情形之一者,应当按照销售额和增值税税率计算应纳税额,不得抵扣进项税额,也不得使用增值税专用发票:

(1)一般纳税人会计核算不健全,或者不能够提供准确税务资料的。

(2)应当办理一般纳税人资格登记而未办理的。

第二节

简易计税方法应纳税额的计算

一、小规模纳税人采用简易计税方法

小规模纳税人发生应税销售行为采用简易计税方法计税，应按照销售额和征收率计算应纳增值税税额，不得抵扣进项税额。其计算公式如下：

$$应纳税额 = 销售额 \times 征收率$$

简易计税方法的销售额不包括其应纳税额，纳税人采用销售额和应纳税额合并定价方法的，按照下列公式计算销售额：

$$销售额 = 含税销售额 \div (1 + 征收率)$$

纳税人适用简易计税方法计税的，因销售折让、中止或者退回而退还给购买方的销售额，应当从当期销售额中扣减。扣减当期销售额后仍有余额造成多缴的税款，可以从以后的应纳税额中扣减。

二、一般纳税人选择简易计税方法

一般纳税人发生下列应税行为可以选择适用简易计税方法计税，不允许抵扣进项税额：

（1）公共交通运输服务，包括轮客渡、公交客运、地铁、城市轻轨、出租车、长途客运、班车。

（2）经认定的动漫企业为开发动漫产品提供的动漫脚本编撰、形象设计、背景设计、动画设计、分镜、动画制作、摄制、描线、上色、画面合成、配音、配乐、音效合成、剪辑、字幕制作、压缩转码（面向网络动漫、手机动漫格式适配）服务，以及在境内转让动漫版权（包括动漫品牌、形象或者内容的授权及再授权）。

（3）电影放映服务、仓储服务、装卸搬运服务、收派服务和文化体育服务。

（4）以纳入"营改增"试点之日前取得的有形动产为标的物提供的经营租赁服务。

（5）在纳入"营改增"试点之日前签订的尚未执行完毕的有形动产租赁合同。

一般纳税人发生财政部和国家税务总局规定的特定应税行为，可以选择适用简易计税方法计税，但一经选择，36个月内不得变更。

第三节 进口货物应纳税额的计算

一、进口货物应纳税额的计算公式

纳税人进口货物，无论是一般纳税人还是小规模纳税人，均应按照组成计税价格和规定的税率计算应纳税额，不允许抵扣发生在境外的任何税金。其计算公式如下：

$$应纳税额＝组成计税价格 \times 税率$$

组成计税价格的构成分两种情况：

（1）不征消费税时组成计税价格的计算公式。

如果进口货物不征收消费税，则上述公式中组成计税价格的计算公式如下：

$$组成计税价格＝关税完税价格＋关税$$

（2）征收消费税时组成计税价格的计算公式。

如果进口货物征收消费税，则上述公式中组成计税价格的计算公式如下：

$$组成计税价格＝关税完税价格＋关税＋消费税$$

二、关税完税价格的确定

一般贸易下进口货物的关税完税价格以海关审定的成交价格为基础的到岸价格作为完税价格。成交价格是一般贸易项下进口货物的买方为购买该项货物向卖方实际支付或应当支付的价格。到岸价格，是由货价加上货物运抵我国关境内输入地点起卸前的包装费、运费、保险费和其他劳务费等费用构成的一种价格。

特殊贸易下进口的货物，由于进口时没有"成交价格"可作依据，为此，《进出口关税条例》对这些进口货物制定了确定其完税价格的具体办法。

第八章

增值税税收优惠政策解读

第一节

增值税免税项目与免税跨境行为

一、增值税免税项目

下列项目,免征增值税:

(1)农业生产者销售的自产农产品。

(2)避孕药品和用具。

(3)古旧图书。古旧图书,是指向社会收购的古书和旧书。

(4)直接用于科学研究、科学试验和教学的进口仪器、设备。

(5)外国政府、国际组织无偿援助的进口物资和设备。

(6)由残疾人的组织直接进口供残疾人专用的物品。

(7)销售自己使用过的物品。自己使用过的物品,是指其他个人自己使用过的物品。

二、跨境行为免征增值税的政策规定

境内的单位和个人销售的下列服务和无形资产免征增值税,但财政部和国家税务总局规定适用增值税零税率的除外:

（1）下列服务：①工程项目在境外的建筑服务。②工程项目在境外的工程监理服务。③工程、矿产资源在境外的工程勘察勘探服务。④会议展览地点在境外的会议展览服务。⑤存储地点在境外的仓储服务。⑥标的物在境外使用的有形动产租赁服务。⑦在境外提供的广播影视节目（作品）的播映服务。⑧在境外提供的文化体育服务、教育医疗服务、旅游服务。

（2）为出口货物提供的邮政服务、收派服务、保险服务。

为出口货物提供的保险服务，包括出口货物保险和出口信用保险。

（3）向境外单位提供的完全在境外消费的下列服务和无形资产：①电信服务。②知识产权服务。③物流辅助服务（仓储服务、收派服务除外）。④鉴证咨询服务。⑤专业技术服务。⑥商务辅助服务。⑦广告投放地在境外的广告服务。⑧无形资产。

（4）以无运输工具承运方式提供的国际运输服务。

（5）为境外单位之间的货币资金融通及其他金融业务提供的直接收费金融服务，且该服务与境内的货物、无形资产和不动产无关。

（6）财政部和国家税务总局规定的其他服务。

第二节 "营改增"试点税收优惠

一、免征增值税项目

（1）托儿所、幼儿园提供的保育和教育服务。

托儿所、幼儿园，是指经县级以上教育部门审批成立、取得办园许可证的实施0～6岁学前教育的机构，包括公办和民办的托儿所、幼儿园、学前班、幼儿班、保育院、幼儿院。

公办托儿所、幼儿园免征增值税的收入是指，在省级财政部门和价格主管部门审核报省级人民政府批准的收费标准以内收取的教育费、保育费。

民办托儿所、幼儿园免征增值税的收入是指，在报经当地有关部门备案并公示的收费标准范围内收取的教育费、保育费。

超过规定收费标准的收费，以开办实验班、特色班和兴趣班等为由另外收取的费用以及与幼儿入园挂钩的赞助费、支教费等超过规定范围的收入，不属于免征增值税的收入。

（2）养老机构提供的养老服务。

养老机构，是指依照民政部《养老机构设立许可办法》（民政部令第48号)设立并依法办理登记的为老年人提供集中居住和照料服务的各类养老机构；养老服务，是指上述养老机构按照民政部《养老机构管理办法》（民政部令第49号）的规定，为收住的老年人提供的生活照料、康复护理、精神慰藉、文化娱乐等服务。

（3）残疾人福利机构提供的育养服务。

（4）婚姻介绍服务。

（5）殡葬服务。

（6）残疾人员本人为社会提供的服务。

（7）医疗机构提供的医疗服务。

医疗机构，是指依据国务院《医疗机构管理条例》（国务院令第149号）及原卫生部《医疗机构管理条例实施细则》（原卫生部令第35号）的规定，经登记取得《医疗机构执业许可证》的机构，以及军队、武警部队各级各类医疗机构。具体包括：各级各类医院、门诊部（所）、社区卫生服务中心（站）、急救中心（站）、城乡卫生院、护理院（所）、疗养院、临床检验中心，各级政府及有关部门举办的卫生防疫站（疾病控制中心）、各种专科疾病防治站（所），各级政府举办的妇幼保健所（站）、母婴保健机构、儿童保健机构，各级政府举办的血站（血液中心）等医疗机构。

本项所称的医疗服务，是指医疗机构按照不高于地（市）级以上价格主管部门会同同级卫生主管部门及其他相关部门制定的医疗服务指导价格（包括政府指导价和按照规定由供需双方协商确定的价格等）为就医者提供《全国医疗服务价格项目规范》所列的各项服务，以及医疗机构向社会提供卫生防疫、卫生检疫的服务。

（8）从事学历教育的学校提供的教育服务。

①学历教育，是指受教育者经过国家教育考试或者国家规定的其他

入学方式,进入国家有关部门批准的学校或者其他教育机构学习,获得国家承认的学历证书的教育形式。具体包括:a.初等教育:普通小学、成人小学。b.初级中等教育:普通初中、职业初中、成人初中。c.高级中等教育:普通高中、成人高中和中等职业学校(包括普通中专、成人中专、职业高中、技工学校)。d.高等教育:普通本专科、成人本专科、网络本专科、研究生(博士、硕士)、高等教育自学考试、高等教育学历文凭考试。

②从事学历教育的学校,是指:a.普通学校。b.经地(市)级以上人民政府或者同级政府的教育行政部门批准成立、国家承认其学员学历的各类学校。c.经省级及以上人力资源社会保障行政部门批准成立的技工学校、高级技工学校。d.经省级人民政府批准成立的技师学院。

上述学校均包括符合规定的从事学历教育的民办学校,但不包括职业培训机构等国家不承认学历的教育机构。

③提供教育服务免征增值税的收入,是指对列入规定招生计划的在籍学生提供学历教育服务取得的收入,具体包括:经有关部门审核批准并按规定标准收取的学费、住宿费、课本费、作业本费、考试报名费收入,以及学校食堂提供餐饮服务取得的伙食费收入。除此之外的收入,包括学校以各种名义收取的赞助费、择校费等,不属于免征增值税的范围。

学校食堂是指依照《学校食堂与学生集体用餐卫生管理规定》(教育部令第14号)管理的学校食堂。

(9)学生勤工俭学提供的服务。

(10)农业机耕、排灌、病虫害防治、植物保护、农牧保险以及相关技术培训业务,家禽、牲畜、水生动物的配种和疾病防治。

农业机耕,是指在农业、林业、牧业中使用农业机械进行耕作(包括耕耘、种植、收割、脱粒、植物保护等）的业务；排灌，是指对农田进行灌溉或者排涝的业务；病虫害防治，是指从事农业、林业、牧业、渔业的病虫害测报和防治的业务；农牧保险，是指为种植业、养殖业、牧业种植和饲养的动植物提供保险的业务；相关技术培训，是指与农业机耕、排灌、病虫害防治、植物保护业务相关以及为使农民获得农牧保险知识的技术培训业务；家禽、牲畜、水生动物的配种和疾病防治业务的免税范围，包括与该项服务有关的提供药品和医疗用具的业务。

（11）纪念馆、博物馆、文化馆、文物保护单位管理机构、美术馆、展览馆、书画院、图书馆在自己的场所提供文化体育服务取得的第一道门票收入。

（12）寺院、宫观、清真寺和教堂举办文化、宗教活动的门票收入。

（13）行政单位之外的其他单位收取的符合《营业税改征增值税试点实施办法》第十条规定条件的政府性基金和行政事业性收费。

（14）个人转让著作权。

（15）个人销售自建自用住房。

（16）台湾航运公司、航空公司从事海峡两岸海上直航、空中直航业务在大陆取得的运输收入。

（17）纳税人提供的直接或者间接国际货物运输代理服务。

（18）符合规定条件的贷款、债券利息收入。

（19）被撤销金融机构以货物、不动产、无形资产、有价证券、票据等财产清偿债务。

（20）保险公司开办的一年期以上人身保险产品取得的保费收入。

（21）符合规定条件的金融商品转让收入。

（22）金融同业往来利息收入。

（23）同时符合规定条件的担保机构从事中小企业信用担保或者再担保业务取得的收入（不含信用评级、咨询、培训等收入）3年内免征增值税。

（24）国家商品储备管理单位及其直属企业承担商品储备任务，从中央或者地方财政取得的利息补贴收入和价差补贴收入。

（25）纳税人提供技术转让、技术开发和与之相关的技术咨询、技术服务。

（26）同时符合规定条件的合同能源管理服务。

（27）政府举办的从事学历教育的高等、中等和初等学校（不含下属单位），举办进修班、培训班取得的全部归该学校所有的收入。

（28）政府举办的职业学校设立的主要为在校学生提供实习场所并由学校出资自办、由学校负责经营管理、经营收入归学校所有的企业，从事《销售服务、无形资产或者不动产注释》中"现代服务"（不含融资租赁服务、广告服务和其他现代服务）、"生活服务"（不含文化体育服务、其他生活服务和桑拿、氧吧）业务活动取得的收入。

（29）家政服务企业由员工制家政服务员提供家政服务取得的收入。

（30）福利彩票、体育彩票的发行收入。

（31）军队空余房产租赁收入。

（32）为了配合国家住房制度改革，企业、行政事业单位按房改成本价、标准价出售住房取得的收入。

（33）将土地使用权转让给农业生产者用于农业生产。

（34）涉及家庭财产分割的个人无偿转让不动产、土地使用权。

（35）土地所有者出让土地使用权和土地使用者将土地使用权归还给土地所有者。

（36）县级以上地方人民政府或自然资源行政主管部门出让、转让或收回自然资源使用权（不含土地使用权）。

（37）随军家属就业。

（38）军队转业干部就业。

（39）提供社区养老、托育、家政等服务取得的收入。

（40）自2022年5月1日至2022年12月31日，对纳税人为居民提供必需生活物资快递收派服务取得的收入，免征增值税。

二、增值税即征即退

（1）一般纳税人提供管道运输服务，对其增值税实际税负超过3%的部分实行增值税即征即退政策。

（2）经人民银行、银（保）监会或者商务部批准从事融资租赁业务的试点纳税人中的一般纳税人，提供有形动产融资租赁服务和有形动产融资性售后回租服务，对其增值税实际税负超过3%的部分实行增值税即征即退政策。

（3）增值税实际税负，是指纳税人当期提供应税服务实际缴纳的增值税额占纳税人当期提供应税服务取得的全部价款和价外费用的比例。

三、扣减增值税

（一）退役士兵创业就业

自主就业退役士兵从事个体经营的，自办理个体工商户登记当月起，在3年（36个月，下同）内按每户每年12 000元为限额依次扣减其当年实际应缴纳的增值税、城市维护建设税、教育费附加、地方教育附加和个人所得税。限额标准最高可上浮20%，各省、自治区、直辖市人民政府可根据本地区实际情况在此幅度内确定具体限额标准。

纳税人年度应缴纳税款小于上述扣减限额的，减免税额以其实际缴纳的税款为限；大于上述扣减限额的，以上述扣减限额为限。纳税人的实际经营期不足1年的，应当按月换算其减免税限额。换算公式为：

$$减免税限额 = 年度减免税限额 \div 12 \times 实际经营月数$$

城市维护建设税、教育费附加、地方教育附加的计税依据是享受本项税收优惠政策前的增值税应纳税额。

企业招用自主就业退役士兵，与其签订1年以上期限劳动合同并依法缴纳社会保险费的，自签订劳动合同并缴纳社会保险当月起，在3年内按实际招用人数予以定额依次扣减增值税、城市维护建设税、教育费附加、地方教育附加和企业所得税优惠。定额标准为每人每年6 000元，最高可上浮50%，各省、自治区、直辖市人民政府可根据本地区实际情况在此幅度内确定具体定额标准。

企业按招用人数和签订的劳动合同时间核算企业减免税总额，在核算减免税总额内每月依次扣减增值税、城市维护建设税、教育费附加和地方教育附加。企业实际应缴纳的增值税、城市维护建设税、教育费附加和地方教育附加小于核算减免税总额的，以实际应缴纳的增值税、城市维护建设税、教育费附加和地方教育附加为限；实际应缴纳的增值税、城市维护建设税、教育费附加和地方教育附加大于核算减免税总额的，以核算减免税总额为限。

纳税年度终了，如果企业实际减免的增值税、城市维护建设税、教育费附加和地方教育附加小于核算减免税总额，企业在企业所得税汇算清缴时以差额部分扣减企业所得税。当年扣减不完的，不再结转以后年度扣减。

自主就业退役士兵在企业工作不满 1 年的，应当按月换算减免税限额。其计算公式如下：

企业核算减免税总额＝每名自主就业退役士兵本年度在本单位工作月份÷12×具体定额标准

城市维护建设税、教育费附加、地方教育附加的计税依据是享受本项税收优惠政策前的增值税应纳税额。

（二）重点群体创业就业

建档立卡贫困人口、持《就业创业证》（注明"自主创业税收政策"或"毕业年度内自主创业税收政策"）或《就业失业登记证》（注明"自主创业税收政策"）的人员，从事个体经营的，自办理个体工商户登记当月起，在 3 年（36 个月，下同）内按每户每年 12 000 元为限额依次扣减其当年实际应缴纳的增值税、城市维护建设税、教育费附加、地方教育附加和个人所得税。限额标准最高可上浮 20%，各省、自治区、直辖市人民政府可根据本地区实际情况在此幅度内确定具体限额标准。

企业招用建档立卡贫困人口，以及在人力资源社会保障部门公共就业服务机构登记失业半年以上且持《就业创业证》或《就业失业登记证》（注明"企业吸纳税收政策"）的人员，与其签订 1 年以上期限劳动合同并依法缴纳社会保险费的，自签订劳动合同并缴纳社会保险当月起，在 3 年内按实际招用人数予以定额依次扣减增值税、城市维护建设税、教育费附加、地方教育附加和企业所得税优惠。定额标准为每人每年 6 000 元，最高可上浮 30%，各省、自治区、直辖市人民政府可根据本地区实际情况在此幅度内确定具体定额标准。城市维护建设税、教育费附加、地方教育附加的计税依据是享受本项税收优惠政策前的增值税应纳税额。

四、其他税收优惠

（一）金融企业发放贷款利息税收优惠

金融企业发放贷款后，自结息日起 90 日内发生的应收未收利息按现行规定缴纳增值税，自结息日起 90 日后发生的应收未收利息暂不缴纳增值税，待实际收到利息时按规定缴纳增值税。

（二）个人销售住房税收优惠

北京市、上海市、广州市和深圳市之外的地区，个人将购买不足 2 年的住房对外销售的，按照 5% 的征收率全额缴纳增值税；个人将购买 2 年以上（含 2 年）的住房对外销售的，免征增值税。

北京市、上海市、广州市和深圳市的个人将购买不足 2 年的住房对外销售的，按照 5% 的征收率全额缴纳增值税；个人将购买 2 年以上（含 2 年）的非普通住房对外销售的，以销售收入减去购买住房价款后的差额按照 5% 的征收率缴纳增值税；个人将购买 2 年以上（含 2 年）的普通住房对外销售的，免征增值税。

深圳市自 2020 年 7 月 15 日起、上海市自 2021 年 1 月 22 日起、广州市 9 个区自 2021 年 4 月 21 日起，将个人住房转让增值税征免年限由 2 年调整到 5 年。

第三节
起征点与小规模纳税人税收优惠

一、增值税起征点优惠

纳税人发生应税销售行为的销售额未达到增值税起征点的，免征增值税；达到起征点的，全额计算缴纳增值税。

增值税起征点的适用范围限于个人，且不适用于登记为一般纳税人的个体工商户。起征点的幅度规定如下：

（1）按期纳税的，为月销售额5 000～20 000元（含本数）。

（2）按次纳税的，为每次（日）销售额300～500元（含本数）。

起征点的调整由财政部和国家税务总局规定。省、自治区、直辖市财政厅（局）和税务局应当在规定的幅度内，根据实际情况确定本地区适用的起征点，并报财政部和国家税务总局备案。

二、小规模纳税人免税规定

（1）自2023年1月1日至2023年12月31日，增值税小规模纳税人适用3%征收率的应税销售收入，减按1%征收率征收增值税；适用3%

预征率的预缴增值税项目，减按 1% 预征率预缴增值税。

（2）小规模纳税人取得应税销售收入，适用月销售额 10 万元以下（含本数）的增值税小规模纳税人的免征增值税政策的，纳税人可就该笔销售收入选择放弃免税并开具增值税专用发票。

（3）小规模纳税人取得应税销售收入，纳税义务发生时间在 2022 年 12 月 31 日前并已开具增值税发票，如发生销售折让、中止或者退回等情形需要开具红字发票，应开具对应征收率红字发票或免税红字发票；开票有误需要重新开具的，应开具对应征收率红字发票或免税红字发票，再重新开具正确的蓝字发票。

（4）小规模纳税人发生增值税应税销售行为，合计月销售额未超过 10 万元的，免征增值税的销售额等项目应填写在《增值税及附加税费申报表（小规模纳税人适用）》"小微企业免税销售额"或者"未达起征点销售额"相关栏次；减按 1% 征收率征收增值税的销售额应填写在《增值税及附加税费申报表（小规模纳税人适用）》"应征增值税不含税销售额（3% 征收率）"相应栏次，对应减征的增值税应纳税额按销售额的 2% 计算填写在《增值税及附加税费申报表（小规模纳税人适用）》"本期应纳税额减征额"及《增值税减免税申报明细表》减税项目相应栏次。

（5）自 2023 年 1 月 1 日至 2023 年 12 月 31 日，增值税加计抵减政策按照以下规定执行：①允许生产性服务业纳税人按照当期可抵扣进项税额加计 5% 抵减应纳税额。生产性服务业纳税人，是指提供邮政服务、电信服务、现代服务、生活服务取得的销售额占全部销售额的比重超过 50% 的纳税人；②允许生活性服务业纳税人按照当期可抵扣进项税额加计 10% 抵减应纳税额。生活性服务业纳税人，是指提供生活服务取得的销售额占全部销售额的比重超过 50% 的纳税人。

纳税人适用加计抵减政策的其他有关事项，按照《财政部　税务总局　海关总署关于深化增值税改革有关政策的公告》（财政部　税务总局　海关总署公告2019年第39号）、《财政部　税务总局关于明确生活性服务业增值税加计抵减政策的公告》（财政部　税务总局公告2019年第87号）等有关规定执行。

（6）已经使用金税盘、税控盘等税控专用设备开具增值税发票的小规模纳税人，可以继续使用现有设备开具发票，也可以自愿向税务机关免费换领税务UKey开具发票。

三、其他减免税规定

（1）纳税人兼营免税、减税项目的，应当分别核算免税、减税项目的销售额；未分别核算销售额的，不得免税、减税。

（2）纳税人发生应税销售行为适用免税规定的，可以放弃免税，依照《增值税暂行条例》或者《营业税改征增值税试点实施办法》的规定缴纳增值税。放弃免税后，36个月内不得再申请免税。

（3）纳税人发生应税销售行为同时适用免税和零税率规定的，纳税人可以选择适用免税或者零税率。

第九章

增值税征收管理政策解读

第一节
纳税义务发生时间、纳税地点与纳税期限

一、增值税纳税义务发生时间

纳税人发生应税销售行为,为收讫销售款项或者取得索取销售款项凭据的当天;先开具发票的,为开具发票的当天。具体如下:

(1)采取直接收款方式销售货物,不论货物是否发出,均为收到销售款或者取得索取销售款凭据的当天。

纳税人生产经营活动中采取直接收款方式销售货物,已将货物移送对方并暂估销售收入入账,但既未取得销售款或取得索取销售款凭据也未开具销售发票的,其纳税义务发生时间为取得销售款或取得索取销售款凭据的当天;先开具发票的,为开具发票的当天。

(2)采取托收承付和委托银行收款方式销售货物,为发出货物并办妥托收手续的当天。

(3)采取赊销和分期收款方式销售货物,为书面合同约定的收款

日期的当天，无书面合同的或者书面合同没有约定收款日期的，为货物发出的当天。

（4）采取预收货款方式销售货物，为货物发出的当天，但生产销售生产工期超过12个月的大型机械设备、船舶、飞机等货物，为收到预收款或者书面合同约定的收款日期的当天。

（5）委托其他纳税人代销货物，为收到代销单位的代销清单或者收到全部或部分货款的当天。未收到代销清单及货款的，为发出代销货物满180天的当天。

（6）纳税人提供租赁服务采取预收款方式的，其纳税义务发生时间为收到预收款的当天。

（7）纳税人从事金融商品转让的，为金融商品所有权转移的当天。

（8）纳税人发生相关视同销售货物行为，为货物移送的当天。

（9）纳税人发生视同销售劳务、服务、无形资产、不动产情形的，其纳税义务发生时间为劳务、服务、无形资产转让完成的当天或者不动产权属变更的当天。

纳税人进口货物，其纳税义务发生时间为报关进口的当天。

增值税扣缴义务发生时间为纳税人增值税纳税义务发生的当天。

二、增值税纳税地点

（1）固定业户应当向其机构所在地的税务机关申报纳税。总机构和分支机构不在同一县（市）的，应当分别向各自所在地的税务机关申报纳税；经国务院财政、税务部门或者其授权的财政、税务机关批准，可以由总机构汇总向总机构所在地的税务机关申报纳税。

（2）固定业户到外县（市）销售货物或者劳务，应当向其机构所在地的税务机关报告外出经营事项，并向其机构所在地的税务机关申报纳税；未报告的，应当向销售地或者劳务发生地的税务机关申报纳税；未向销售地或者劳务发生地的税务机关申报纳税的，由其机构所在地的税务机关补征税款。

（3）非固定业户销售货物或者劳务，应当向销售地或者劳务发生地的税务机关申报纳税；未向销售地或者劳务发生地的税务机关申报纳税的，由其机构所在地或者居住地的税务机关补征税款。

（4）进口货物，应当向报关地海关申报纳税。

（5）其他个人提供建筑服务，销售或者租赁不动产，转让自然资源使用权，应向建筑服务发生地、不动产所在地、自然资源所在地税务机关申报纳税。

（6）扣缴义务人应当向其机构所在地或者居住地的税务机关申报缴纳其扣缴的税款。

三、增值税纳税期限

（1）增值税的纳税期限分别为1日、3日、5日、10日、15日、1个月或者1个季度。

纳税人的具体纳税期限，由税务机关根据纳税人应纳税额的大小分别核定；不能按照固定期限纳税的，可以按次纳税。以1个季度为纳税期限的规定适用于小规模纳税人、银行、财务公司、信托投资公司、信用社，以及财政部和国家税务总局规定的其他纳税人。

纳税人以1个月或者1个季度为1个纳税期的，自期满之日起15日内申报纳税；以1日、3日、5日、10日或者15日为1个纳税期的，自期满之日起5日内预缴税款，于次月1日起15日内申报纳税并结清上月应纳税款。

（2）扣缴义务人解缴税款的期限，依照上述规定执行。

（3）纳税人进口货物，应当自海关填发进口增值税专用缴款书之日起15日内缴纳税款。

第二节

增值税专用发票管理制度

一、增值税专用发票的概念

增值税专用发票,是增值税一般纳税人发生应税销售行为开具的发票,是购买方支付增值税税额并可按照增值税有关规定据以抵扣增值税进项税额的凭证。

一般纳税人应通过增值税防伪税控系统使用专用发票。使用,包括领购、开具、缴销、认证、稽核比对专用发票及其相应的数据电文。

二、增值税专用发票的联次及用途

专用发票由基本联次或者基本联次附加其他联次构成,基本联次为3联,分别为:

(1)发票联,作为购买方核算采购成本和增值税进项税额的记账凭证。

(2)抵扣联,作为购买方报送主管税务机关认证和留存备查的扣税凭证。

（3）记账联，作为销售方核算销售收入和增值税销项税额的记账凭证。

其他联次用途，由一般纳税人自行确定。

三、增值税专用发票的领购

一般纳税人领购专用设备后，凭《最高开票限额申请表》《发票领购簿》到税务机关办理初始发行。初始发行，是指税务机关将一般纳税人的企业名称、纳税人识别号、开票限额、购票限量、购票人员姓名、密码、开票机数量、国家税务总局规定的其他信息等载入空白金税盘和IC卡的行为。一般纳税人凭《发票领购簿》、金税盘（或IC卡）和经办人身份证明领购专用发票。

一般纳税人有下列情形之一的，不得领购开具专用发票：

（1）会计核算不健全，不能向税务机关准确提供增值税销项税额、进项税额、应纳税额数据及其他有关增值税税务资料的。

（2）有《税收征收管理法》规定的税收违法行为，拒不接受税务机关处理的。

（3）有下列行为之一，经税务机关责令限期改正而仍未改正的：①虚开增值税专用发票；②私自印制专用发票；③向税务机关以外的单位和个人买取专用发票；④借用他人专用发票；⑤未按规定开具专用发票；⑥未按规定保管专用发票和专用设备；⑦未按规定申请办理防伪税控系统变更发行；⑧未按规定接受税务机关检查。有上列情形的，如已领购专用发票，税务机关应暂扣其结存的专用发票和IC卡。

四、增值税专用发票的使用管理

1. 专用发票开票限额

专用发票实行最高开票限额管理。最高开票限额,是指单份专用发票开具的销售额合计数不得达到的上限额度。

最高开票限额由一般纳税人申请,区县税务机关依法审批。一般纳税人申请最高开票限额时,需填报《增值税专用发票最高开票限额申请单》。主管税务机关受理纳税人申请以后,根据需要进行实地查验,实地查验的范围和方法由各省税务机关确定。自2014年5月1日起,一般纳税人申请增值税专用发票最高开票限额不超过10万元的,主管税务机关不需要事前进行实地查验。

2. 专用发票开具范围

一般纳税人发生应税销售行为,应当向索取增值税专用发票的购买方开具专用发票。属于下列情形之一的,不得开具增值税专用发票:

(1) 商业企业一般纳税人零售烟、酒、食品、服装、鞋帽(不包括劳保专用部分)、化妆品等消费品的。

(2) 应税销售行为的购买方为消费者个人的。

(3) 发生应税销售行为适用免税规定的。

3. 专用发票开具要求

专用发票应按下列要求开具:

(1) 项目齐全,与实际交易相符。

(2) 字迹清楚,不得压线、错格。

(3) 发票联和抵扣联加盖财务专用章或者发票专用章。

(4) 按照增值税纳税义务的发生时间开具。

五、新办纳税人实行增值税电子专用发票

（1）自2020年12月21日起，在天津、河北、上海、江苏、浙江、安徽、广东、重庆、四川、宁波和深圳等11个地区的新办纳税人中实行专票电子化，受票方范围为全国。其中，宁波、石家庄和杭州等3个地区已试点纳税人开具增值税电子专用发票（以下简称"电子专票"）的受票方范围扩至全国。

自2021年1月21日起，在北京、山西、内蒙古、辽宁、吉林、黑龙江、福建、江西、山东、河南、湖北、湖南、广西、海南、贵州、云南、西藏、陕西、甘肃、青海、宁夏、新疆、大连、厦门和青岛等25个地区的新办纳税人中实行专票电子化，受票方范围为全国。

（2）电子专票由各省税务局监制，采用电子签名代替发票专用章，属于增值税专用发票，其法律效力、基本用途、基本使用规定等与增值税纸质专用发票（以下简称"纸质专票"）相同。

（3）自各地专票电子化实行之日起，本地区需要开具增值税纸质普通发票、增值税电子普通发票、纸质专票、电子专票、纸质机动车销售统一发票和纸质二手车销售统一发票的新办纳税人，统一领取税务UKey开具发票。税务机关向新办纳税人免费发放税务UKey，并依托增值税电子发票公共服务平台，为纳税人提供免费的电子专票开具服务。

（4）税务机关按照电子专票和纸质专票的合计数，为纳税人核定增值税专用发票领用数量。电子专票和纸质专票的增值税专用发票（增值税税控系统）最高开票限额应当相同。

（5）纳税人开具增值税专用发票时，既可以开具电子专票，也可以开具纸质专票。受票方索取纸质专票的，开票方应当开具纸质专票。